HOTEL
GLETSCHER - RESTAURANT
BELVEDERE
Belvédère

ZU DIESEM BUCH

Wunderbare Welt der Alpen: Europas höchstes Gebirge reicht im Süden bis an den Apennin, erstreckt sich dann in weitem Bogen nach Westen und Norden bis zum Genfersee und von dort ostwärts bis zur Donau bei Wien. Die Alpen sind etwa 1200 Kilometer lang und rund 150 Kilometer breit, sie bedecken eine Fläche von etwa 220 000 Quadratkilometern und verbinden sieben Länder – die Schweiz, Liechtenstein, Frankreich, Italien, Österreich, Deutschland und Slowenien. Geografisch werden die Alpen meist in West- und Ostalpen eingeteilt, die Trennungslinie verläuft vom Bodensee über das Alpenrheintal und den Splügenpass zum Comer See. Die Westalpen sind der höhere Teil; 81 der insgesamt 82 Viertausender sind dort zu finden, gekrönt vom 4810 Meter hohen Mont Blanc. Wild zeigen sich die Alpen in vielen Naturschutzgebieten, Biosphärenreservaten und Nationalparks

und stellen dort ihre Ursprünglichkeit zur Schau. In die Täler schmiegen sich schmucke Bergdörfer und gewachsene Städte, die mit einer reichen Kulturlandschaft auch über die Bergkämme hinaus von sich reden machen. Orte wie Zermatt, Davos und St. Moritz in der Schweiz, Chamonix und Grenoble in Frankreich, Meran, Bozen und Cortina d'Ampezzo in Italien, Bregenz, Innsbruck und Salzburg in Österreich, Füssen, Garmisch-Partenkirchen und Mittenwald in Deutschland sowie Kranj und Maribor in Slowenien sind Zentren des Berg- und Wintersports, haben aber auch jeweils einen ganz eigenen Charakter ausgebildet. Die eigentliche Faszination dieses grandiosen Gebirges lässt sich ohnehin kaum in Worte und Bilder fassen, sondern will erlebt werden im Detail, im Duft blühender Bergwiesen etwa oder auf einer Almhütte mit Blick auf eine unvergleichliche Kulisse.

Im äußersten Südwesten Kärntens liegt fern der großen (Fremden-)Verkehrsströme und umkränzt von einer grandios schroffen Bergszenerie ein Landstrich verborgen, der alle Merkmale eines alpinen Paradieses aufweist: Das in Ost-West-Richtung verlaufende Lesachtal gilt als das naturbelassenste Tal Europas. Die Gailtaler Alpen im Norden und die Karnischen Alpen im Süden, die es umgeben, erreichen Höhen bis knapp 2800 Meter.

INHALT

Oben: Die Meilerhütte im Wettersteingebirge ist die von allen Schutzhütten in den Bayerischen Alpen am spektakulärsten gelegene. Wie eine Trutzburg, dabei optimal geschützt, thront sie auf dem Grat im Dreitorspitzgatterl direkt unterhalb der Törlspitzen.

Bilder auf den vorigen Seiten:

S. 1 Das Matterhorn im Abendlicht spiegelt sich im 2324 Meter hoch gelegenen Grindjisee.

S. 2/3 Ein malerisches Hüttendorf auf 1200 Metern im hinteren Göriachtal lädt ein, in der Natur zu verweilen.

S. 4/5 Über den Mangart, mit 2677 Metern der zweithöchste Berg Sloweniens, verläuft die Grenze zu Italien. Der Lago di Fusine liegt bereits auf der italienischen Seite.

S. 6/7 Das historische Hotel Belvédère liegt spektakulär auf dem Furkapass in 2436 Meter Höhe neben dem Rhonegletscher.

INHALT

Oben: Das Alpsteinmassiv ist im Vergleich zu anderen Gipfeln der Schweiz gar nicht mal so hoch, es wirkt aber aufgrund seiner unmittelbaren Nähe zum Bodensee trotzdem sehr mächtig.

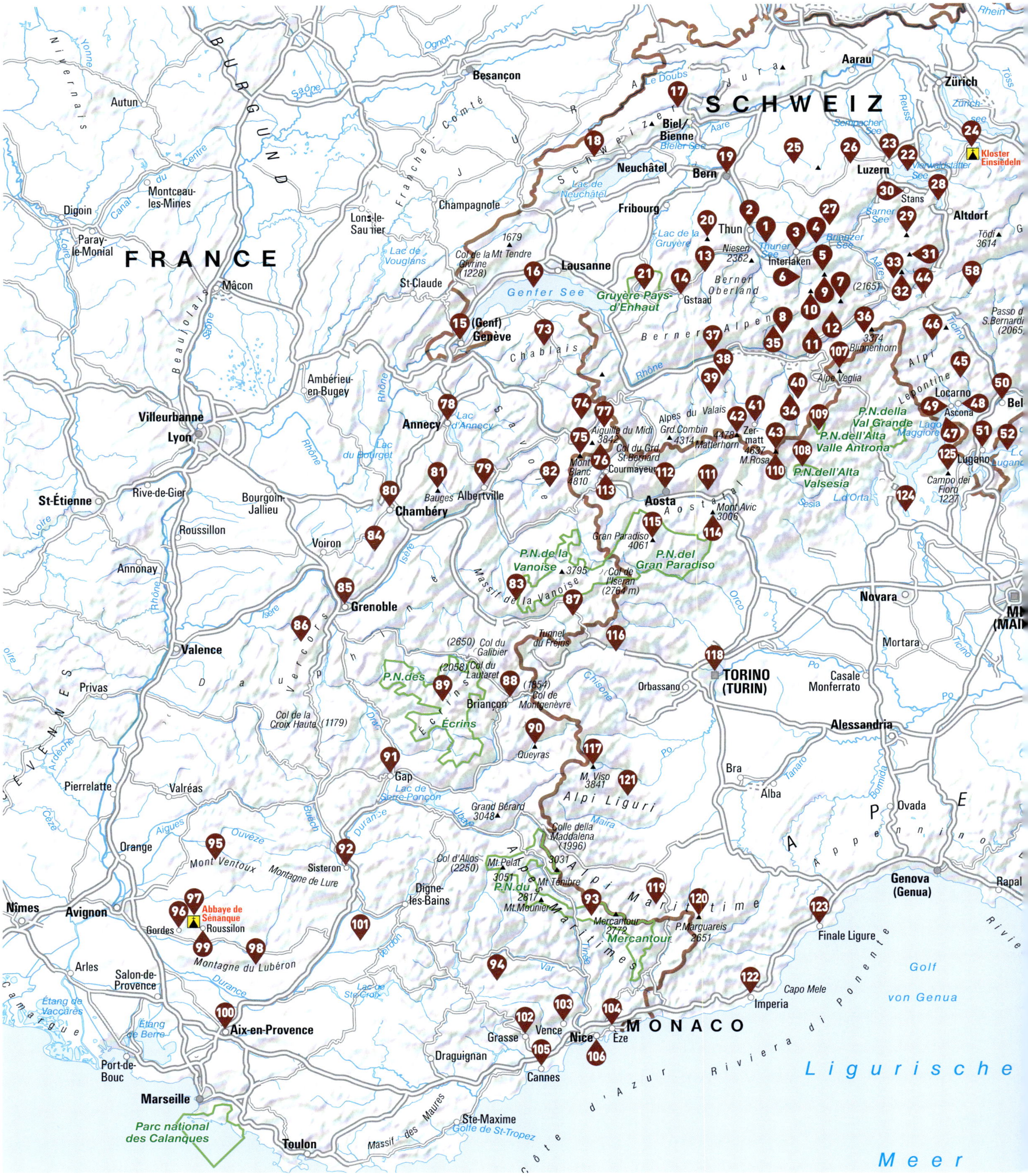
FRANCE
SCHWEIZ
MONACO
Ligurische Meer
Golf von Genua
Besançon
Autun
Montceau-les-Mines
Digoin
Paray-le-Monial
Mâcon
Lons-le-Saunier
Champagnole
St-Claude
Villeurbanne
Lyon
Ambérieu-en-Bugey
St-Étienne
Rive-de-Gier
Bourgoin-Jallieu
Roussillon
Annonay
Voiron
Valence
Privas
Pierrelatte
Valréas
Orange
Nîmes
Avignon
Arles
Salon-de-Provence
Aix-en-Provence
Port-de-Bouc
Marseille
Toulon
Parc national des Calanques
Abbaye de Sénanque
Gordes
Roussillon
Mont Ventoux
Montagne de Lure
Montagne du Lubéron
Sisteron
Digne-les-Bains
Gap
Lac de Serre-Ponçon
Grenoble
Chambéry
Annecy
Lac d'Annecy
Lac du Bourget
Albertville
Bauges
Genève
Genfer See
Lausanne
Neuchâtel
Lac de Neuchâtel
Biel/Bienne
Bieler See
Bern
Fribourg
Thun
Thuner See
Interlaken
Brienzer See
Aarau
Zürich
Zürichsee
Luzern
Vierwaldstätter See
Sempacher See
Sarner See
Stans
Altdorf
Kloster Einsiedeln
Tödi 3614
Gstaad
Gruyère Pays-d'Enhaut
Lac de la Gruyère
Niesen 2362
Berner Oberland
Berner Alpen
Blinnenhorn 3374
Passo del S.Bernardino (2065)
Alpe Veglia
Locarno
Ascona
Lago Maggiore
Lugano
Campo dei Fiori 1227
Chablais
Savoie
Aiguille du Midi 3842
Mont Blanc 4810
Courmayeur
Col du Grd. St-Bernard
Alpes du Valais
Grd.Combin 4314
Matterhorn 4478
Zermatt
M.Rosa 4637
P.N.della Val Grande
P.N.dell'Alta Valle Antrona
P.N.dell'Alta Valsesia
Aosta
Mont Avic 3006
Gran Paradiso 4061
P.N.del Gran Paradiso
P.N.de la Vanoise
Massif de la Vanoise
Col de l'Iseran (2764 m)
Tunnel du Fréjus
Col du Galibier (2650)
Col du Lautaret (2058)
P.N.des Écrins
Briançon
Col de Montgenèvre (1854)
Col de la Croix Haute (1179)
Queyras
M. Viso 3841
Alpi Liguri
Grand Bérard 3048
Colle della Maddalena (1996)
Col d'Allos (2250)
Mt.Pelat 3051
P.N.du Mercantour
Mt Ténibre 3031
Mt.Mounier 2817
Mercantour 2772
P.Marguareis 2651
Alpes Maritimes
Alpi Marittime
Grasse
Vence
Nice
Èze
Cannes
Draguignan
Ste-Maxime
Golfe de St-Tropez
Massif des Maures
Côte d'Azur
Riviera di Ponente
Imperia
Capo Mele
Finale Ligure
Genova (Genua)
Rapallo
Ovada
Alba
Bra
Alessandria
Casale Monferrato
Mortara
Novara
TORINO (TURIN)
Orbassano
Jura
Schweizer Jura
Franche-Comté
Burgund
Nivernais
Beaujolais
Dauphiné
Vercors
Cévennes
Camargue
Étang de Vaccarès
Étang de Berre
Rhône
Saône
Isère
Durance
Loire
Aare
Reuss
Po
Tanaro
Ticino
1 2 3 4 5 6 7 8 9 10 11 12 13 14 15 16 17 18 19 20 21 22 23 24 25 26 27 28 29 30 31 32 33 35 36 37 38 39 40 41 42 43 44 45 46 47 48 49 50 51 52 58
73 74 75 76 77 78 79 80 81 82 83 84 85 86 87 88 89 90 91 92 93 94 95 96 97 98 99 100 101 102 103 104 105 106 107 108 109 110 111 112 113 114 115 116 117 118 119 120 121 122 123 124 125

Bodensee
Bregenz
Gallen
Liechtenstein
Füssen
Schl. Neu-schwanstein
Tannheimer Berge
Nebelhorn
2224
Allgäuer
Lechtaler Alpen
Lech
2965
Schesaplana
Chur
Davos
Piz Buin
3312
(2383)
Flüelapass
Schweizerischer Nationalpark
Ofenpass
(2149)
Wildspitze
3768
(1365)
Pso.d.Resia
Reschenpass
Ötztaler Alpen
Stubaier Alpen
3597
Alpi Venoste
Adige/Etsch
Dorf Tirol
Merano/
Meran
St. Moritz
Ortles/Ortler
3905
N.P.Stilfser Joch/
P.N.dello Stelvio
Cevedale/
Zufall Sp.
3757
Deutschnonsberg
Castelfond
Kaltern
Cles
Disgrazia
Pso.d.Tonale
(1883)
Adamello
3554
P.N. Adamello-Brenta
3173
Brenta
Trento
Po.di Coca
3050
Darfo-
Boario Terme
Ledro
Lago d'Idro
Lago di Garda
Monte Baldo
2218
L.d'Iseo
Brescia
Verona
Vicenza
Montichiari
Mantova
ITALIA
Po
Parma
Reggio nell'Emilia
Modena
Castelnovo ne'Monti
Sassuolo
Bologna
Pavullo nel Frignano
M.Cimone
2165
Montecatini Terme
Prato
Pisa
Firenze
(Florenz)
Pontassieve
Livorno
Rosignano Marittimo
Arno

ÜBERSICHTSKARTE DER ALPEN – OST

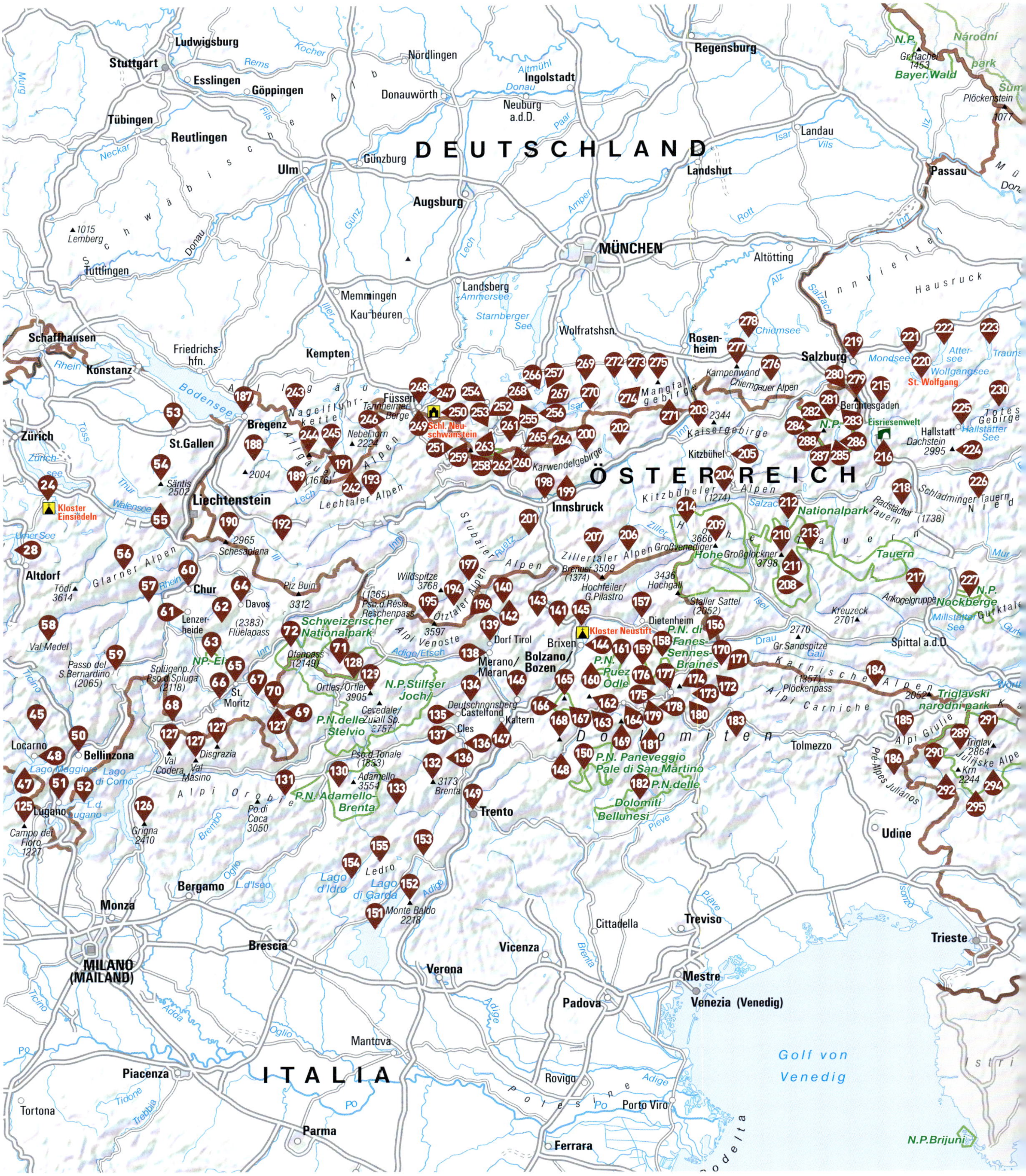

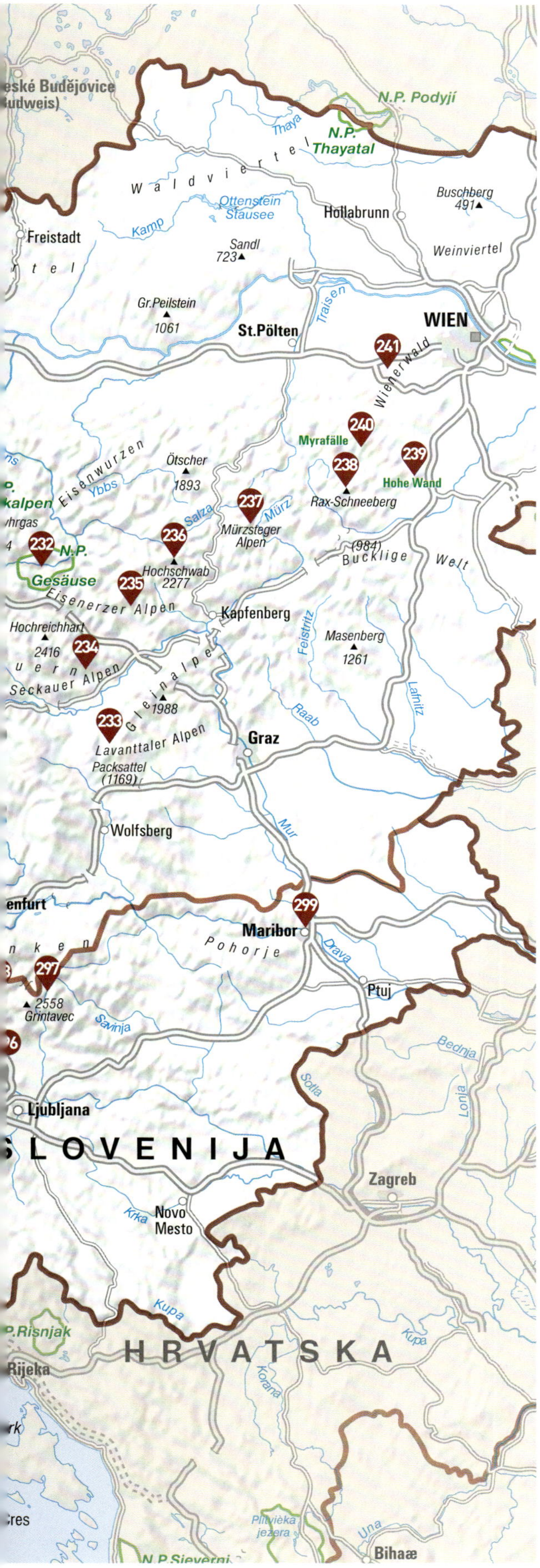

N.P. Podyjí
Thaya
N.P. Thayatal
Waldviertel
Ottenstein Stausee
Hollabrunn
Buschberg 491
Freistadt
Kamp
Sandl 723
Weinviertel
Gr.Peilstein 1061
St.Pölten
Traisen
WIEN
241
Wienerwald
Myrafälle
240
238
239
Hohe Wand
Ötscher 1893
Eisenwurzen
Ybbs
Rax-Schneeberg
237
Mürzsteger Alpen
Mürz
Salza
236
232
N.P. Gesäuse
235
Hochschwab 2277
Bucklige Welt
Eisenerzer Alpen
Kapfenberg
Hochreichhart 2416
234
Seckauer Alpen
Masenberg 1261
Feistritz
Gleinalpe
1988
233
Raab
Lafnitz
Lavanttaler Alpen
Packsattel (1169)
Graz
Wolfsberg
Mur
299
Maribor
Pohorje
Drava
Ptuj
297
2558 Grintavec
Savinja
Bednja
Sotla
Lonja
Ljubljana
SLOVENIJA
Zagreb
Krka
Novo Mesto
Kupa
HRVATSKA
Rijeka
Korana
Plitvička jezera
Una
Bihać

SCHWEIZ

Auf der touristischen Beliebtheitsskala behauptet die Schweiz seit Langem einen Spitzenplatz. Dafür gibt es zahlreiche Gründe. Einer mag sein, dass kein Land in Europa auf einer vergleichbar kleinen Fläche mehr Erlebniswelten als die Eidgenossenschaft zu bieten hat. Die stärksten Reize gehen dabei insbesondere von den alpinen Landschaften aus – mit Ehrfurcht gebietenden Viertausendern und riesigen Gletschern, aber auch sanften Hügeln und weiten Seen samt südlich anmutenden Palmenpromenaden weiß die Schweiz schon seit jeher als Urlaubs- und Erholungsparadies zu begeistern.

Am Lago Maggiore treffen hochalpine, schneebedeckte Gipfel auf die mediterran anmutende Landschaft des Tessins. 19,9 Prozent des 212,5 Quadratkilometer großen Sees gehören zur Schweiz, der Rest zu Italien. Einen herrlichen Blick auf See und Berge hat man von Locarno aus.

THUNERSEE

1835 betrieben Johannes Knechtenhofer und seine Brüder das erste Dampfschiff, die »Bellevue«, auf dem See. Heute tuckert eine Flotte von einer Handvoll Schiffen auf dem Thunersee, im Sommer zudem ein prächtig restaurierter historischer Schaufelraddampfer, die »Blümlisalp«. An den sonnigen Südhängen zwischen Thun und Merligen gedeiht eine teilweise subtropische Vegetation, die der Gegend den Beinamen »Riviera des Thunersees« gegeben hat. Gegenüber in der von einem schönen Schloss dominierten Spiezer Bucht liegen sogar kleine Rebberge. Besonders sehenswert sind die zwölf 1000-jährigen romanischen Kirchlein rund um den See, beispielsweise in Einigen. Am anderen Ende des Thunersees liegt Interlaken. Die Gegend ist schon lange besiedelt: In den vergangenen Jahren wurden Reste eines Dorfes aus der Bronzezeit und Teile von Pfahlbauten entdeckt.

In idyllischer Lage wurde Schloss Spiez auf einer Halbinsel am Thunersee erbaut. Einst wohnten dort die adligen Familien von Strättlingen, von Bubenberg und später auch von Erlach. Heute beherbergt das Schloss eine Ausstellung über die 1300 Jahre alte Geschichte der Gegend.

THUN

Die Stadt Thun am unteren Ende des Thunersees ist das Tor zum Berner Oberland. Die Altstadt, in deren Zentrum Schloss Thun aus dem 12. Jahrhundert thront, liegt etwa einen Kilometer vom Seeufer entfernt an der Aare. Bereits 2500 v. Chr. entstand hier die erste Siedlung. Das mächtige Schloss mit dem Wehrturm wurde von den Herzögen von Zähringen gebaut. In den Turmsälen ist ein historisches Museum untergebracht, das Funde aus der Ur- und Frühgeschichte, mittelalterliche Gegenstände sowie Waffen und Uniformen des 18. und 19. Jahrhunderts zeigt. Prunkstück des Schlosses ist jedoch der restaurierte Rittersaal aus dem 12. Jahrhundert. Weitere Sehenswürdigkeiten in der Altstadt sind die Stadtkirche mit ihrem Turm aus der Zeit um 1330, das Rathaus aus dem 16. Jahrhundert, die Altstadt selbst und die zahlreichen Restaurants und Cafés entlang der Aare.

Von Thun aus hat man ein atemberaubendes Panorama auf die Schweizer Alpen mit ihren schneebedeckten, kantigen Gipfeln. An der idyllischen Altstadt fließt die Aare vorbei. Sehenswert ist vor allem das Schloss Thun aus dem 12. Jahrhundert mit dem historischen Museum und dem Rittersaal.

INTERLAKEN

Bereits zu Beginn des 19. Jahrhunderts wurde Interlaken im Berner Oberland für seine eindrückliche Bergwelt berühmt und von bekannten Zeitgenossen bereist, darunter Johann Wolfgang von Goethe und Felix Mendelssohn Bartholdy. Der Erfolg als Tourismusort wurde durch den Ausbau der Berner Oberland-Bahn 1890 und der Jungfraubahn 1912 noch angekurbelt. Damals wie heute zieht der freie Blick vom Höheweg mitten in Interlaken auf die 4158 Meter hohe firnbedeckte Jungfrau die Menschen in ihren Bann. Im Städtchen, das zwischen Thunersee und Brienzersee in der grünen Aare-Ebene liegt, starten die Züge in die Jungfrauregion Richtung Grindelwald und Lauterbrunnen mit dem berühmten Dreigestirn von Eiger, Mönch und Jungfrau. Alle zwölf Jahre findet in Interlaken das Unspunnenfest statt, eines der großartigsten Volksfeste der Schweiz.

Über Interlaken thront das Panorama-Restaurant »Harder Kulm« auf einer Höhe von 1322 Metern und eröffnet einen einmaligen Weitblick über den Brienzer- und Thunersee sowie das Schweizer Dreigestirn. Mit der Harderbahn gelangt man innerhalb von zehn Minuten hierher.

BRIENZERSEE

Der klare, aber oft kalte Brienzersee bietet wegen der steil abfallenden Hänge nur wenige wilde Badeplätze an, gilt aber als sauberster See der Schweiz. Rund um den See verteilt findet man trotzdem vier Strandbäder, die die Schweizer liebevoll »Badis« nennen. Wer wärmere Temperaturen für seinen Badespaß benötigt, dem sei das nahe gelegene Burgseeli in Ringgenberg empfohlen. Am östlichen Ende des türkisfarbenen Brienzersees liegt das heimelige Dorf Brienz, umgeben von einer reizvollen Berglandschaft. Das als Schnitzerdorf bekannte Brienz hat eine lange Tradition in der Holzbearbeitung und verfügt bis heute über eine Holzbildhauerschule und eine Geigenbauschule. Der wohl romantischste Teil von Brienz ist die über die Landesgrenzen hinaus bekannte Brunngasse, wurde sie doch einmal als »schönste Gasse Europas« ausgezeichnet.

Am Ende des Tages blickt die Sonne ein letztes Mal über den Brienzersee und Iseltwald, das einzige Dorf am linken Ufer des Sees mit seiner idyllischen Fischerbucht. Wer die schneebedeckten Gipfel erklimmt, hat einen der besten Panoramablicke auf das Berner Oberland.

FIRST MIT BACHALPSEE

Perfekte Komposition: Als hätte ein genialer Bühnenbildner alles genau so platziert, spiegelt sich das Schreckhorn (4078 Meter) im Bachalpsee oberhalb von Grindelwald – während sowohl der majestätische Viertausender als auch der See von ihrer jeweiligen Umgebung auf eine Weise eingerahmt werden, dass sie möglichst gut zur Geltung kommen. Und als i-Tüpfelchen ragt genau in der Bildmitte im Hintergrund die gewaltige Felsnadel des Finsteraarhorn auf, mit seinen 4274 Metern der höchste Gipfel der Berner Alpen. Der Bachalpsee liegt auf 2265 Meter Höhe nordwestlich von Grindelwald auf dem zerklüfteten Hochplateau des First. Es bildet immer wieder natürliche Stufen, auf denen Seen oder Moore entstanden sind. Das Wollgras im linken Bildvordergrund tritt häufig an den Verlandungszonen von Seen und an anderen feuchten Standorten auf.

Oberhalb der Ortschaft Grindelwald liegt die Abflachung des First. Von dort führt ein schöner Wanderweg zum idyllisch gelegenen Bachalpsee. Dieser bietet die perfekte Spiegelfläche für die majestätischen Berggipfel ringsum.

Lauterbrunnen – allein schon der Dorfname deutet auf die Einzigartigkeit dieser Landschaft hin: 72 – der Wortbedeutung nach »reine« – Wasserfälle gibt es im Lauterbrunnental. Das Wahrzeichen ist der Staubbachfall, der sich direkt am Dorfrand von einer überhängenden Felswand fast 300 Meter in die Tiefe stürzt und einer der höchsten frei fallenden Wasserfälle Europas ist. Goethe, der 1779 das Tal besuchte, ließ sich von den tosenden Wassermassen zu seinem bekannten Gedicht »Gesang der Geister über den Wassern« inspirieren. Lauterbrunnen ist Ausgangspunkt zu den Ausflugszielen der Jungfrauregion. Die Wengeneralpbahn, die längste durchgehende Zahnradbahn der Welt, verbindet das Dorf mit der Sonnenterrasse Wengen an der Ostflanke des Lauterbrunnentals und der Kleinen Scheidegg, dem Umsteigebahnhof für die Fahrt zum Jungfraujoch (3454 Meter).

Über den Namen Staubbachfall wundert man sich, spätestens wenn ein Wind geht, nicht mehr, denn dann wird das Wasser wie eine feine Staubwolke in alle Richtungen getragen. Zu Lauterbrunnen gehört auch die Dorfkirche mit ihrem typischen Turm.

LAUTERAARHORN, SCHRECKHORN, FINSTERAARHORN

Wer die Namen der Berge zu lesen versteht, erfährt oftmals etwas über ihre Lage und Bedeutung. Das Lauteraarhorn (4042 Meter) und das Finsteraarhorn (4274 Meter) heißen so, weil sie die Aaregletscher speisen, aus denen die Aare entspringt, der große Fluss des Schweizer Mittellands, der später auf idyllische Weise die Altstadt von Bern umfließt und noch später in den Rhein mündet: ein Beispiel für die zentrale Bedeutung der Alpen für den Wasserhaushalt Mitteleuropas. Auf dem Bild rechts ist das Lauteraarhorn hinter dem Schreckhorn (4078 Meter; rechts von der Bildmitte) kaum zu sehen, weil sie so eng beieinanderstehen. Ihre Gipfel sind nur einen Kilometer Luftlinie entfernt. Die Überschreitung von Lauteraarhorn und Schreckhorn ist deshalb eine beliebte, wenngleich sehr anspruchsvolle Tour, die nur erfahrenen Bergsteigern und Alpinisten zu empfehlen ist. Auch eine Tour auf das Finsteraarhorn, den höchsten Berg der Berner Alpen, setzt Bergsteigerkönnen sowie Gletschererfahrung voraus.

Wetterhorn, Schreckhorn und Finsteraarhorn spiegeln sich im glasklaren Wasser des Bachalpsees oberhalb von Grindelwald.

BIETSCHHORN

EIGER

Es ist die berühmteste Wand der Welt – wer kennt sie nicht, die Eigernordwand? Dabei ist der 3967 Meter hohe Kalksteingipfel von der Westseite her relativ einfach zu besteigen – aber die Nordwand setzt Maßstäbe. 1800 Meter hoch, der Witterung ausgesetzt, aus unterschiedlichen Kalksteinarten bestehend, steinschlaggefährdet, oft vereist und so steil, dass der britische Bergsteiger Adolphus Moore im 19. Jahrhundert bekannte, er habe »noch nie einen so jähen, glatten Abbruch gesehen – ein Stein, der von der Gratkante abbricht, fällt Hunderte Meter hinunter, ohne einmal aufzuschlagen«. Entsprechend groß war damals die internationale Anteilnahme an den ersten Besteigungsversuchen. Nachdem bereits mehrere Bergsteiger beim Versuch gestorben waren, gelang einer deutsch-österreichischen Seilschaft 1938 dann die Erstbegehung.

Als »absolut unersteigbar« galt die Eigernordwand noch im 19. Jahrhundert – erst 1938 gelang die Erstbesteigung. 2015 »sprintete« der Extremkletterer Ueli Steck die Wand in 2 Stunden und 22 Minuten empor.

Das markante Bietschhorn (3934 Meter) dominiert das Gebiet zwischen dem Wallis und dem parallel verlaufenden, tief eingeschnittenen und weitgehend unverbauten Lötschental. Das Bietschhorn besteht aus Granit. Es ist Teil des Aaremassivs, des größten der sogenannten Zentralmassive der Alpen. Im Gegensatz zu den Kalkalpen, die bei der Auffaltung der Alpen kilometerweit von ihrem Entstehungsort verschoben wurden, blieben die Zentralmassive weitgehend an Ort und Stelle – sie bilden sozusagen das Herz der Alpen. Der größte Teil des Aaremassivs besteht aus Gneis und Granit, hinzu kommen kristalline Schiefer und Amphibolit. Diese sind tief in der Erdkruste durch Umwandlung aus anderen Gesteinen entstanden; der Granit wiederum ist in diese Gesteine vor etwa 300 Millionen Jahren eingedrungen. Das knapp unter der Viertausendermarke liegende Bietschhorn gilt vielen als schönster Berg des Kantons Wallis aufgrund seines markanten Gipfels, dessen Besteigung anspruchsvoll ist.

Von einem See unweit des Lötschenpasses genießt man einen herrlichen Blick auf das Lautenbrunner Breithorn und das Bietschhorn.

GLETSCHERSCHMELZE IN DEN ALPEN

»Gletscher sind Sensoren des Klimawandels.«

Höher hinauf kommt der Tourist in den Alpen nirgends: Bis in 3454 Meter Höhe, auf dem eisbedeckten Jungfraujoch zwischen der Jungfrau und dem Mönch, bringt ihn die Zahnradbahn. Nicht nur das hat den Berg so berühmt gemacht; er ist mit seinen 4158 Metern auch einer der höchsten der Berner Alpen und zudem außerordentlich vielgestaltig – fast wie ein eigenes Massiv. Der Berg besitzt zahlreiche Vor- und Nebengipfel wie die Wengen-Jungfrau, das Schneehorn oder die elegante Schneepyramide des Silberhorns, dazu die zerrissenen Kühlauenen- und Giessengletscher. Kurz, die Jungfrau ist, obwohl sie nicht so spektakulär geformt ist wie das Matterhorn oder der Großglockner, eindeutig ein »schöner« Berg und bildet mit Eiger und Mönch das sogenannte Dreigestirn. Auf der Westseite fällt sie mehr als 3000 Meter tief ab.

Die Jungfrau ist außerordentlich vielgestaltig – von jeder Seite offenbart sie andere Perspektiven. Berühmt ist sie auch wegen der Bahn auf das Joch. Die Jungfraubahn gilt als Höhepunkt des Bergbahnfiebers im frühen 20. Jahrhundert.

Wer einmal am Großen Aletschgletscher entlanggewandert ist, wird den Anblick nicht mehr vergessen – ein Bild von archaischer Schönheit, wie sich der mächtigste Eisstrom der Alpenregion auf einer Länge von rund 23 Kilometern vom Jungfraujoch bis in die 1500 Meter tiefer gelegene Massaschlucht hinunterschiebt. Noch knapp 5000 Gletscher gibt es in den Alpen, doch ihre Zahl nimmt ebenso wie ihre Größe aufgrund der Klimaerwärmung rasant ab. Neben dem Aletsch werden weitere sieben große Eisriesen im Alpenland gezählt, darunter der Mer de Glace in Frankreich, der sich mit Kriechtempo 90 Meter im Jahr vom Mont-Blanc-Massiv hinunterschlängelt, Österreichs längster Gletscher Pasterze in den Hohen Tauern sowie der Schneeferner im Zugspitzmassiv. Am stärksten vergletschert sind die Ötztaler Alpen mit vier Eisgiganten: Gurglerferner, Vernagtferner, Hintereisferner und Mittelbergferner. Allen Gletschern im gesamten Alpenraum gemeinsam ist, dass sie immer dramatischer an Eisfläche verlieren. Der Aletsch hat beispielsweise in einem halben Jahrhundert drei Kilometer Länge (davon allein ein Kilometer seit dem Jahr 2000) und 200 Höhenmeter eingebüßt. Nicht allein der allgemeine Temperaturanstieg durch die Klimaerwärmung macht den Eisriesen zu schaffen, vor allem lassen auch die heißen Sommer und starken Regenfälle das Eis schmelzen. Versuche, das Abschmelzen durch spezielle Abdeckfolien oder durch Kunstschnee-Beschneiung zu stoppen, verschieben das Problem allenfalls, sagen Glaziologen, sie könnten es aber nicht auf Dauer aufhalten. Jüngste Modellrechnungen der Uni Zürich sagen für das schlimmste Szenario das völlige Verschwinden der Gletscher bis 2100 voraus. Bliebe das Klima wie in den letzten zehn Jahren, ginge die Hälfte des Eises verloren. So oder so, die Folgen wären dramatisch: Schmelzen die Gletscher, taut der Permafrost unter ihnen auf, Berghänge verlören den Halt und könnten Felsstürze und Erdrutsche auslösen. Da Gletscher wichtige Wasserspeicher sind, die Bäche und Flüsse speisen, könnte es zu Wassermangel sowie Dürren kommen und wegen der ausbleibenden Fließgewässer auch zum Artensterben von Pflanzen und Tieren.

Wie eine weiße Autobahn zieht sich die Zunge des Aletschgletschers durch die Berglandschaft. Über viele Jahrtausende hinweg hat sich diese gigantische Arena geformt.

ALETSCHWALD

Der urwaldähnliche Aletschwald wächst oberhalb der Aletschgletscherzunge. Er wurde 1933 unter Schutz gestellt, war aber auch bis dahin nur wenig forstlich genutzt worden – in erster Linie als Waldweide. Der Wald liegt am Nordhang des Bergrückens, auf dem sich die Ferienorte Riederalp und Bettmeralp erstrecken. Von dort ist er in einem kurzen Spaziergang erreichbar. Im Aletschwald wachsen vor allem Lärchen und Arven, Letztere sind auch unter dem Namen Zirbe oder Zirbelkiefer bekannt. Botaniker bezeichnen den Wald daher als Arven-Lärchen-Wald. Er ist typisch für die subalpine Stufe in trockenem Klima und nahe der Baumgrenze. Da Zirbelkiefern bis zu 1000 Jahre alt werden können, stehen im Aletschwald mächtige Baumveteranen direkt neben jungem Aufwuchs. Und mit etwas Glück kann man im Wald auch Gämsen beobachten, außerdem gibt es Murmeltiere, Birkhühner und Tannenhäher.

Ein prächtiger Wald mit knorrigen Zirben und Lärchen erstreckt sich oberhalb der Aletschgletscherzunge. Er steht seit 1933 unter Naturschutz. Von hier geht der Blick über das Gletschertal bis zu den Hängen von Fusshorn und Geisshorn.

FIESCHERGLETSCHER

Der Fieschergletscher ist sozusagen der »kleine Bruder« des Großen Aletschgletschers. Und dennoch ein Riese seiner Art. Mit einer Länge von knapp 15 Kilometern und einer Fläche von 31 Quadratkilometern ist er immerhin der drittgrößte Gletscher der Alpen. Sein Nährgebiet umfasst den Walliser Fiescherfirn zwischen Gross Grünhorn und Gross Wannenhorn. Im 17. Jahrhundert stieß der Gletscher zu einem Hochstand vor und versetzte die Bevölkerung in Angst und Schrecken. Darum wurde im Jahr 1652 eine Bannprozession eingeführt. Als der Gletscher 1860 erneut in beunruhigendem Maße vorrückte, versprachen die Fieschertaler einen alljährlichen Bittgang zur Kapelle im Ernerwald, in der Kirche ein Kerzenlicht zu unterhalten und jährlich eine Messe zu lesen. Nun, da der Rückgang der Gletscher beunruhigt, wird die Prozession mit dem Anliegen durchgeführt, die Gletscher möchten doch wieder wachsen.

Der Fieschergletscher ist ein sogenannter Talgletscher. Vom Gross Fiescherhorn auf rund 4000 Meter Höhe schlängelt er sich durch das enge Tal zwischen Wannen- und Wasenhorn hinunter auf rund 1700 Meter.

SIMMENTAL

Das Simmental hat sich noch etwas von seiner alpinen Ursprünglichkeit bewahrt. Es erstreckt sich vom Thunersee bis nach Lenk und weiter zum Wildstrubel. Das breite, liebliche Tal ist bis heute geprägt von Milchwirtschaft und Viehzucht, die hier schon seit Langem einen beachtlichen Wohlstand sichern. Davon zeugen unter anderem die üppig geschnitzten und prächtig bemalten Holzhäuser. Das rot-weiß gescheckte Simmentaler Rind, auch Fleckvieh genannt, und die saftigen Weiden machen die Gegend zum Inbegriff eines typischen Berner Bauernlandes. Kein Geringerer als der Komponist Felix Mendelssohn Bartholdy lobte das Simmental als das »grünste Tal Europas«. Einige Ortschaften im Simmental sind für ihre Mineralbäder bekannt, bereits im 17. Jahrhundert setzte hier der Bädertourismus ein, der aber ab Mitte des 20. Jahrhunders an Bedeutung verlor. Heute gilt das Simmental als Wander- und Skiparadies.

Im Simmental gibt es rund 600 Kilometer markierte Wanderwege zu entdecken. Darunter befinden sich familienfreundliche Ausflugsangebote, aber auch anspruchsvolle Strecken und Touren beziehungsweise Gletscherüberquerungen.

GSTAAD

Gstaad sonnt sich in dem Ruf, der arrivierteste Nobelkurort in diesem Teil der Schweizer Alpen zu sein. »Hier kommt keiner hin, um gesehen zu werden. Wer das will, geht nach St. Moritz oder Zermatt«, ist die inoffizielle Meinung der meisten Bewohner von Gstaad, das zu zwei Dritteln von Ausländern bewohnt ist. Und die sind reich, um genau zu sein: sehr reich. Aber eben alter Adel, der hier mehr residiert als protzt, und auch viele Prominente, die hier auf 1050 Meter Höhe ihre Ruhe und Privatsphäre genießen. Bei einem Spaziergang durch die engen Straßen und Gässchen begegnet man auf Schritt und Tritt der typischen Saanenland-Tradition, die dem Chaletdorf Gstaad einen besonderen Charme verleiht. Mindestens ebenso traumhaft ist die Landschaft um den alpinen Ort, und im Winter kommen Skienthusiasten hier mit rund 200 Kilometer Pisten und mehr als 47 Bahnanlagen voll auf ihre Kosten.

Im autofreien Dorfkern von Gstaad dominieren teure Geschäfte, und manche der weniger betuchten Besucher kommen nur, um einen Hauch dieses Flairs zu erhaschen. Glücklicherweise kostet Schauen hier noch nichts.

GENF

Nach Zürich ist die am Abfluss der Rhône aus dem Genfersee gelegene Stadt die zweitgrößte der Schweiz. Wo die Fontäne des Jet d'eau ihr Wasser 145 Meter hoch gen Himmel schießt, liegt Genf (Genève), von Jura und Savoyer Alpen umkränzt, an die Bucht des Sees geschmiegt. Das »protestantische Rom«, in dem Johannes Calvin vor gut 450 Jahren seine Reformideen propagierte und Henri Dunant 1864 das Rote Kreuz gründete, präsentiert sich heute als internationale Stadt. Ein Drittel ihrer Bewohner sind Ausländer, 200 überstaatliche Organisationen, darunter die Vereinten Nationen und die Weltgesundheitsorganisation (WHO), haben hier ihren Sitz. Zu den weiteren Attraktionen gehören die Kathedrale St. Peter samt angrenzender Place du Bourg-de-Four, das Palais des Nations – heute Hauptsitz der UN – und das Denkmal des gebürtigen Genfers Jean-Jacques Rousseau.

Rechts: Beim richtigen Sonnenstand glitzert im Jet d'eau ein Regenbogen. Einst wurde mit dem Ventil der Druck im Wasserkraftwerk kontrolliert.
Unten: Die Genfer Altstadt blickt auf 2000 Jahre Geschichte zurück.

GENFERSEE

Der Genfersee ist ein Gewässer der Superlative: Mildestes Klima, größter See der Schweiz und wasserreichster See Mitteleuropas heißen die Rekorde, die er verzeichnen kann. Großes Wasser, »Lem an«, nannten die Kelten den Genfersee, der auch heute auf Französisch »Lac Léman« heißt. Und groß ist er wahrlich. Auf seiner Wasserfläche von 582 Quadratkilometern fahren Kursschiffe, historische Raddampfer und kleine Fähren. Die Schifffahrt auf dem Genfersee verzeichnet denn auch Rekorde. Die Compagnie Générale de Navigation sur le Lac Léman (CGN) betreibt acht Schaufelraddampfer, die größte europäische Flotte dieser Art. Kursschiffe verbinden die zahlreichen Dörfer und Städte miteinander, kleine Fähren, »Mouettes« genannt, bringen Passagiere in Genf rasch und zu allen Tageszeiten vom einen Ufer zum anderen.

Vevey ist einer der Orte am Ufer des Genfersees, der sich tagtäglich an dem Anblick der historischen Dampfschiffe erfreuen darf (rechts). Von solchen und auch kleineren Schiffen wird auch das pittoreske Schloss Chillon angesteuert (unten).

»You can't describe it, words don't do it justice. You just have to come and experience it.«

Quincy Jones

Prince trat erstmals 2007 bei der 41. Ausgabe des jährlich stattfindenden Montreux Jazz Festivals auf. Die 4500 Tickets für sein zweistündiges Konzert im Auditorium Stravinski waren innerhalb von zehn Minuten ausverkauft. Auf dem Bild sieht man die Musik-Ikone bei einer außergewöhnlichen Jam-Session, mit der er im Anschluss an sein Konzert die Fans im Montreux Jazz Café begeisterte. Prince kehrte danach noch zweimal an den Genfersee zurück: in den Jahren 2009 und 2013.

Im Alpenraum gibt es beinahe so viele Feste, Festspiele und Festivals wie Almwiesen – von traditionellen Brauchtumsfesten bis Film-, Food-, Kunst- und sportlichen Events. Allein die Zahl der Musikfestivals dürfte im hohen dreistelligen Bereich liegen. Doch kein anderer Musikevent genießt weltweit so viel Ansehen wie das Montreux Jazz Festival, bei dem sich seit 1967 jeweils 16 Tage im Sommer klangvolle Namen der internationalen Musikszene die Klinke in die Hand drücken. Alles, was Rang und Namen hat, war schon hier – Jazzgrößen wie Ella Fitzgerald, Aretha Franklin, Nina Simone, Count Basie, Keith Jarret, Cecil McBee, Jack DeJohnette und viele weitere. Aber auch internationale Rock- und Popstars wie Leonard Cohen, Stevie Wonder, Elton John und Prince ließen sich nicht lange bitten, die Bühnen am Genfersee zu rocken, zumal Festivalgründer Claude Nobs so manche Einladung mit hohen Gagen und Schweizer Schoki versüßte. Waren die Musiker erst einmal am See, erlagen sie dem mediterranen Charme von Montreux und seiner Alpenkulisse. Manche wie Carlos Santana wurden sogar zu Dauergästen. Viele Anekdoten ranken sich um das Festival und seine Performer. So soll ein Brand im Casino, als dort gerade Frank Zappa auftrat, Deep Purple zu ihrem Erfolgstitel »Smoke on the Water« animiert haben. Legendär ist auch David Bowies und Freddie Mercurys gemeinsamer Titel »Under Pressure«, der in Montreux entstanden ist. Die anfangs kritisierte stilistische Breite des Programms von Jazz über Pop und Rock bis Weltmusik hat sich längst zum Markenzeichen des Festivals entwickelt, das jährlich bis zu 250 000 Besucher anzieht. Den einstigen Musiklegenden folgten die heutigen: Adele, Lady Gaga, Ed Sheeran, Alicia Keys, Rita Ora und andere. Besucher schätzen auch das breite Angebot an Gratiskonzerten auf sechs von 17 Bühnen. Für die Plakatwerbung ließen sich schon Künstler von Weltruf einspannen.

Montreux

SCHWEIZER JURA

–41,8 °C ist der offizielle Kälterekord der Schweiz, und es ist kein Zufall, dass er am 12. Januar 1987 im Jura gemessen wurde. Denn dieses Mittelgebirge, das sich im Westen des Landes entlang der Grenze zu Frankreich erstreckt, ist schon immer für seine Rauheit bekannt gewesen. Hier zeigt die sonst postkartenidyllische Schweiz plötzlich ihr harsches, abweisendes Gesicht. Nicht nur erbärmlich kalt ist es im Jura, sondern auch nass, weil die Westwinde pausenlos Regenwolken gegen die bis zu 1700 Meter hohen Berge treiben. Das Leben der Menschen im Jura ist daher schon immer ein Kampf gewesen, der indes im 18. Jahrhundert eine glückliche Wendung nahm: In dieser Zeit entwickelte sich die Uhrenindustrie. Die handwerklich geschickten Bauern bauten zunächst in Heimarbeit für Fabrikanten aus Genf Uhrwerke zusammen, um dann eigene Manufakturen zu gründen.

Rechts: Immer wieder trifft man bei Wanderungen im Jura unerwartet auf stattliche Wasserfälle. Unten: Der Alpensteinbock hat sich bestens an die rauen Bedingungen des Schweizer Jura angepasst. Weder Höhe noch Kälte scheinen ihn zu stören.

CREUX DU VAN

Auf einer Strecke von vier Kilometern bilden 160 Meter hohe, fast senkrecht abfallende Felswände ein beeindruckendes Naturspektakel. Der Creux du Van wurde vor 200 Millionen Jahren durch Erosion geformt. Alpine Flora und Wildtiere wie Gämsen oder Steinböcke finden in der Naturlandschaft einen geschützten Lebensraum. Wer die Schlucht hautnah erleben will, sollte schwindelfrei sein, denn am oberen Rand des Talkessels erlaubt eine zwei Kilometer lange Trockensteinmauer eine Wanderung einmal um das gewaltige, von der Natur geschaffene Amphitheater herum. Wem von der Wanderung unwohl geworden ist, dem wird der hier produzierte Absinth guttun. Sehenswert sind außerdem die Asphaltminen, die seit dem 18. Jahrhundert zu einem riesigen Stollensystem gehören; ein Teil der stillgelegten Minen kann bei La Presta besichtigt werden.

Ein äußerst schmaler Wanderweg führt an der Felswand entlang (unten). Für den Nervenkitzel entschädigt dafür die packende Aussicht auf den vier Kilometer langen und einen Kilometer breiten Felsenkessel (links).

BERN

Malerisch liegt die Berner Altstadt auf einem Plateau in einer Schleife des Flusses Aare. Hier gründete 1191 der Überlieferung nach Herzog Berchthold V. von Zähringen die Stadt. Dank kriegerischer Expansion konnte die seit 1218 Freie Reichsstadt ihr Territorium enorm vergrößern; im 16. Jahrhundert avancierte sie zum größten Stadtstaat nördlich der Alpen. Unter den Schweizer Städten ist die Bundesstadt heute nur die viertgrößte. Auch was die internationale Bedeutung als Wirtschaftsstandort anbelangt, haben ihr die Finanzmetropolen Zürich und Genf und das industriell ausgerichtete Basel deutlich den Rang abgelaufen. Dennoch ist Bern keinesfalls »Provinz«, sondern das politische Zentrum der Schweiz und ein viel besuchtes Reiseziel mit breitem Kulturangebot. Der mittelalterliche Kern der rund 134 000 Einwohner zählenden Stadt präsentiert sich bestens erhalten.

Unten: Mit ihren stattlichen Zunft- und Bürgerhäusern, dem spätgotischen Münster, der barocken Heiliggeistkirche, den imposanten Tortürmen, den herrlichen Brunnen und nicht zuletzt den romantischen Laubengängen hat die Berner Altstadt den UNESCO-Welterbetitel. Ganz links: Flussschwimmen im kristallklaren Wasser der Aare ist in Bern der Volkssport Nummer 1. Links: Zähringerbrunnen und Zytgloggeturm.

Historische Brunnen

Nicht nur die verwinkelten Laubengänge prägen Berns Altstadt, sondern auch die vielen historischen Brunnen. Sie versorgten im Mittelalter die Bewohner mit Trinkwasser. Die zum Großteil aus dem 16. Jahrhundert stammenden expressiven Brunnenfiguren, die sie zieren, geben manches Rätsel auf, etwa der makabre Chindlifrässerbrunnen, dessen Namensträger gerade ein Kind verspeist. Die Figur diente im Mittelalter als Kinderschreck für unartige Kinder. Eine andere merkwürdige Brunnenfigur überschaut den Zähringerbrunnen: ein stehender Bär mit Helm, in den Pranken Schild und Banner mit dem Zähringerwappen. Die Figur erinnert an den Stadtgründer Berthold von Zähringen, der die Stadt nach dem ersten erlegten Tier bei der Jagd benannte. Seither ist der Bär Wappentier der Stadt und des Kantons.

GANTRISCH

Die Städte Bern, Thun und Freiburg grenzen den 414 Quadratkilometer großen, seit 2012 bestehenden Naturpark ein. Die Nähe zu den Ortschaften macht es möglich, binnen kurzer Zeit mitten in der Natur zu sein. In den Sommermonaten locken Themenwanderwege und Radtouren, ein Seilpark und ein Klettersteig die Menschen in die Natur, im Winter gilt Gantrisch als Wintersportparadies. Kunsthistorisch-kulturell interessant sind neben der Abegg-Stiftung in Riggisberg auch die Klosterruine von Rüeggisberg und das Vrenelimuseum in Guggisberg. Der Naturpark ist Heimat zahlreicher Tier- und Pflanzenarten, darunter einiger stark gefährdeter. Gletscher formten in der letzten Eiszeit den Breccaschlund, eine mystisch anmutende Karstebene in der Nähe des Schwarzsees im Süden des Naturparks. Die markante Gantrischkette bildet den südöstlichen Rahmen des Schutzgebiets.

Ganz rechts: Jenseits der Krokuswiese beim Gurnigelpass offenbart sich das spektakuläre Panorama der Berner Alpen. Geübte Wanderer gehen vom Gurnigel über den Leiterenpass zum Gantrisch. Rechts: Unterhalb des Gipfels des Gantrischs liegt auf 1578 Metern der gleichnamige kleine Bergsee.

GRUYÈRE PAYS-D'ENHAUT

Der beliebte Schweizer Hartkäse Greyerzer (beziehungsweise Gruyère) wurde bereits im 15. Jahrhundert in dieser Gegend hergestellt. Zwei weitere Käsesorten, L'Etivaz und Freiburger Vacherin, tragen wie der Greyerzer die geschützte Ursprungsbezeichnung AOP. Nicht umsonst liegt im Naturpark Gruyère Pays-d'Enhaut die Wiege der traditionsreichen Käseproduktion. Alp- und Landwirtschaft werden hier bis heute betrieben. Schmucke Dörfer – acht davon stehen auf der Liste der schützenswerten Ortsbilder der Schweiz – sind in die tiefen Talfurchen, die die Wasserläufe einst schufen, gebaut. Zu Fuß lässt sich diese herrliche voralpine Landschaft mit ihren vielen Naturschätzen am besten erkunden: Sogenannte Käsewege und die Grand Tour des Vanils sind die wohl populärsten Strecken. Der Park bietet zudem ein Kulturprogramm mit Ausstellungen und Festivals.

Die Gipfel der jeweils knapp über 1800 Meter hohen Dent de Broc und Dent du Chamois (ganz links) geben eine traumhafte Bergkulisse ab. Am Fuß der beiden Berge befindet sich das Städtchen Gruyères, das Ausgangspunkt zahlreicher Wanderungen zu unberührten Naturlandschaft ist (links).

VIERWALDSTÄTTERSEE

Ob der Vierwaldstättersee nun der schönste ist in diesem an Seen so reichen Land, ist Geschmackssache. Gewiss aber bietet kein Schweizer See eine so vielfältige Szenerie wie die vom Reussgletscher geformte fünftgrößte Wasserfläche des Landes. Das Klima ist mild und gleicht dem an den Tessiner Seen. Dazu kommt eine legendenreiche Geschichte, die durch die Wilhelm-Tell-Sage und Schillers berühmtes Drama weit über die Landesgrenzen hinaus bekannt wurde. Auf der Rütliwiese soll die alte Eidgenossenschaft mit dem Rütlischwur begründet worden sei. Die Stätte, die erhaben über dem See liegt, könnte schöner nicht gewählt sein. Die Touristen entdeckten den See erst richtig, als die ersten Dampfschiffe auf dem Gewässer kreuzten. Ausflugsberge wie die Rigi oder der Pilatus wurden zur damaligen Zeit mit Bahnprojekten erschlossen und erste Luxushotels entstanden.

Grand Tour für Eilige

Nirgendwo sonst kann man so viel Schweiz in einem überschaubaren Gebiet erleben wie an dem von mächtigen Gipfeln umrankten Vierwaldstättersee – fantastische Bergwelt mit grandiosen Aussichten, atemraubende Bergbahnen, nostalgische Schifffahrt, jede Menge historische Hotspots … Und das Beste: Mit der richtigen Auswahl der Transportmittel lässt sich alles in ein paar Stunden erschließen, beispielsweise auf einer Rigi-Rundfahrt: von Luzern mit dem Dampfschiff nach Vitznau, von wo einen die älteste Bergbahn der Welt, die Rigi-Zahnradbahn, zum Rigi-Kulm (1798 m) mit 360°-Panoramablick bringt. Zurück bis Zwischenstation Kaltbad, weiter mit der Luftseilbahn nach Weggis und von dort mit dem Schiff wieder nach Luzern. Die selbst ernannte schönste Stadt der Schweiz bietet reichlich Gelegenheit, den ereignisreichen Tag genussvoll ausklingen zu lassen.

Unten: Kunstvoll verästelt, so zeigt sich der Vierwaldstättersee von oben. Die so entstandenen einzelnen Abschnitte tragen separate Namen. Ganz links: Schwyz und seine Umgebung sind bekannt für die Kirschblüte und zahlreiche Kirschspezialitäten. Links: Die Luzerner Voralpen bieten herrliche Gratwanderungen. Hausberg von Luzern ist das Pilatusmassiv mit dem Tomlishorn als höchstem Gipfel (2132 Meter).

Danke

»Wir wollen seyn ein einzig Volk von Brüdern, In keiner Noth uns trennen und Gefahr …«

Friedrich Schiller: *Wilhelm Tell*

Alljährlich am 1. August lassen es die Schweizer krachen. Ihren Nationalfeiertag zelebrieren sie lautstark und landesweit mit Böllern und Raketen, in vielen Städten auch mit einem großen Feuerwerk. Gebäude, Plätze und ihr eigenes Zuhause dekorieren die Eidgenossen mit rot-weißen Schweizer Fähnchen und Kantonalflaggen. Reden werden gehalten, die Nationalhymne gesungen, vielerorts gefeiert und musiziert. Um 20 Uhr läuten landesweit die Glocken, und auf dem einen oder anderen Alpengipfel sind Augustfeuer zu bewundern. An die Gründung der Eidgenossenschaft soll der Nationalfeiertag erinnern, als sich der Legende nach eine Handvoll Männer aus den drei Urkantonen Uri, Schwyz und Unterwalden auf einer Wiese am Vierwaldstättersee gegenseitige Unterstützung im Kampf für die Freiheit schworen. So ist es zu lesen im »Bundesbrief von 1291«, der als Gründungsurkunde gilt – das Original befindet sich im Bundesbriefmuseum in Schwyz. Dieser »Rütlischwur«, den Friedrich Schiller in seinem Drama »Wilhelm Tell« literarisch verarbeitet hat, fand Historikern zufolge tatsächlich später statt, auch der 1. August wurde erst 600 Jahre danach zum Nationalfeiertag erklärt, und dies in erster Linie auf Drängen der Berner, die ihre 700-Jahr-Feier gerne groß zusammen mit der Bundesfeier ausgerichtet hätten. Allen historischen Erkenntnissen zum Trotz lieben die Schweizer ihren Rütlischwur als Element der Gründungslegende. Und sie wissen diesen Mythos nebst Volksheld Wilhelm Tell auch gut zu vermarkten – mit Einrichtungen und Initiativen, die einerseits der Stärkung der nationalen Identität dienen, aber vor allem auch touristisch: Tellpass für Bahn, Bergbahnen und Schiff, Tellskapelle in Sisikon am Urner See, Telldenkmal in Altdorf und anderswo würdigen den wackeren Armbrustschützen. Auf der geschützten Rütliwiese findet seit 1860 alljährlich das »Rütlischiessen« statt, allerdings nicht am 1. August, sondern vor Martini im November.

Fahnenschwinger und Alphörner während der Rütlifeier am 1. August in der Nähe von Luzern. Mit der Gründung der heutigen Schweiz im Jahr 1848 und der Suche nach einer nationalen Identität übernahmen der Rütlischwur, aber auch Wilhelm Tell und der »Bundesbrief von 1291« eine bedeutende Rolle zur Herausbildung eines Nationalgefühls unterschiedlicher Kulturen.

LUZERN

KLOSTER EINSIEDELN

Luzern war und ist unbestritten eine Weltstadt des Tourismus. Dank des aufkommenden Alpinismus entwickelte sich Luzern zu einem der ersten Zentren des internationalen Fremdenverkehrs. Von hier aus starteten die ersten Alpinisten aus England ihre Expeditionen. Mit Kapellbrücke, Raddampfern und Alpenpanorama im Hintergrund erfüllt die Stadt alle Ansprüche an ein Postkartenidyll. In besonderem Maße hat Luzern seinen mittelalterlichen Stadtkern erhalten. Aber auch den Anschluss an die Moderne hat die Stadt am Vierwaldstättersee gefunden: Am Bahnhofsplatz ziehen die Bahnhofshalle des Stararchitekten Santiago Calatrava und das Hauptportal des 1971 abgebrannten alten Bahnhofs die Blicke auf sich. Ebenfalls zentral gelegen, begründete das Kultur- und Kongresszentrum KKL den Ruf der Stadt im kulturellen Bereich.

Ganz links: Wie jede Stadt, die am Wasser gelegen ist, besitzt auch Luzern dieses gewisse Etwas, das entsteht, wenn sich historische Gebäude selbst in der Wasseroberfläche betrachten – hier beispielsweise die Jesuitenkirche. Links: Das berühmteste Wahrzeichen der Stadt ist die Kapellbrücke.

Die im Jahr 934 gegründete Benediktinerabtei, ein bedeutendes geistliches Zentrum der Schweiz, besteht heute aus einer symmetrischen Klosteranlage mit vier Innenhöfen, die ab 1704 von Johann Moosbrugger nach Plänen seines Bruders Caspar errichtet wurde. Zentrales Bauwerk ist die 1735 geweihte und von zwei 60 Meter hohen Türmen gerahmte Stiftskirche. Sie gilt als die bedeutendste Barockkirche der Schweiz, ihre Ausgestaltung oblag 1724 bis 1726 den Brüdern Asam. In der Kirche befindet sich die Gnadenkapelle mit einer Schwarzen Madonna, die der Legende nach Christus seiner Mutter Maria geweiht hat. Pilger finden in der Unterkirche unterhalb des Chors einen stillen Raum für Gebete. Berühmt ist das Kloster auch für seine Bibliothek mit 1230 Handschriften und über 1000 Inkunabeln sowie seinen barocken Marstall mit dem ältesten Gestüt Europas.

Die Klosterkirche von Einsiedeln gehört zu den bedeutendsten Barockbauten nördlich der Alpen. Sie bildet mit dem Klostergebäude eine räumliche Einheit (ganz links). Die Fresken und Stuckaturen der Asam-Brüder verleihen der Kirche im Innern die üppige Pracht des späten Barocks (links).

Das liebliche Berg- und Hügelland mit seinen behäbig wirkenden Bauernhöfen, der weltbekannte Käse und die kraftvollen Gestalten, die der Schriftsteller Jeremias Gotthelf in seinen Büchern verewigt hat, könnten dazu verleiten, das Emmental zum Idyll zu verklären. Doch hier erneuert sich fortwährend eine an Traditionen und Ideen reiche Kultur. Beispielhaft dafür steht die Geschichte des Emmentalers. Der wurde zum Exportschlager, als im Königreich Preußen die Käsezölle pro Stück und nicht mehr pro Gewichtseinheit erhoben wurden. Emmentaler Käser ergriffen die Chance und stellten große Käselaibe für den Export her. Unverdrossen wird auch heute die schwierige Landwirtschaft in Steillagen weiterbetrieben. Abseits des Tourismus lädt die Gegend mit ihren 170 Seitentälern und Hügelzügen zum Wandern und zur Einkehr in eines der Gasthäuser ein.

Nicht nur bei Käseliebhabern steht das Emmental hoch im Kurs. Sein Landschaftsbild zählt zu den helvetischen Postkartenidyllen. Charakteristische Walmdächer, Lauben und Schnitzarbeiten, Blumen auf den Balkonen und bunte Vorgärten machen den großen Charme der Emmentaler Holzbauten aus (unten). Bei der Wohnlage völlig inklusive ist der einmalige Blick auf die markanten Schweizer Alpen (links).

450 SORTEN: SCHWEIZER KÄSE

Rund 80 Prozent der landwirtschaftlichen Nutzfläche der Schweiz werden vorwiegend mit Tierhaltung bewirtschaftet. Aus knapp der Hälfte der abgelieferten Milch wird Käse produziert. Dessen Herstellung hat eine uralte Tradition. Ein typischer Extrahartkäse ist der Sbrinz, der erst nach mindestens 18 Monaten auf den Markt kommt. Bei den Hartkäsen liegen der Emmentaler und der Gruyère vorn. Typische Beispiele für Halbhartkäse sind Raclette Suisse, Walliser Raclette, Appenzeller, Tilsiter, Tête de Moine, Vacherin Fribourgeois, Bündner Bergkäse oder Mutschli. Sie werden entweder aus pasteurisierter Milch oder Rohmilch hergestellt und reifen in drei bis sechs Monaten. Weichkäse hingegen wird meistens aus pasteurisierter Milch gemacht. Mit einem Wassergehalt von etwa 50 Prozent reifen sie relativ schnell. Typische Vertreter sind Brie Suisse, Camembert Suisse oder Tomme. Schließlich produziert die Schweiz auch Frischkäse. Sie werden aus pasteurisierter Milch hergestellt und haben unterschiedliche Fettgehaltsstufen. Zu den bekanntesten Sorten gehören Quark, Hüttenkäse, Formaggini, Mozzarella und Petit Suisse. Ziegen- und Schafskäse gibt es als Weich- oder Schnittkäse. Dank ihrer intensiven und unverfälschten Aromen hat ihre Beliebtheit in den letzten Jahren deutlich zugenommen.

Der Käse mit den Löchern

Emmentaler Käse mit seinen Löchern ist weltweit bekannt. Aber wie kommen diese in den Käse? Des Rätsels Lösung: Bei der ersten Erhitzung auf 30–32° wird die Milch mit speziellen Bakterienkulturen versetzt, die später für die Käsereifung sorgen – und für die Löcher. Nachdem die erwärmte Milch mit Lab eingedickt worden ist, wird die Gallerte mit der Käseharfe geschnitten, von der Molke getrennt, dann ein bis zwei Tage mit zunehmendem Druck gepresst. Nach dem Pressen wird der Käse in Salzlake getaucht, wobei sich eine leichte Rinde bildet. Nun reift der Käse zunächst bei kühlen, dann bei normalen Temperaturen. Bei diesem Hauptreifevorgang produzieren die Bakterien Gase, die nicht durch die fester gewordene Rinde entweichen können. Sie konzentrieren sich im Käse, bilden Blasen und sorgen dadurch mit der Zeit für die bekannten Löcher.

Die beliebtesten Hartkäsesorten der Schweiz sind der Emmentaler (links) und der Gruyère (große Bilder). Die Herstellung des Gruyère geht auf eine lange Tradition zurück, die von Generation zu Generation überliefert wurde und auch heute noch so in Dorfkäsereien und auf Almen (links unten) betrieben wird. Einen Besuch wert ist die Schaukäserei »La Maison du Gruyère« (rechts unten).

ENTLEBUCH

BRIENZERGRAT

Im Süden das gewaltige Panorama der Berner Hochalpen, im Norden tief drunten der Brienzersee und vor sich wie an einer Perlenkette aufgereiht fünf Gipfel – das ist der Brienzergrat in den Emmentaler Alpen. Diese grandiose Wanderung, die im Herbst wenig überlaufen ist, gehört zu den schönsten Panoramatouren in den Berner Alpen. Die Tour verläuft im Auf und Ab über mehrere Gipfel und Gipfelchen – teilweise direkt am Grat. Die Schlüsselstelle verlangt etwas Kletterfertigkeit und eine stabile Psyche: 20 Meter weit Balancieren direkt auf dem gut fußbreiten, ansteigenden Grat, mit extrem steilen, felsdurchsetzten Grasflanken links wie rechts. Der höchste Punkt ist der Gipfel des Brienzer Rothorns mit 2350 Metern. Der Brienzergrat gilt fast noch als Geheimtipp in den Berner Voralpen. Mit etwas Glück begegnet man Gämsen und Steinböcken.

Unten: Über fünf Gipfel verläuft der Brienzergrat und bietet bei einer Wanderung jede Menge Aussichtsspektakel. Rechts: Der Brienzersee liegt idyllisch auf einer Höhe von 546 Metern, eingebettet zwischen Emmentaler und Berner Alpen.

Das Entlebuch, eine vielgestaltige Landschaft im Kanton Luzern, ist eine traditionsbewusste, fast ausschließlich katholische, immer noch stark durch Landwirtschaft und Handwerk geprägte Gegend mit regem Kultur- und Vereinsleben – im Grunde eine Schweiz wie aus dem Bilderbuch, wie sie sonst so kaum noch existiert. Im Jahr 2001 wurde das Entlebuch mit einer Fläche von 397 Quadratkilometern als UNESCO-Biosphärenreservat anerkannt. Es war das erste Biosphärenreservat weltweit, das auf der Grundlage einer Volksabstimmung und in intensivem Dialog mit der Bevölkerung eingerichtet wurde. Ziel eines Biospärenreservats ist es, die Vielfalt der Natur ebenso wie die der Kultur zu bewahren, indem man nachhaltige Nutzungen und Wirtschaftweisen fördert.

Wie gemalt erheben sich die Kalkberge der Äbnistettenfluh und der Schwändelifluh über der Hügellandschaft des Entlebuch (links). Die Bewimperte Alpenrose kommt sogar im verkarsteten Kalk der Schrattenfluh zurecht (unten).

URNERSEE

Der Urnersee ist der südlichste Teil vom Vierwaldstättersee und führt ab Treib über das Rütli und die Tellskapelle nach Flüelen. Er ist der romantischste Seeteil und vermittelt mit seinem fjordartigen Aussehen den Eindruck von einem Ausflug in den hohen Norden Europas. Die Schiffe verkehren ganzjährig auf dem Urnersee mit Anschluss in Treib von und zur Treib-Seelisberg-Bahn, einer elektrischen Standseilbahn. Im Reussdelta bei Flüelen lässt sich zudem auf den künstlich geschaffenen Badeinseln Lorelei wunderbar baden. In Flüelen, Brunnen und Sisikon gibt es zudem die Möglichkeit, Surfbretter und Kajaks zu mieten. Der sieben Kilometer lange Urnersee-Uferweg begeistert dank eines hinreißenden Ausblicks auf den südlichsten Teil des Vierwaldstättersees, eingebettet in ein überwältigendes Bergpanorama und umgeben von einer blühenden renaturierten Pflanzenwelt.

Unten: Der Urnersee ist der südlichste Arm des Vierwaldstättersees und liegt fast wie ein Fjord am Rande der Urner Alpen. Rechts: Blick auf Sisikon am Urnersee mit den Urner-Alpen-Bergen Brunnistock, Uri Rotstock und Oberbauenstock.

ENGELBERG

25 Kilometer südlich des Vierwaldstättersees in einem weiten Hochtal auf rund 1000 Metern liegt Engelberg. Die umgebende Bergwelt dominieren der 3239 Meter hohe Gletscher- und Hausberg Titlis sowie der 2600 Meter hohe Hahnen. Sie garantieren im Winter Schneesicherheit bis weit ins Frühjahr hinein. Unter die Top-Ten-Skigebiete der Schweiz gekürt, ist Engelberg zudem für sein Freeride-Gebiet bekannt. Im Sommer dreht sich hingegen alles ums Wandern, Bergsteigen, Klettern, Biken und Golfen. Engelberg selbst besticht mit seinem urigen Charakter. Das 1120 gegründete Benediktinerkloster hat bis heute Einfluss auf die Dorfwelt. Noch immer leben, arbeiten und lehren dort die Mönche. Zeitzeugen sind auch die Häuser aus der Belle Époque. In Kombination mit dem gemütlichen Flair verleiht die spezielle Architektur dem Klosterdorf seinen ganz eigenen Charme.

Rechts: In Engelberg trifft Belle Époque auf Alpenpanorama – diese Kombination ist eher ungewöhnlich für traditionelle Bergorte. Unten links: Das Hochtal von Engelberg. Unten: Umgeben wird Engelberg von einer Vielzahl markanter Berge.

STANS UND STANSERHORN

Mitten im Herzen der Schweiz liegt der Kanton Nidwalden, einst zusammen mit Obwalden Teil des Urkantons Unterwalden. Nidwalden zeichnet sich vor allem durch herrliche Wander- und Skigebiete in den Unterwaldner Voralpen aus, im Norden lockt der Vierwaldstättersee. Hauptort des Kantons ist Stans: Die quirlige Kleinstadt auf 450 Metern mit etwa 8000 Einwohnern liegt wunderbar zwischen Vierwaldstättersee und Bergen. Der Dorfplatz mit den angrenzenden Gassen ist die Lebensader in Stans. Restaurants mit sonnigen Terrassen locken zum Genießen. Neugierige entdecken auf dem Rundgang durch Stans kulturhistorische Gebäude, Patrizierhäuser, Denkmäler zur Erinnerung an den »mythischen Helden« Arnold von Winkelried, an den Pädagogen und Sozialreformer Heinrich Pestalozzi und vieles mehr. Dementsprechend beliebt sind die Dorfführungen, die während der Sommermonate gratis angeboten werden.

Wer mit Höhenangst in die Schweiz kommt, lässt entweder einige Attraktionen aus – oder gewöhnt sich durch mutige Konfrontation an die Blicke nach unten. Testen kann man das auf der Aussichtsplattform am Stanserhorn.

SUSTENHORN

Auf dem Weg zum Sustenhorn ist man eigentlich nie allein. Ob von der Tierberglihütte oberhalb des Sustenpasses oder von der Chelenalp im hintersten Göschenental aus – beide Anstiege auf den 3503 Meter hohen Berg sind ohne große technische Anforderungen zu bewerkstelligen. Das macht ihn auch zu einem der Klassiker der Urner Alpen, der beliebt und viel begangen ist. Dennoch ist die Mitnahme von Pickel und Steigeisen sowie Sitzgurt und Seil obligatorisch, denn die Firnhänge sind auch hier verspaltet und können je nach Bedingungen eine Herausforderung sein. Doch die Mühe lohnt, denn der Rundblick am Gipfel ist phänomenal: Der Titlis zeigt seine schroffe Südwand, durch die einige Kletterrouten und ein Klettersteig führen. Im Osten lassen sich die Urner Alpen in ihrer ganzen Pracht bewundern, und im Süden und Westen werden bei guter Sicht Teile des Rhonegletschers sichtbar.

Blick vom Sustenpass auf das Sustenhorn und den Steingletscher an der Südostflanke. Der 45 Kilometer lange Sustenpass – die Passhöhe liegt auf 2224 Metern – ist landschaftlich einer der schönsten Alpenpässe der Schweiz.

DAMMASTOCK

Der Dammastock liegt auf der Grenze zwischen dem Kanton Bern und dem Kanton Uri am Kessel des Rhonegletschers und ist ein wunderbarer Aussichtspunkt. Nicht verwunderlich, denn der formschöne Gipfel ist mit 3630 Metern der höchste der Urner Alpen. Auf- und Abstieg sind sehr lang, aber verhältnismäßig leicht und führen über die weiten Flächen des Rhonegletschers. Auf die große Spaltengefahr ist natürlich am gesamten Gletscher zu achten, gerade bei Nebel und Schneefall bekommt man schnell Orientierungsprobleme auf den weiten Flächen. Im Frühling erobern die Skitourengeher den Dammastock vom Hotel Belvédère aus. Erstbestiegen wurde der Dammastock 1864 von Albert Hoffmann-Burkhardt und seinen beiden Führern. Im Sommer bietet sich als Hochtour alternativ zum Rhonegletscher die schöne und einsame Überschreitung von der Trifthütte über den Gipfel zum Furkapass.

Der vergletscherte Dammastock ist der höchste Berg in der Zentralschweiz und bietet eine wunderbare Aussicht auf die Berge in seinem Umkreis. Seine Besteigung setzt allerdings alpinistische Erfahrung und Kondition voraus.

RHONEGLETSCHER

Seit Eröffnung der heutigen Furka-Passstraße vor 150 Jahren kamen Tausende von Touristen, um das einzigartige Bergpanorama mit dem Rhonegletscher zu sehen. 1914 sollen es 19 000 Passagiere in den Postkutschen gewesen sein. Bis Ende des 19. Jahrhunderts und noch bis Anfang des 20. Jahrhunderts reichte der Gletscher im Quellgebiet der Rhone bis auf den Talboden vor Gletsch, zeitweise bis vor die Fenster des Grandhotel Glacier du Rhône. Heute parkt man sein Auto beim Hotel Belvédère und spaziert etwa 200 Meter zum Eingang der jedes Jahr neu gebohrten Eisgrotte. Der Gletscher präsentiert sich weiß-grau, doch im Eistunnel und in der Eiskammer leuchtet es in magisch feinen Blautönen. Die Eisfläche bewegt sich hier 30 bis 40 Meter im Jahr, teils über zehn Zentimeter pro Tag. Auch schmilzt viel Eis im Sommer – ist die Eisgrotte zu Saisonbeginn im Juni noch über 100 Meter lang, sind es im Spätsommer 70 Meter.

Der Rhonegletscher ist heute gerade mal noch knapp acht Kilometer lang, denn auch er ist von kontinuierlicher Gletscherschmelze betroffen. Besucher können den Blick auf den Gletscher von der Panorama-Aussichtsplattform genießen.

Die Walliser Alpen umfassen das riesige Gebiet zwischen dem Rhônetal im Norden und dem Aostatal im Süden, zwischen dem Großen Sankt Bernhard im Westen und dem Simplonpass im Osten. Und sie sind voller Superlative: Ihr höchster Berg ist die Dufourspitze, mit 4634 Metern zugleich höchster Berg der Schweiz. Sie sind die Alpengruppe mit der größten Vergletscherung, den meisten Viertausendern und dem größten Höhenunterschied: Zwischen der Dufourspitze und dem Fluss Dora Baltea, auf 253 Meter Meereshöhe, liegt eine Differenz von fast 4400 Metern. Die Ostwand des Monte-Rosa-Massivs auf der italienischen Seite ist die höchste Wandreihe der Alpen, mit einem Höhenunterschied von fast 3000 Metern. Und noch ein kleiner Rekord: Die höchstgelegene bewirtschaftete Hütte der Alpen steht auf der Signalkuppe des Monte Rosa, 4554 Meter hoch.

Kletterkünstler Steinbock

Sein Revier hat der Alpensteinbock hoch oben in den Felsen über der Baumgrenze. Seine Kletterkünste sind legendär. Er ist Meister im Energiesparen, seine Anpassung an karge Lebensbedingungen perfekt. Deshalb gilt er als Symbol für Kraft, Ausdauer und Lebenswillen. Dabei wäre der König der Alpen aufgrund gnadenloser Jagd Anfang des 19. Jahrhunderts beinahe ausgerottet worden, nur im italienischen Gran Paradiso überlebten ein paar hundert Tiere. In die Schweiz kamen sie 1906 zurück – als Schmuggelgut, da Italien die Ausfuhr zunächst nicht erlaubte. Heute leben rund 45 000 Steinböcke im gesamten Alpenraum, davon 17 000 in der Schweiz. Die auffällig langen Hörner der männlichen Steinziegen wachsen lebenslang und werden bis zu 20 Kilogramm schwer. Die Hufen sind optimal an steiles, felsiges Gelände angepasst.

Die Walliser Alpen sind das Prunkstück der Schweizer Berge – hier ballen sich die Viertausender, hier steht mit dem Giganten Matterhorn (links), der das Wahrzeichen der Schweiz ist, einer der höchsten (4478 Meter), berühmtesten und meistfotografierten Berge, und hier geht es schließlich über mehrere Pässe nach Italien hinüber, das in den Regionen Piemont und Aostatal ebenfalls Anteil an den Walliser Alpen hat.

LÖTSCHENTAL

Das Lötschental liegt eingebettet in eine imposante Bergkulisse zwischen den Walliser und den Berner Alpen. In den intakten Dörfern haben sich alte Lebensformen und Bräuche wie die bekannte Fastnachtstradition »Tschäggätä« erhalten. Schon in prähistorischer Zeit wanderten Menschen durch das Lötschental und über den gleichnamigen Pass, wie Funde belegen. Bis ins Mittelalter war der Lötschenpass eine wichtige Verbindung zwischen dem Berner Oberland und dem Wallis. Rund 200 Kilometer Wanderwege führen heute durch das zum UNESCO-Weltnaturerbe »Schweizer Alpen Jungfrau-Aletsch« gehörende Tal. Ein Highlight ist der Lötschentaler Höhenweg: Hoch über dem Wanderweg steht der vergletscherte Petersgrat im Kontrast zum satten Grün der Wälder und Weiden. Und auf der gegenüberliegenden Talseite markiert das fast 4000 Meter hohe Bietschhorn den Star unter den Berggiganten.

Das Ende der Straße durch das Lötschental, durch das die Lonza fließt (ganz rechts), markiert die Fafleralp (rechts). Hier startet der beliebte Lötschentaler Höhenweg zur Lauchernalp.

TSCHÄGGÄTTÄ

Die für das Lötschental typischen maskierten Fasnachtsgestalten, die sogenannten Tschäggättä, treten in der Zeit zwischen dem katholischen Feiertag Maria Lichtmess und dem »Gigiszischtag« (dem Dienstag vor dem Aschermittwoch) auf. Behängt mit Ziegen- und Schaffellen, die Füße in alten Säcken, Kuhglocken laut bimmelnd um die Taille und – am allerwichtigsten – das Gesicht entstellt von einer schaurigen Arvenholzmaske, bewegt sich ein lärmender Tross allabendlich hüpfend und laufend durch die Gassen. Über den Ursprung ist kaum etwas bekannt. Entstanden ist der Brauch vermutlich vor wenigen Jahrhunderten. Um 1900 wurden Volkskundler auf die Tschäggätta aufmerksam. Ihren ersten großen Auftritt außerhalb des Tals hatten die großen, fratzenhaften Masken auf der Landesausstellung 1939 in Zürich, und in der Folge wurden sie zum nationalen Markenzeichen der Schweiz.

Eine Gestalt furchteinflößender als die andere, doch der Tradition verpflichtet sind sie alle. Das Schnitzen der Masken ist hier im Lötschental ein altes und doch bis heute praktiziertes Kunsthandwerk.

BINNTAL

Binn, Ernen und Grengiols waren die drei Gemeinden des Wallis, die 2002 den Landschaftspark Binntal schufen. Im Jahr 2011 wurde der Park erweitert und zum ersten Regionalen Naturpark des Kantons ernannt. Ein hohes Mineralvorkommen sowie eine artenreiche Flora und Fauna charakterisieren das Schutzgebiet. Mehr als 270 verschiedene Mineralarten kommen im Binntal vor, darunter Bergkristalle und Rauchquarze. Ein auf dieses Thema spezialisierter Geolehrpfad führt vom Weiler Fäld zur Mineraliengrube Lengenbach. Mehr als 180 der im Binntal vorkommenden Tiere und Pflanzen gelten als gefährdet, so zum Beispiel die Grengjer Tulpe, die Walliser Levkoje, der Frauenschuh, die Alpenakelei oder die Goldprimel. Zu den seltenen Tieren des Parks zählen die Rötliche Bernsteinschnecke und die Wasseramsel. Sie alle finden hier einen geschützten Lebensraum. Die Parkverwaltung bietet zahlreiche themenbezogene Exkursionen durch das Binntal an.

Das ungemein vielgestaltige Gebiet des Binntals ist ein landschaftliches Kleinod. Immer wieder steht man staunend vor markanten Gipfeln wie hier dem Ofenhorn.

PFYN-FINGES

Diesen Naturpark prägen die Superlative und Kontraste: extreme Höhenlagen (4153 Meter) und Tiefland (500 Meter), Gletscher und Weinanbau, karge Felsen und Feuchtgebiete, urige Alphütten und prächtige Schlösser. Das zwölf Gemeinden umfassende Schutzgebiet ist 279 Quadratkilometer groß und besitzt eine enorme Artenvielfalt. Kaum anderswo leben so viele Vogelarten auf so engem Raum. Auch die Flora ist besonders: Der Pfynwald gehört zu den größten zusammenhängenden Föhrenwäldern der Alpen, er dient als Auenschutzgebiet und ist gleichzeitig ein Amphibienlaichgebiet von nationaler Bedeutung. Den spektakulären Illgraben, eines der aktivsten Murengebiete der Alpen, kann man auf der 134 Meter langen Bhutanbrücke, einer Hängebrücke, die das Unter- mit dem Oberwallis verbindet, von oben betrachten. Pfyn-Finges, das den Besuchern ein 450 Kilometer langes, gut erschlossenes Wanderwegenetz bietet, ist zudem ein bedeutendes Weinanbaugebiet.

Die kahle Mondlandschaft in den Hochlagen des Pfyn-Finges, die bis über 4000 Meter reichen, lässt kaum erahnen, dass im Tal eine reiche Kulturlandschaft existiert und sogar Wein angebaut wird.

VAL D'ANNIVIERS

Das Val d'Anniviers, auf Deutsch Eifischtal, mit seiner wilden alpinen Landschaft ist von den sieben großen Quertälern im Wallis ein besonders sehenswertes. Es zweigt bei Sierre gegen Süden vom Rhonetal ab und teilt sich im oberen Teil in zwei Seitentäler, das Val de Moiry im Westen und das Zinaltal im Osten. Den Talabschluss bildet die Bergkette Grande Couronne (Große Krone) mit Weisshorn, Bishorn, Zinalrothorn, Obergabelhorn, Matterhorn und Dent Blanche. Alpwirtschaft prägte über Jahrhunderte die Kultur des Tals. Die gebräunten Häuser, die Speicher, Kirchen und Mühlen erinnern an althergebrachte Traditionen und Gewerbe. Auch die typischen »Ringkuhkämpfe« mit der traditionellen Walliser Kuhrasse Eringer sind hier nicht wegzudenken. Im Eifischtal locken 100 Kilometer Wanderwege. Am Gletschervorfeld des Moiry-Gletschers beobachtet man vielfältige geomorphologische Formen sowie von viel Moränenschutt überdeckte Eisflächen und Blockgletscher.

Nicht nur die blühenden Bergwiesen an den Talhängen des Val d'Anniviers sind Schweizer Idylle pur, sondern auch Bergdörfer wie Grimentz mit ihren »sonnengebräunten« Häusern.

VAL D'HÉRENS

Das Tor zum Val d'Hérens (Eringer Tal) bilden die berühmten Erdpyramiden von Euseigne, steile Gesteinstürme mit Felsbrocken als Krone. Dahinter öffnet sich das kesselartige grüne Hochtal, eingerahmt von einem großartigen Gipfelkranz und überstrahlt von der mächtigen Dent Blanche. Die Dörfer des Val d'Hérens bestehen größtenteils aus historischen Häusern sowie hölzernen Scheunen. Umgeben von Wiesen konnten sie ihren authentischen Charme behalten. Im Seitental Val d'Hérémence befindet sich die gewaltige Staumauer der Grande Dixence, die mit 285 Metern höchste Staumauer der Welt aus sechs Millionen Kubikmeter Beton. Sie ist an ihrem Fuße ebenso breit wie die große Cheopspyramide von Gizeh in Ägypten und zweimal so hoch und voluminös. Das Dorf Arolla, zuhinterst im Tal inmitten von Arvenwäldern und imposanten Gletschern, ist Ausgangspunkt für viele Berg- und Klettertouren sowie Etappenort der berühmten Skitour »Haute Route«.

Im Val d'Hérens nahe Euseigne formte das schmelzende Eis der Würmeiszeit beeindruckende Erdpyramiden. Das gesamte Tal ist ein Traum für Wanderfreude.

FAUNA UND FLORA IN DEN WALLISER ALPEN

Steinböcke, Gämsen und Murmeltiere gibt es in den Walliser Alpen wie anderswo in den Alpen auch – sie können an manchen Stellen häufig beobachtet werden. Ein besonderer Einwohner aber ist in den letzten Jahren dabei, sich mithilfe des Menschen wieder zu etablieren: der Bartgeier. Mehrere Paare des größten europäischen Vogels brüten im Wallis seit Jahren erfolgreich, im Val de Bagnes etwa kamen bereits wild geborene Küken zur Welt. Was die Pflanzen angeht, besitzt das Wallis vielerorts günstige Bedingungen. Besonders die Flora um Zermatt ist einzigartig. Es existieren dort drei Dutzend seltene Arten und sogar sieben echte Endemiten, also einheimische Arten, die weltweit nur hier vorkommen. Zu diesen botanischen Raritäten zählen etwa die Schnee-Edelraute (Artemisia nivalis), die am Oberrothorn und am Unterrothorn bis in 3400 Meter Höhe nachgewiesen wurde; die Niedrige Rapunzel (Phyteuma humile) mit ihren geschlitzten blauen Blütenblättern, die unter anderem auf dem Riffelberg wächst; der unauffällige Steinklee (Trifolium saxatile), der häufig am Rand von Gletschern zu finden ist; die Gefranste Segge (Carex fimbriata), ein Sauergras, das bis in rund 3000 Meter Höhe vorkommt, sowie das leuchtend gelbe Hallers Greiskraut (Senecio halleri), das am Dom bis in 3600 Meter Höhe gefunden wurde.

Tiefblau wie der Enzian

Wer an Enzian denkt, hat sofort die azurblaue Glockenblüte vor Augen, die stängellos nah am Boden wächst. *Gentiana acaulis* ist jedoch nur eine von rund 400 Enzianarten weltweit – etwa 17 Arten davon sind in den Alpen heimisch. Der kleineren tiefblauen Schwester *Gentiana verna,* in der Schweiz auch Himmelsbläueli oder Herrgottsliechtli genannt, begegnet man im Frühjahr beim Wandern über Alpwiesen. Schon im 2. Jahrhundert v. Chr. soll der illyrische König Gentius die Heilkraft des Enzians entdeckt haben, weshalb die Pflanze nach ihm benannt ist. Seit Jahrhunderten werden aus den Wurzeln Magenbitter, Arznei, Kräuterlikör und Schnaps hergestellt. Verwendet werden dafür allerdings nicht die kleinen blauen Blumen, sondern hochstängelige Enzianarten wie der bis zu 1,50 Meter hohe und in den Alpen weit verbreitete Gelbe Enzian.

Ein Blick auf die artenreiche Flora des Wallis: Hoher Rittersporn der Sorte »Finsteraarhorn«, eine Zuchtform (links), Safran-Krokus (unten links) und Spinnweb-Hauswurz (unten rechts). Im sonnenverwöhnten Dörfchen Mund im oberen Rhonetal wird als einzigem Ort in der Schweiz Krokus zur Safrangewinnung angebaut. Überall im Wallis begegnet man Gämsen (großes Bild) und Murmeltieren (ganz unten) .

SAAS-FEE

ZERMATT

Das berühmte Walliser Bergdorf mit dem Matterhorn im Hintergrund ist eine Ikone des Schweizer Alpinismus. Seine Erschließung erfolgte ab Mitte des 19. Jahrhunderts vorwiegend durch Engländer. Wagemutige Bergsteiger von den Britischen Inseln waren es auch, die 1865 die gewaltige Vierkantpyramide als Erste erstiegen. Im Ort selbst zeugen noch etliche alte Häuser von den Pioniertagen. Speziell sehenswert ist das Alpine Museum und das mehr als 160 Jahre alte Hotel Monte Rosa. Unvergesslich ist die Fahrt mit der Gornergratbahn, der höchsten im Freien angelegten Zahnradbahn Europas. Sie klettert auf einer Strecke von knapp zehn Kilometern in rund 40 Minuten bis auf 3089 Meter. Im Anschluss schwebt man per Kabinenbahn weitere fast 400 Meter dem Himmel entgegen. Von der Bergstation aus genießt man ein 29 Viertausender umfassendes 360-Grad-Panorama.

Rechts: Über dem abendlichen Zermatt wacht wie ein schlafender Riese das Matterhorn. Ganz rechts: Ein Spaziergang durch die alten Stadtteile Zermatts ist ein Erlebnis. Über 300 Jahre alt sind manche der typischen Blockbauten, in deren unterem Teil früher das Vieh gehalten wurde.

Seit vier Jahrtausenden siedeln Menschen im relativ milden Saastal. Als »schweizerisches Grönland« wurde das Tal beschrieben, bis es von Edward Wymper, dem Bezwinger des Matterhorns, für die Außenwelt entdeckt wurde. Markenzeichen von Saas-Fee sind denn auch die Viertausender, allen voran der wuchtige Dom, und die Gletscher. Wegen ihrer Ausdehnung besonders auffallend sind der Feegletscher und der Allalingletscher. Die höchst gelegene U-Bahn der Welt bringt die Gäste unterirdisch vom 3000 Meter hohen Felskinn zum Allalin. Dort erwartet den Besucher eine der beeindruckendsten Gletscherlandschaften der Erde. Saas-Fee ist autofrei, hat sich einer nachhaltigen Entwicklung verschrieben und bezeichnet sich selbst als »Freie Ferienrepublik«. Hier können unzählige Sportarten ausgeübt werden, und bei den Festivals ist klassische und moderne Musik zu hören.

Überragt von den imposanten Viertausendern, ist Saas-Fee (ganz links) vor allem für sportliche Besucher ein beliebter Ausgangspunkt: Im Sommer kann man ausgedehnte Wanderungen (links) unternehmen, und im Winter schnallt man sich die Skier an.

Was wurde über diesen Berg nicht schon alles geschrieben! Mit Superlativen wurde er überhäuft, seine unvergleichliche Gestalt gepriesen; als »Gipfel der Werbung« hat man ihn bezeichnet, weil er für (fast) alles herhalten musste. Das 4478 Meter hohe Matterhorn zierte nicht nur Schweizer Joghurtbecher und belgische Bierflaschen – es fand sich auch auf Weinetiketten, auf einer Zigarettenschachtel aus Jamaika und sogar auf einem Tourneeplakat der Rolling Stones (1976). Ein Berg als Mythos und doch viel mehr als nur eine Felspyramide. Das Matterhorn verdankt seine ikonische Form der eiszeitlichen Erosion, zwei verschiedene Gesteinsschichten legten sich schräg aufeinander. Seit den Anfängen des europäischen Alpinismus im 19. Jahrhundert gilt die Besteigung dieses Berges als ultimative Herausforderung. 3000 Menschen stürmen jeden Sommer den »Gipfel aller Gipfel«.

Magnet Matterhorn

Die Bekanntheit des Matterhorns macht es zum begehrten Anziehungspunkt für Alpinisten und Möchtegernkletterer aus aller Welt. Was vor allem Letztere gern verdrängen: Mit knapp 600 Toten in 150 Jahren gehört der Berg zu den gefährlichsten der Welt. Allein in den letzten Jahren forderte der Gipfelansturm im Schnitt zehn Tote jährlich. Ursachen sind oft Fehltritte wegen nachlassender Konzentration – vor allem beim Abstieg – und Steinschlag aufgrund von Gedränge am Gipfel. Doch auch Felsstürze bilden eine zunehmende Gefahr. Der Klimawandel lässt den Permafrost in höheren Lagen tauen, bröckelnde und instabile Felsen sind die Folge. Schon einmal, im Sommer 2002, war der Aufstieg wegen eines mächtigen Felsabsturzes verboten. Bergführer und Geologen befürchten, dass es nicht bei diesem einen bleiben wird.

Die Spiegelung des Matterhorns im Stellisee (großes Bild) ist wahrlich ein beeindruckendes Naturschauspiel – besonders wenn die Sonne das oberste Drittel der Pyramide in ihr helles Licht taucht. Das 4478 Meter hohe Matterhorn zählt zu den Giganten der Alpen und ist das Wahrzeichen der Schweiz. Egal, von welchem Ort aus man ihn fotografiert – dieser Berg zeigt sich immer von seiner Schokoladenseite.

Das zu zwei Dritteln in Italien und zu einem Drittel in der Schweiz liegende Monte-Rosa-Massiv ist von Gletschern umgeben und zählt gleich mehrere Viertausender. Auf Schweizer Seite bildet die Dufourspitze (4634 Meter) den höchsten Berg des Landes. Die Ostwand des Gebirgsmassivs ist die höchste Steilwand der Alpen, bis heute gilt sie unter Alpinisten als besondere Herausforderung. Die Ersten, die den Gipfel erklommen, waren Charles Hudson, John Birbeck und Christopher und James G. Smyth im Jahr 1855. Die Gletscher in der Umgebung bilden die zweitgrößte zusammenhängende Gletscherfläche der Alpen – eine Wildnis aus Eis und Schnee, wie es sie sonst nur im Himalaya gibt! Besonders der Gornergletscher an der Nordseite des Monte Rosa beeindruckt durch sein grelles Weiß und seine Seen. Mit 13 Kilometern Länge ist er der zweitgrößte Gletscher der Schweiz.

Großartige Alpenkulisse

Einer der atemberaubendsten hochalpinen Wegstrecken durch die Gletscherwelt des Monte Rosa führt von Zermatt bzw. von der Gornergratbahnstation Rotenboden auf den 2019 neu angelegten Panoramaweg über den Gornergletscher (2860 Meter) zur Monte-Rosa-Hütte. Für die anspruchsvolle Gletscherpassage sind Steigeisen und Seil erforderlich. Alles an der 2009 eröffneten futuristischen Hütte ist innovativ und klimafreundlich – vom in einen silbernen Aluminiummantel gehüllten Bau bis zum ausgeklügelten Energiemanagement. Die in der Südfassade integrierte Fotovoltaikanlage und Sonnenkollektoren produzieren 90 Prozent des Energiebedarfs. In einer Felskaverne wird Schmelzwasser gesammelt und gespeichert, Mikrofilter reinigen das Abwasser, das für die Spülung verwendet wird. Die neue Hütte bietet Platz für 120 Gäste.

Ein so gewaltiges Hochgebirgspanorama würde man wohl eher im Himalaya als in der Schweiz vermuten (großes Bild). Der Monte Rosa ist das größte Gebirgsmassiv der Alpen. Wer beim Wandern genauer hinsieht, entdeckt wahre Schätze am Wegesrand; Himmelsherold (links) und Großblütige Hauswurz (ganz links) wachsen in alpinen Lagen. Ein anspruchsvoller Wanderweg führt zur Monte-Rosa-Hütte auf 2883 Meter.

GOTTHARDPASS UND -TUNNEL

VALLE VERZASCA

Das intensiv grün schimmernde, klare Flusswasser verhalf dem Verzascatal zu seinem Namen, einer Ableitung von »Acqua verde«. Das wilde und kaum berührte Tal besitzt zahlreiche Wanderwege, auf denen sich Besucher die beeindruckende Natur erschließen können. Schon früh hat diese Granitlandschaft, in der Kapellen, Heiligenstöcke und Brücken zu den wenigen von Menschenhand geschaffenen Werken zählen, Künstler angezogen und sie veranlasst, sich auf diese Urgewalt einzulassen. Im mittleren Abschnitt des einstigen Transportpfades Sentierone zwischen Brione und Lavertezzo haben Bildhauer Skulpturen und weitere Landschaftsinstallationen geschaffen. Ihre zeitgenössischen Werke beziehen sich auf das Erscheinungsbild der Gebirgslandschaft, auf ihre Geschichte und die Rolle der Menschen, die dort abgeschieden leben.

Herzstück des Valle Verzasca ist die türkisgrün durch ihr steiniges Flussbett sprudelnde Verzasca, die im Sommer an vielen Stellen zum Baden einlädt. Einige davon werden gar als die »Malediven der Schweiz« bezeichnet. Spektakulär ist der Taleingang mit seiner 220 Meter hohen Staumauer.

Die Bedeutung des Gotthardpasses als »Alpentransversale« begann Anfang des 13. Jahrhunderts mit dem Bau der sagenumwobenen Teufelsbrücke in der Schöllenenschlucht. Viele Jahrhunderte lang zogen Handelskarawanen, Meldeläufer, ja ganze Armeen über den Pass, der Airola im Tessin mit Andermatt in Uri verbindet. Zwischen 1818 und 1836 baute der Kanton Uri die Passstraße aus. Der Gotthardpass hat seit jeher die Wirtschaft und die Kultur in der Zentralschweiz maßgeblich geprägt. 1922 verdrängte schließlich das Postauto die Postkutsche, und mit den 1923 eingeführten Benzinzöllen begann der Ausbau der Passstraße bis zum heutigen Tag. Im 20. Jahrhundert wurde der Gotthardpass zu einem Mythos »verdichtet«, zu einem Symbol für die Unabhängigkeit, die Einheit und die Identität der Schweiz. Namensgeber für den Pass ist Bischof Godehard von Hildesheim (960–1038).

Früher mussten sich Reisende Richtung Süden mühsam über die serpentinenreiche Gotthardpassstraße fortbewegen, um ihr Ziel zu erreichen (ganz links). Seit 2016 erlaubt der Gotthard-Basistunnel (links) eine schnellere und weniger kurvenreiche Fahrt mit der Eisenbahn ins Tessin.

VAL LAVIZZARA

Das Lavizzaratal ist kaum besiedelt und gehört zu den wildromantischsten Tälern der Schweiz. Es ist ein Tal der Superlative, denn im 50-Seelen-Dörfli Brontallo am Eingang des Tals liegen auf 700 Metern die Terrassen des höchsten Tessiner Weinbergs. Etwas oberhalb befindet sich der einzige Steinbruch der Schweiz, in dem Marmor abgebaut wird, das »weiße Gold« von Peccia, nebst einer Bildhauerschule. Einige schwindelerregende Serpentinen weiter, in Mogno, schmiegt sich das wohl bekannteste Werk des Stararchitekten Mario Botta an den Hang: seine berühmte Bergkapelle. Wer sich noch weiter hinaufwagt, entdeckt mit Fusio ein malerisches Bilderbuchdorf mit einer überraschenden Gastronomie. Noch höher und nur zu Fuß erreichbar, auf etwa 2000 Metern, liegt einsam und still der Mognolasee. Er ist nur klein, doch er gilt als der schönste See des Tessins.

Im abseits gelegenen, von wildromantischer Natur umgebenen Lavizzaratal trifft man unerwartet auf Menschengemachtes: Der Aquädukt Canaa, mit dem ab dem 18. Jahrhundert bis 1957 die Almen Cort Mezz und Cort du Sass mit Wasser versorgt wurden, ist eine kilometerlange Meisterleistung.

»Die Architektur trägt bereits das Heilige in sich, weil sie mit dem Setzen des ersten Ziegelsteins Natur in Kultur verwandelt.«

Mario Botta

Wenn eine kleine Bergkirche ihre Besucher so stark in Bann zieht, dass sie für einen Moment das Atmen vergessen, dann kann es nur ein Werk Mario Bottas sein. Unverkennbar trägt die Bergkapelle San Giovanni Battista in Mogno im Maggiatal im Tessin die Handschrift des weltberühmten Tessiner Architekten. Die streng geometrische Formensprache des zylindrischen Baukörpers aus Naturstein und das Spiel mit Licht und Schatten durch das abgeschrägte Dach sind typisch für den Stil Bottas. Auch das außergewöhnlichste Gotteshaus der Schweiz, die Kapelle Santa Maria degli Angeli auf dem Monte Tamaro, ist sein Werk. Der lang gezogene Steinbau erinnert auf den ersten Blick eher an einen Festungswall, das Innere umfängt den Eintretenden jedoch mit kontemplativer Stimmung. Kein anderer Architekt hat mehr Sakralbauten realisiert als Mario Botta: 23 Gotteshäuser, darunter auch eine Synagoge und jüngst eine Moschee. Sein Lebenswerk umfasst über 100 Bauprojekte in der ganzen Welt und in seiner Heimat Tessin, wie zuletzt das achteckig gestaltete Ausflugslokal Fiore di Pietra (Steinblume) auf dem Monte Generoso. 1943, das Geburtsjahr Bottas, hat noch einen weiteren weltberühmten Schweizer Architekten hervorgebracht: Peter Zumthor. Nur 26 Tage trennen die beiden, in ihrer Stilistik sind sie weit auseinander. Der Stil des in Basel geborenen und 2009 mit dem Pritzker-Preis ausgezeichneten Stararchitekten ist minimalistisch und von puristischer Klarheit geprägt. Die Felsentherme in Vals hat er als eigenwilliges Höhlensystem aus graugrünem Gneis, Muranoglas und Wasser geschaffen. Seither gilt er als Wegbereiter der zeitgenössischen alpinen Architektur. Als rundum verglaster Kubus spiegelt das Kunsthaus KUB in Bregenz das Licht des Bodensees. Zumthors Liebe zu Holz drückt sich im Werkraumhaus im Vorarlberger Schwarzenberg aus. Unvergessen bleibt auch der »Klangkörper« genannte Schweizer Pavillon auf der Expo 2000, der allein aus aufgestapeltem Holz bestand.

Nachdem eine verheerende Lawine am 25. April 1986 die bestehende Dorfkirche komplett zerstört hatte, entwarf Mario Botta die neue Chiesa di San Giovanni Battista im Tessiner Bergdorf Mogno als elliptischen Bau mit schrägem Glasdach und charakteristischem Streifen- und Schachbrettmuster.

LAGO MAGGIORE

Der Langensee, wie die über 200 Quadratkilometer große Wasserfläche im Schweizer Tessin und den italienischen Regionen Piemont und Lombardei auf Deutsch heißt, erstreckt sich von der südlichen Alpenkette bis an den Rand der Poebene. Wie die übrigen Seen in diesem Teil Europas entstand er beim Abschmelzen eiszeitlicher Gletscher. Er ist vor allem im Nordteil von hohen Felswänden umgeben. Dass er stets mit Frischwasser versorgt wird, ist dem Ticino zu verdanken. Dieser mündet bei Magadino in den See. Das Mündungsdelta, das Bolle di Magadino genannt wird, zählt zu den artenreichsten Naturschutzgebieten der Südschweiz. Im Sommer lockt der Lago Maggiore zahlreiche Besucher an, die mit Linienschiffen die Brissago-Inseln San Pancrazio und Sant'Apollinare besuchen. Auf San Pancrazio, dem einzigen »Botanischen Garten der Schweiz auf einer Insel«, wachsen zahlreiche Pflanzenarten, die sonst nur in subtropischen Gefilden anzutreffen sind.

Es lohnt sich, auf einen der vielen Gipfel um den Lago Maggiore zu steigen, denn von oben betrachtet, erkennt man erst seine Ausmaße und seine Form, die an norwegische Fjorde erinnert.

LOCARNO

Im Schweizer Teil des Lago Maggiore schlägt das Herz des Tessins. Zu den schönsten Orten hier am nördlichen Seeufer gehört Locarno, das seit 1946 berühmt für sein jährlich stattfindendes Filmfestival und unweit der Mündung des aus den Bergen kommenden Flusses Maggia gelegen ist. Mit annähernd 2300 Sonnenstunden im Jahr erfreuen sich die Locarner des mildesten Klimas in der Schweiz. Das historische Zentrum der erstmals bereits um 789 erwähnten Stadt lag ursprünglich direkt am See, doch im Laufe der Jahrhunderte schüttete die Maggia zwischen Locarno und Ascona einen gewaltigen Landfächer auf, der heute etwa die Hälfte der einstigen Seebreite einnimmt. Das Wahrzeichen der Stadt ist die auf dem bewaldeten Belvederehügel liegende Wallfahrtskirche Madonna del Sasso, wo im Jahr 1480 einem Mönch die Jungfrau Maria in einem Strahlenkranz erschienen sein soll. Hier genießt man ein atemberaubendes Panorama über die Stadt und den See.

Mediterranes Flair schlägt einem an jeder Ecke Locarnos entgegen. Im Zentrum trifft man so auf Palmen und bunte Häuser, auch die Wallfahrtskirche erinnert mit ihrer Loggia an Italien.

ASCONA

Um das Jahr 1900 war Ascona noch ein friedlich vor sich hin dämmerndes Fischerdorf. Dann aber ließen sich ausgerechnet hier zivilisationsmüde Fremde nieder – der belgische Industriellensohn Henri Oedenkoven und seine Lebensgefährtin, die deutsche Pianistin Ida Hofmann. Diese nannten Asconas Hausberg »Monte Verità«, »Berg der Wahrheit«, und gründeten dort eine »vegetabilische Cooperative« für die individuelle Glücksuche. Licht, Luft und Liebe spielten dabei eine wichtige Rolle, Nudismus und Theosophie, Gleichberechtigung und viel Rohkost ... Die Zeiten der Kooperative sind längst vorbei, doch bis heute zehrt Locarnos deutlich kleinerer westlicher Nachbar von seinem Ruf, ein Mekka für die Avantgarde – und für die Kunst – zu sein. Und bis heute ist dies auch ein sehr guter Ort für die Suche nach dem individuellen Glück: Licht und gute Luft jedenfalls gibt es hier garantiert, denn die rund 5000 Einwohner zählende Kleinstadt Ascona ist ein anerkannter Kurort.

Der tiefstgelegene Ort der Schweiz ist seit der Kooperative Anfang des letzten Jahrhunderts ein Zentrum für Lifestyle und Kunst – selbst die Uferpromenade gleicht einem Gemälde.

BELLINZONA

Am Fuß des Gotthardmassivs liegt Bellinzona, die zweitgrößte und wohl italienischste Stadt des Tessins. Wenn man sich der Kantonshauptstadt nähert, fällt sofort der Blick auf das grandiose mittelalterliche Burgentrio Castelgrande, Montebello und Sasso Corbaro. Sie bildeten mit einem vier Meter dicken Mauerwall über dem Ticino einen einst unüberwindbaren Riegel aus Granitfestungen, harmonisch in die Landschaft eingepasst. Geschickt eine Schwäche des Mailänder Herzogtums ausnützend, brachten die Innerschweizer die Stadt Ende des 15. Jahrhunderts in ihren Besitz. Mit Bellinzona verfügten die neuen Herren über eine Schlüsselstellung, da sich dort mehrere alte Nord-Süd-Handelsrouten bündelten. Und auch im historischen Kern glänzt das kleine Bellinzona durch Sehenswürdigkeiten, etwa das 1924 originalgetreu rekonstruierte Rathaus. Gut die Hälfte der Einwohner lebt im Centro Storico, der Altstadt, die gern als Bellinzonas »vierte Burg« bezeichnet wird.

Den womöglich besten Blick auf die Stadt hat man vom Castello di Sasso Corbaro aus, der am höchsten gelegenen Burg Bellinzonas. Unter ihr befindet sich Montebello, darunter liegt Castelgrande.

LUGANO

Schon in vorrömischer Zeit siedelten Etrusker und Gallier an dem rund 35 Kilometer langen Luganersee (Lago di Lugano). Der größte Teil des 217 Meter über dem Meeresspiegel gelegenen Sees gehört zum schweizerischen Kanton Tessin, der kleinere zu den italienischen Provinzen Como und Varese. Lugano war in den Jahren 1803 bis 1878 im Sechsjahreswechsel mit Locarno und Bellinzona die Hauptstadt des Tessins; heute gilt sie als »capitale morale«, als die heimliche Hauptstadt des Tessins, und die Region mit ihren sanften Hügeln und Zypressen als die »Toskana der Schweiz«. Hermann Hesse verbrachte fast die Hälfte seines Lebens im oberhalb des Sees gelegenen Örtchen Montagnola; ein Museum bei seinem einstigen Wohnhaus, der Casa Camuzzi, ist dem Literaturnobelpreisträger gewidmet. Lugano ist heute nach Zürich und Genf der drittwichtigste Finanzplatz der Schweiz.

Unten links: Blick vom Monte Brè aus über den Luganersee und Lugano. Unten: Die Via Pessina in Lugano. Großes Bild: Die Bischofskirche San Lorenzo vereint innen wie außen verschiedenste Baustile – Renaissance, Romanik und Barock.

Der Lago di Lugano gilt als landschaftlich schönster See der Schweiz. Lugano ist daher ein idealer Ausgangspunkt für Wanderungen und Bergtouren. Beschaulich ist das Malcantone mit seinen Kastanienhainen, von wilder Schönheit das Valcolla, und ein wenig der Welt entrückt scheint die Region um Montagnola, wo der Schriftsteller Hermann Hesse ein halbes Leben verbracht und auch seine letzte Ruhestätte gefunden hat. Einige Ausläufer des Sees erstrecken sich bis nach Italien hinein, und auch die italienische Enklave Campione d'Italia liegt an seinen Ufern. Im Osten erheben sich der Aussichtsberg Monte Brè und der San Salvatore. Westlich bereichert der Monte Generoso das Gebirgspanorama. Zwischen den südlichen Armen liegt der Monte San Giorgio, der seiner Fossilienfunde wegen zum schweizerischen UNESCO-Weltnaturerbe erklärt wurde.

Bei gutem Wetter blickt man vom Monte San Giorgio weit über den Luganersee und in die Tessiner Berge hinein (unten). Romantische Stimmung herrscht auf den zahlreichen kleinen Stegen, die in den See hineinragen (ganz unten).

ST. GALLEN

Die Metropole der Ostschweiz ist seit dem frühen Mittelalter eines der kulturellen Zentren am Bodensee. Durch die Weberei und die Textilindustrie wurde sie später auch eine wirtschaftlich bedeutende Stadt, was sowohl die prachtvollen Häuser in der Altstadt als auch die vielen Bank- und Handelshäuser verdeutlichen. Mit mehreren bedeutenden Museen, dem Theater und der Tonhalle sowie der Universität ist St. Gallen zudem eine kulturelle Metropole, die über die Grenzen der Schweiz hinausstrahlt. Die Universität selbst auf einem Hügel im Norden der Stadt ist eine Art Freilichtmuseum der modernen Kunst der 1950er- und 1960er-Jahre mit Werken von Hans Arp, Georges Braque und anderen. Die Stiftskirche des Klosters St. Gallen, ein Barockbau mit zentraler Rotunde, wurde in den Jahren 1755 bis 1765 errichtet und besticht durch ihre prächtige Ostfassade.

111 Erker schmücken die Häuserfassaden in der Altstadt (unten links und Mitte). Die Stiftskirche wurde in spätbarockem Stil errichtet (unten rechts). In der Stiftsbibliothek werden rund 2000 mittelalterliche Handschriften aufbewahrt (großes Bild).

SÄNTIS

2502 Meter ist eine Höhe, mit der man in den Alpen nicht sonderlich imponieren kann. Andernorts findet man in diesen Regionen die Talstationen von Bergbahnen. Dennoch kann der Säntis, der höchste und zugleich markanteste Gipfel des Alpsteins, einen Superlativ für sich in Anspruch nehmen, von dem höhere Gipfel weit entfernt sind: Bei gutem Wetter und klarer Sicht kann man von seiner Spitze aus gleich sechs Länder sehen – die Schweiz, Deutschland, Österreich, Liechtenstein, Frankreich und Italien. Umgekehrt ist der Berg sogar vom Schwarzwald aus zu erkennen. »Säntisblick« ist dort ein fester Begriff. Diesen Ruhm verdankt der Säntis seiner exponierten Lage am Nordrand der Alpen: Er ist nichts Geringeres als ihr Torwächter. Diese Lage sorgt aber auch für Extreme. Der Säntis ist mit mehr als 2800 Millimeter Niederschlag im Jahr der nasseste Ort der Schweiz, und jedes Jahr schlagen am Gipfel etwa 400 Blitze ein. Auch die ersten beiden Landvermesser am Säntis im Jahr 1832 wurden vom Blitz getroffen.

Die Aussicht über den Seealpsee Richtung Säntis ist einzigartig und wird sogar auf den Etiketten des Appenzeller Bieres »Quöllfrisch« gedruckt.

CHURFIRSTEN

Die Berge der Churfirstenkette zeigen zwei verschiedene Gesichter: sanft geneigte und begraste Rücken gen Norden, senkrechte und abweisende Felswände gen Süden. Doch die steilen Flanken sind nicht nur Extrembergsteigern vorbehalten. Mehrere Übergänge zwischen den steil aufragenden Bergen erlauben es, auf zum Teil abenteuerlichen Wanderwegen vom Walenseegebiet ins Toggenburg zu wechseln. Besonders reizvoll ist das Wandern auf dem »Schnürli«, einem mit Drahtseilen gesicherten Pfad unter den Südabstürzen der Churfirsten. All diese Wege sind aber nur trittsicheren Bergsteigern vorbehalten, denn nasses Gras kann dort tödlich sein. Die Nordseite dagegen zeigt sich komplett anders. Gegen Toggenburg hin sind die Berge sanft abfallend und zugänglich: ausgedehnte Alpen und Kühe im Sommer, Skigebiete sowie Tourengelände im Winter.

Zwischen dem oberen Toggenburg und dem Walensee ragen die bizarren Konturen der Churfirsten in die Höhe. Der einfachste Weg auf ihren höchsten Berg, den Brisi (2279 Meter), führt von Norden her. Wer oben steht, schaut über die Südwand hinab und staunt über die Klettermaxe, die hier heraufkraxeln.

Wer ins Glarnerland fährt, muss sich an die Enge gewöhnen. Extrem steil geht es auf beiden Seiten des Tales aufwärts. Einen weiten Blick gibt es erst auf den Gipfeln. Auf nur wenigen Kilometern wechselt das Wetter von südländischer Milde am Walensee zu hochalpiner Härte auf den vergletscherten Berggipfeln, und wenn der Föhn kräftig durchs Tal bläst, kann es selbst während der Wintermonate unerwartet so warm werden wie an einem Sommertag. Nach einem Großbrand 1861 wiederaufgebaut, beeindruckt der kleine Hauptort Glarus durch breite Straßen, die sich rechtwinklig kreuzen, eine mächtige Stadtkirche sowie das Gerichts- und das Rathaus. Der knapp 2000 Meter hohe Klausenpass beginnt beim Urner Hauptort Altdorf und verbindet die zwei Urkantone Glarus und Uri miteinander. Er führt durch das Schächental, eines der Urner Reuss-Seitentäler.

Bergwiesen und felsige Bergflanken bestimmen das Erscheinungsbild der Glarner Alpen. Beliebte Wanderziele sind der Golzernsee (Seite gegenüber oben) und der farbintensive Wildsee am Pizol (darunter). Eine Besonderheit ist auch die sogenannte Wasserfallarena Batöni, wo fünf bis zu 86 Meter hohe Wasserfälle von den Klippen stürzen (links). Ganz links: Tödi, höchster Berg der Glarner Alpen. Großes Bild: Mürtschenstock.

Martinsloch – Tor zum Himmel

Zweimal im Jahr, Mitte März und Ende September, erwarten die Bewohner des 650-Seelen-Dorfes Elm im Kanton Glarus gespannt den Sonnenaufgang. Dann nämlich scheint die aufsteigende Sonne mitten durch das Martinsloch direkt auf die Spitze des Kirchturms von Elm.
18 Meter hoch und 15 Meter breit ist das sagenumwobene Felsenfenster unterhalb des Kamms in den Tschingelhörnern. Entstanden ist es durch Plattentektonik, als der Zusammenstoß des afrikanischen Kontinents mit dem europäischen vor mehr als zehn Millionen Jahren mit ungeheuren Kräften uralte Gesteinsschichten auf viel jüngere aufgetürmt hat. Dank einer Trennschicht aus Kalkstein ist diese Überschiebung vom Martinsloch aus als weiße Linie gut zu sehen. Das ganze Gebiet ist eine Lehrstunde über die Entstehungsgeschichte der Erde und als Tektonikarena Sardona auch UNESCO-Welterbe.

RUINAULTA

An seiner Nordgrenze berührt der Naturpark Beverin eine geologische Besonderheit der Alpen – den Flimser Bergsturz. Hier rutschte vor über 9500 Jahren, nach dem Ende der Eiszeit, eine gewaltige Masse von rund zehn Kubikkilometer Kalkstein zu Tal und blockierte das Tal des Vorderrheins, der zunächst aufgestaut wurde und sich dann durch die Schuttmassen seinen Weg graben musste. Daher die Hänge mit den steilen Abbrüchen, daher die wilden Schlingen des Flusses. Der rätoromanische Namen dieses schluchtartigen Teils des Vorderrheins ist Ruinaulta, auf Deutsch wird der Abschnitt Rheinschlucht genannt. Die Bergsturzmassen bedecken eine Fläche von rund 50 Quadratkilometern. Weil sie landwirtschaftlich nicht nutzbar sind, waren sie immer bewaldet. Der im Sommer wie Winter beliebte Ferienort Flims liegt 1100 Meter hoch am Übergang der Bergsturzmasse zum Abbruchbereich, wo ein Hochtal entstanden ist.

Die Rheinschlucht (rechts) erstreckt sich über 14 Kilometer zwischen Ilanz und der Mündung des Hinterrheins bei Reichenau. Sie ist Heimat zahlreicher Tiere, darunter Vögel wie die Wasseramsel (ganz rechts).

VAL MEDEL

Das Val Medel ist ein Tal von herber Schönheit. Es zweigt ab vom Tal des Vorderrheins, weit oben auf 1100 Meter Höhe bei Disentis, wo es Richtung Gotthard geht. Durchflossen und gebildet wird es vom Rein da Medel, einem der vielen Bäche, die hier in den Vorderrhein münden. Die Dörfer liegen verstreut auf den Sonnenterrassen, meist hoch über dem Bach, der steile Schluchten in das Gestein gegraben hat. Sein Gefälle ist stellenweise enorm. Durch das Tal führt die Straße zum Lukmanierpass (1915 Meter), der nach Süden in den Kanton Tessin führt und die einzige Möglichkeit bietet, in der Schweiz den Alpenhauptkamm auf einer Höhe unter 2000 Metern zu überqueren. Von eigenartiger Schönheit ist auch der Medelser Gletscher, der in viele Teile gegliedert ist, zwischen denen alle paar hundert Meter spitz gezackte Felskämme aus dem Eis herauslugen, überragt vom höchsten Gipfel des Massivs, dem 3210 Meter hohen Piz Medel.

Fels- und Wasserwildnis am Lai Blau, einem idyllischen Karsee in 2400 Meter Höhe. Der See liegt im Val Medel in Graubünden unterhalb des Piz Rondadura. Sein Wasser fließt in den Stausee Lai da Songta Maria und schließlich in den Rhein.

SAN-BERNARDINO-PASS

Während die Autobahn von Hinterrhein Richtung Tessin im Tunnel verschwindet, führt die Passstraße hinauf auf 2065 Meter zum Dorf San Bernadino und in eine hoch gelegene, mystische Moorlandschaft mit spiegelnden Wasseraugen und Gletscherschliffen. Bereits die Römer hatten den Bernardinopass benutzt. Das Haupthindernis war nicht der Pass selbst, sondern der beschwerliche Weg durch die 300 Meter tiefe Rheinschlucht zwischen Thusis und Zillis, die nicht zufällig den Namen Via Mala (»Schlechter Weg«) trägt. Die Via-Mala-Schlucht, die stellenweise nur wenige Meter breit ist, gehört zu den faszinierendsten Naturkulissen der östlichen Schweiz. Heute benutzen die meisten Durchreisenden jedoch den über sechs Kilometer langen wintersicheren San-Bernardino-Tunnel, dann bleibt ihnen allerdings die erhabene Schönheit der Passhöhe vorenthalten.

Die Passstraße mit den engen Kurven ist auf jeden Fall ein Erlebnis, nicht zuletzt aufgrund der Aussicht (unten). Und während man früher die Via-Mala-Schlucht aus gutem Grund mied, ist sie heute ein Touristenmagnet (links).

Ganz sicher kann man es zwar nicht sagen, aber dem Mythos zufolge sollen die ersten Bernhardiner Ende des 17. Jahrhunderts im Hospiz auf dem Großen St. Bernhard gezüchtet worden sein. Heute gelten sie als Schweizer Nationalhunde und werden unweigerlich mit der Rettung von Lawinenverschütteten in Verbindung gebracht. Den Grundstein für dieses Image legte Anfang des 19. Jahrhunderts der Bernhardiner Barry, der in seinem 14 Jahre langen Leben rund 40 Menschen aus Lawinen gerettet haben soll. Um ihn ranken sich ebenso viele Erzählungen wie um das Fässchen, das die Bernhardiner in vielen Darstellungen, oft geziert vom Schweizer Kreuz, um den Hals tragen – gefüllt mit Branntwein, um den verschütteten Bergsteigern und Wanderern neue Lebensenergie zu spenden. Ein Mythos, wie sich herausstellte. Als Lawinenhunde werden Bernhardiner heute kaum noch eingesetzt, in dieser Funktion wurden sie von elektronischen Geräten oder Schäferhunden abgelöst.

Auf dem Großen St.-Bernhard-Pass fing die Erfolgsgeschichte der Bernhardiner als Lawinenhunde an.

CHUR

Die älteste Stadt der Schweiz, die auch den Beinamen Alpenstadt trägt, bezaubert inmitten einer imposanten Bergwelt mit verwinkelten Gassen und historischen Gebäuden. Boutiquen, Restaurants, Bars, Museen und Galerien sorgen in der durchgehend autofreien Altstadt für ein geradezu mediterranes Flair. Kelten, Römer, Ostgoten, Franken – sie alle beherrschten einst Chur als Tor zu wichtigen Handelsrouten und Alpenübergängen. Geblieben sind eine über 5000-jährige Geschichte, die durch jungsteinzeitliche, bronzezeitliche sowie römische Funde belegt sind, und aus der jüngeren Vergangenheit beeindruckende Bauten wie die Kathedrale am Bischofssitz aus dem 13. Jahrhundert. Das spätromanische Bauwerk ist ein Schweizer Kulturdenkmal von nationaler Bedeutung. Mit dem Hausberg Brambrüesch besitzt die Kantonshauptstadt von Graubünden ein Winter- und Sommersportgebiet. Im Sommer lassen sich von Chur aus Wanderungen und Weingutbesichtigungen in der Bündner Herrschaft unternehmen.

Golden erstrahlt die Abendsonne, wenn sie sich hinter den Bergen um die Kantonshauptstadt Chur zur Ruhe begibt.

LENZERHEIDE

Einst lediglich ein Passort zwischen Chur und Tiefencastel, ist die Ferienregion Lenzerheide im Hochtal auf 1500 Metern längst ein beliebter Winter- und Sommerkurort. Die Region bietet abwechslungsreiche Routen und Trails für Biker sowie über 170 Kilometer markierte Wanderwege. Richtig bekannt ist sie aber unter denjenigen, die gern auf Rädern gen Tal rauschen. In dem anerkannten Biker-Mekka gibt es Strecken für jeden Fahrstil: von einfach bis extrem, von gemütlich bis sportlich, von der Familientour bis zur 100-Kilometer-Marathonroute. 300 Kilometer ausgeschilderte Touren bringen die Biker in die schönsten und abgelegensten Winkel der Lenzerheide. Das Herzstück bildet dabei der neu ausgebaute Bikepark. Ab der Mittelstation Scharmoin führen insgesamt fünf unterschiedliche Abfahrtsstrecken zur Talstation Rothorn. Aber auch im Winter gehört die Region zu den besten Destinationen der Alpen. Egal ob Skifahren, Langlaufen oder Winterwandern – hier ist für alle Wintersportler gesorgt.

Nach einer ausgiebigen Bergwanderung die erschöpften Füße in kaltes Wasser halten – genau dafür ist der Heidsee perfekt geeignet.

AROSER DOLOMITEN

Wie das berühmte »schönste Gebirge der Welt«, die italienischen Dolomiten, bestehen die Aroser Dolomiten auch aus diesem Gestein. Aber anders als bei ihren italienischen Schwestern, wo die gleichen Gesteine in noch größerer Mächtigkeit und meist horizontaler Lagerung vorkommen, sind die Gesteine der Aroser Dolomiten durch den Deckentransport sehr verfaltet, zerschert und zerbrochen. Daher bilden sie nur ausnahmsweise solide Felsen. Höchste Erhebung der Aroser Dolomiten ist mit 2924 Metern das Erzhorn, das auch das Wahrzeichen der Gemeinde Arosa ist. Von dort wirkt sein hoch aufragender Doppelgipfel auch herausfordernd und Respekt einflößend zugleich. Nicht zufällig ist dieser Doppelgipfel seit 1934 auch auf dem Aroser Wappen zu finden. Aufgrund ihrer Höhe von über 1700 Metern bietet die Ortschaft an klaren Tagen eine außerordentliche Fernsicht und imposante Tiefblicke auf vor ihr liegende niedrigere Gipfel und den malerischen Älplisee. Von Arosa aus erreicht man den See in rund eineinhalb Stunden.

Die Aroser Dolomiten – hier mit Blick auf Innerarosa – bezaubern mit herrlichen Berglandschaften.

NATURPARK ELA

Knapp die Hälfte der Fläche des größten Naturparks der Schweiz besteht aus unberührter Wildnis, aus hohen Gipfeln, eisigen Gletschern, ruhigen Seen, saftigen Bergwiesen und einsamen Moorlandschaften, die besonders wertvolle Naturgebiete mit seltenen Tier- und Pflanzenarten sind und deshalb unter Schutz stehen. Die andere Hälfte wartet mit Kulturgütern ersten Ranges auf: Die Rhätische Bahn (UNESCO-Welterbe) verkehrt in den Tälern und im Hochgebirge des Albulatals und passiert dabei Viadukte und Tunnel; das Landwasserviadukt ist das wohl spektakulärste. Seit 2008 gehört das 65 Meter hohe Viadukt zum UNESCO-Weltkulturerbe. Der Albulapass lässt sich aber auch hervorragend zu Fuß erwandern. Im Umland der beiden weiteren Pässe Julier und Septimer befinden sich alte Burgruinen und Kirchen. Neun Dörfer im Parc Ela tragen die Bezeichnung »Ortsbilder von nationaler Bedeutung«. Die etwa 5000 Menschen, die dort leben, sprechen Romanisch, Italienisch und Deutsch.

Die Alp Flix ist eine hochalpine Moorlandschaft in rund 2000 Meter Höhe oberhalb des Julierpasses und gehört zum Parc Ela.

DAVOS

Davos im Landwassertal kann mit Superlativen aufwarten: Der Nobelskiort auf 1560 Metern ist die höchste Stadt der Alpen und ein Höhenkurort mit Tradition. Einst berühmt für seine Lungensanatorien, wurde Davos von Thomas Mann in seinem Roman »Der Zauberberg« (1924) verewigt. Auch Max Frisch lässt einige Passagen in seiner Erzählung »Stiller« in dem Luftkurort spielen. Aushängeschild von Davos heute ist das moderne Kongresszentrum, das Austragungsort des Weltwirtschaftsforums WEF ist. Davos ist zudem der Sitz des Eidgenössischen Instituts für Schnee- und Lawinenforschung. Umgeben liegt der Ort von der herrlichen Landschaft Davos mit Sertigtal und Davosersee. Dichte Föhren- und Lärchenwälder ziehen sich an den Bergflanken empor, im Frühling verwandeln sich die Wiesen in ein Meer aus weißen Krokussen, und hinten im Tal donnert ein Wasserfall in die Tiefe.

Großes Bild und links: Für Wintersportler ist Davos mit seinen 300 Pistenkilometern im gemeinsamen Skigebiet mit Klosters eine Topdestination. Der markante Hausberg der Stadt, das Jakobshorn, darf auf Ansichtskarten und Postern natürlich nicht fehlen, ebenso wenig wie der schlanke Kirchturm von St. Johann mit der gedrehten Turmspitze (unten: Lithografie von Emil Cardinaux aus dem Jahr 1918).

»Ich bin stolz auf das, was wir geleistet haben, doch bin ich noch nicht zufrieden damit.«

Klaus Schwab, WEF-Gründer

Einmal im Jahr blickt die Welt nach Davos. Wenn sich dort Anfang des Jahres ihre Leader mit Privatjet, schweren Limousinen oder im Helikopter zum World Economic Forum (WEF) einfinden, dann geht es in der Regel darum, Lösungen für globale Herausforderungen zu finden. Fünf Tage lang diskutieren Regierungschefs, führende Wirtschaftsvertreter, Experten diverser Fachgebiete, Politiker und Vertreter von NGOs im modernsten Kongresszentrum der Schweiz über Themen wie Globalisierung 4.0, Finanzkrise, wirtschaftliche Ungleichheit, Klimawandel, Umweltprobleme und politische Krisen. Rund 400 Vorträge und Workshops umfasst das Programm plus zahlreiche kleinere Treffen. Klaus Schwab, damals Professor für Unternehmenspolitik an der Universität Genf, gründete 1971 das Weltwirtschaftsforum als gemeinnützige Stiftung mit Hauptsitz in Colony am Genfer See; seit 2015 genießt das WEF offiziell den Status einer internationalen Organisation. Zentrale Veranstaltung ist das prestigeträchtige WEF-Jahrestreffen in Davos mit etwa 3000 Teilnehmern und 500 Medienvertretern. Der Sicherheitsaufwand ist immens, die Kosten von mehreren Millionen Franken trägt die Schweiz – ein ewiger Streitpunkt. Das WEF hat etwa 1000 Mitglieder, in der Regel zukunftsorientierte globale Konzerne oder wichtige Unternehmen eines Landes mit Umsätzen von über fünf Milliarden Dollar. Neben dem Jahrestreffen erstellt das WEF als Thinktank gefragte Studien wie den »Global Risk Report« oder den »Global Competitiveness Report«. Es berät Unternehmen, Regierungen und andere Organisationen und sorgt für die notwendigen Netzwerke. Dem Davoser Jahrestreffen mangelt es nicht an scharfer Kritik vonseiten der Globalisierungskritiker, auch WEF-Gegenveranstaltungen formierten sich wie das »Andere Davos«. Nicht wenige kritisieren das Treffen als »Mischung von Pomp und Plattitüden«, das kaum nennenswerte Ergebnisse bringe – und noch weniger Taten.

Immer noch eröffnet der mittlerweile über 80-jährige Gründer des World Economic Forum, Klaus Schwab, das Jahrestreffen in Davos auf der großen Bühne. Vom Nutzen der Veranstaltung ist er nach wie vor überzeugt, gibt aber kritischen Stimmen zunehmend Raum – so traten 2020 nicht nur Staats- und Regierungschefs aus aller Welt in Davos auf, sondern auch die Klimaaktivistin Greta Thunberg.

SILSERSEE UND SILVAPLANA

Der Silsersee ist der südwestlichste der zwischen Malojapass und St. Moritz gelegenen Seen der Engadiner Seenplatte, die Silvaplanersee, Champfèrersee und Silsersee gemeinsam bilden. Rundherum präsentiert sich die alpine Welt in ihrer ganzen Pracht: mächtige Dreitausender mit weißen Gletscherhauben, gewaltige Wasserfälle, berühmte Bergseen und herrliche Lärchenwälder. Einer der Hotspots der Region ist Silvaplana, das auf 1815 Meter am gleichnamigen See liegt. Der Ort hat sich zum internationalen Ziel für Segler, Wind- und Kitesurfer gemausert. Denn bessere Bedingungen findet man weit und breit nicht: Verlässlich wie ein Schweizer Uhrwerk setzt um die Mittagszeit der Malojawind ein, verfängt sich in den Segeln und lässt die Wassersportler über den See flitzen. Wer es eher beschaulich mag, greift zu einer Angel und geht fischen.

Was wären Berge ohne klare Seen im Tal? Man sollte es den Enten gleichtun und sich direkt auf die leicht schaukelnde Wasseroberfläche begeben. Die Orte am Silsersee (unten) bieten dafür die perfekte Gelegenheit mit Bootsverleihen (rechts).

»Alles schon mal da gewesen«, könnte man mit Blick auf die Belle Époque sagen, als sich St. Moritz vom Bauerndorf zum Kurort für die europäische High Society wandelte. Damals legte man den Grundstein für Luxushotels, die bis heute Weltruhm genießen – etwa Kulm Hotel, Badrutt's Palace und Suvretta House. Der Jetset hält St. Moritz die Treue, seit Jahren um eine betuchte russische Klientel bereichert, die es sich leisten kann, mit dem Privatjet einzufliegen, um auf die Schnelle ein Skiwochenende zu verbringen. Doch St. Moritz steckt auch solche Exzesse weg. Zu schaffen machen vielmehr die Luxusresidenzen, die nur wenige Wochen im Jahr belegt sind. Das Kulm Hotel von St. Moritz gilt als Geburtsstätte des Wintertourismus. Direktor Badrutt soll im Jahr 1856 mit englischen Gästen erfolgreich gewettet haben, dass es dort im Winter ebenso sonnig sei wie im Sommer.

Lange Tradition einerseits, Anspruch, herauszustechen, andererseits: Das 1896 erbaute Luxushotel Badrutt's Palace ist sofort am grünen Dach und seinen Türmen erkennbar (links) – und natürlich am Rolls-Royce, der vor der Tür steht (unten).

POLO & PELZE: DIE ST. MORITZER SOCIETY

Dass die gesamte Schweiz beliebte Destination für alles, was Rang und Namen hat, ist, steht außer Frage. Ganz besonders angetan ist die High Society von den pittoresken und luxuriösen Ortschaften im Winter, wenn der Schnee die Gipfel in Weiß hüllt und es endlich die richtige Zeit ist, um sich ordentlich in Schale zu werfen – in St. Moritz bedeutet das vor allem, den Pelz umzulegen. Wo andernorts die Tierschützer mit ihrer Kritik am Tragen von Echtpelz bereits Erfolg hatten, geht es in St. Moritz ums Sehen und Gesehenwerden, und Echtpelz gehört in den Zuschauerreihen der winterlichen Sportevents ebenso dazu wie Champagner und Austern. Vor allem zwei Veranstaltungen lockt den Jetset nach St. Moritz: das Pferderennen White Turf sowie der Snow Polo World Cup. Beide werden auf dem zugefrorenen St. Moritzersee ausgetragen, zwischen den donnernden Hufen und festem Grund liegen dann rund 40 Meter Wasser und Eis. 1985 wurde in St. Moritz das erste Mal ein Snow-Polo-Wettbewerb veranstaltet, heute ist es das weltweit wichtigste Event seiner Art. Auf eine noch längere Tradition kann der White Turf zurückblicken. Bereits Anfang des 20. Jahrhunderts wurde das erste Pferderennen auf dem Eis veranstaltet. St. Moritz wusste sich also schon damals als schillerndes Winterurlaubsziel zu vermarkten.

Bereits in den 1970er-Jahren wurde St. Moritz von den Reichen und Schönen allwinterlich belebt, wie hier von Gunter Sachs und Mirja Larsson (ganz unten links). Beliebt ist der Snow Polo World Cup, bei dem die Weltklassespieler auf dem zugefrorenen St. Moritzersee um den Titel kämpfen (links und großes Bild), während die Zuschauerinnen am Rand mit Sonnenbrillen und dicken Pelzen der Kälte trotzen (unten).

VAL MORTERATSCH UND BERNINAGRUPPE

An der Grenze zu Italien liegt das höchste Bergmassiv der Ostalpen, die T-förmige Berninagruppe. Es umfasst gleich mehrere Gletscher, unter anderen den Morteratsch- und den Persgletscher. Das durch Gletscherschwund entstandene Val Morteratsch zieht sich vom Piz Bernina (4049 Meter), dem höchsten Gipfel der Gruppe, bis ins Berninatal. Im Sommer wie auch im Winter ist es ein beliebtes Ausflugsziel. Der Morteratschgletscher ist der drittlängste der Ostalpen und kann auf einer Wanderung (etwa 40 Minuten) erreicht werden. Ein Lehrpfad vermittelt dabei Wissenswertes über dessen Entwicklung. Im Frühjahr eignet er sich sogar zum Wintersport. Aus der gesamten Umgebung sticht der Gipfel des Piz Bernina markant hervor: Er hat eigentlich drei Gipfel, von denen der mittlere der höchste ist. Sein Hauptgipfel liegt gänzlich auf Schweizer Boden.

Die Berglandschaften des Engadin und des Tals von Morteratsch mit seinen Drei- und Viertausendern sind beeindruckend. Nicht minder imposant ist der gut sechs Kilometer lange und 75 Meter mächtige Morteratschgletscher (links). Im Herbst bieten die leuchtenden Lärchenwälder des Berninagebiets ein eindrucksvolles Naturschauspiel (linke Seite). Unverwechselbar ist auch der 3156 Meter hohe Piz Muragl (unten).

BERGELL

Die Bewohner des Val Bregaglia, wie die dem Oberengadin benachbarte Region auf Italienisch heißt, grenzen sich gern von ihren Nachbarn ab. In diesem Tal, das nur zum Teil auf Schweizer Staatsgebiet liegt, spricht man nicht nur Italienisch; auch das milde Klima erinnert daran, dass Bella Italia nicht fern ist: Vom Malojapass aus führt das Bergell hinunter zur italienischen Kleinstadt Chiavenna. Zu den bekanntesten Bewohnern der Gegend zählten der italienische Maler Giovanni Segantini (1858 bis 1899) und die Künstlerfamilie Giacometti. Bergketten und eine naturnah gebliebene Landschaft prägen das Erscheinungsbild. Beim Ort Castasegna erstreckt sich der Brentan, Europas größter Edelkastanienwald. Hoch über dem Tal thront der wohl bekannteste Ort des Bergell, das 300 Einwohner zählende Soglio, in dem sich neben einfachen Bauernhäusern einige Palazzi des einst dominierenden Geschlechts der Salis finden.

Die bekannteste Ortschaft des Bergell ist Soglio, das wie ein Adlerhorst auf einer Anhöhe liegt. Steinhäuser und der alles überragende Campanile der Kirche am Rande des Dorfes lassen bereits spüren, dass Italien nicht mehr weit entfernt ist.

VAL DI CAMPO

Lichte Wälder, samtige Alpenweiden und viel Abgeschiedenheit und Ruhe – diese Begriffe beschreiben das idyllische Val di Campo treffend. Das Seitental des Puschlav liegt an der Grenze zu Italien und eignet sich hervorragend für Wander- und Hochtouren. Auf nicht allzu anstrengenden Wanderungen erreicht man die beiden malerischen, von Lärchen und Arven eingerahmten Seen Saoseo und Viola. Sie liegen mehr als 2000 Meter über dem Meeresspiegel und setzen mit ihrem kristallblauen, glasklaren Wasser willkommene Farbkontraste in die von Grün- und Brauntönen geprägte Landschaft. Vor allem um den Lagh da Saoseo ranken sich Sagen um einen Felsengeist, die seine kräftig blaue Farbe zu erklären suchen. Besucher des Val di Campo nutzen außerdem die Gelegenheit, mit der Rhätischen Bahn zu fahren, deren Strecke äußerst malerisch über den Berninapass oberhalb des Tals verläuft.

Ein kräftig kobaltblau gefärbtes Bergseejuwel ist der 140 Meter lange und ebenso breite Lagh da Saoseo. Er liegt, umgeben von Lärchen und Arven, idyllisch eingebettet in die Bergwelt des Val di Campo.

BERNINAPASS

Der Berninapass, einer der ganzjährig offenen Pässe der Alpen, führt vom Schweizer Oberengadin mit seinen Seen und St. Moritz hinüber nach Italien ins Valtellina mit dem Endpunkt Tirano. Kurz nach der Passhöhe, auf der Südseite, zweigt der Forcola di Livigno ab, der hinüber in das Tal von Livigno führt, einen Zollfreibezirk, der einst ein Schmugglertal war. In der Umgebung des Scheitels liegen mehrere kleine natürliche Seen sowie der große Stausee Lago Bianco. Zusammen mit den Gipfeln des Piz Bernina, Piz Morteratsch und Piz Chalchagn mit seinen Gletschern bilden sie ein herrliches Panorama. Zwei Dinge sollte man auf der Südseite des Berninapasses nicht versäumen: den Lago Poschiavo, speziell im Herbst, und eine Fahrt mit der Rhätischen Bahn, die seit 2008 zum UNESCO-Welterbe gehört. Bis zu 70 Prozent Steigung nimmt die historische Bahnstrecke auf der Fahrt von St. Moritz nach Tirano ohne Probleme.

Der Berninapass (knapp 2330 Meter) zählt zu den schönsten Schweizer Alpenpässen und bietet immer wieder fantastische Ausblicke. Direkt am großen Stausee Lago Bianco führt die berühmte Berninalinie der Rhätischen Bahn entlang.

VAL MÜSTAIR

Das Münstertal, so die deutsche Übersetzung von Val Müstair, bildet gemeinsam mit dem Schweizerischen Nationalpark das erste hochalpine Biosphärenreservat der Schweiz. Im Val Müstair produzieren 80 Prozent der lokalen Landwirte rein biologisch. Es gibt typische Bündner Dörfer und eine einmalige Kultur- und Naturlandschaft. Die reiche Handwerkstradition des Tals hat Betriebe hervorgebracht wie die Manufactura Tessanda, eine der letzten Handwebereien der Schweiz. Vom Talgrund des Rombachs bis zu den Gipfeln bieten vielseitige Lebensräume hervorragende Bedingungen für eine große Zahl an Wildtieren. Dieses ausgewogene Zusammenspiel von Ökologie und Ökonomie soll auch langfristig die Lebensgrundlage für die einheimische Bevölkerung garantieren. Ein kulturgeschichtliches Juwel ist das Benediktinerinnenkloster St. Johann. Es zählt seit 1983 zu den Weltkulturerbestätten der UNESCO.

Blick ins Münstertal in Richtung Ofenpass und Engadin. Das klimatisch begünstigte, sonnenreiche Hochtal verbindet das Engadin mit dem Südtiroler Vinschgau. Heidelbeersträucher und leuchtende Gräser sorgen für Farbe.

ÜBER KÜHNE VIADUKTE: DIE RHÄTISCHE BAHN

Sie zählen zweifellos zu den reifsten Ingenieursleistungen der Schweiz – die Bergbahnen. Die längste Gebirgsbahn des Landes ist die 1889 in Betrieb genommene mehrspurige Rhätische Bahn. An Bord eines Panoramazugs genießt man bequem die Natur und durchquert dabei weite Teile der Schweizer Gebirgswelt. Die mehr als 100 Jahre alten Bahnlinien der Rhätischen Bahn gelten als ein herausragendes Beispiel für die erfolgreiche Erschließung der Alpenregion. Die 62 Kilometer lange Albulalinie wurde 1904 in Betrieb genommen. Sie führt von Thusis im Kanton Graubünden nach St. Moritz und überwindet rund 1000 Höhenmeter. Die Züge fahren auf einer der architektonisch anspruchsvollsten Schmalspurbahntrassen der Welt und passieren dabei 144 Viadukte und Brücken sowie 42 Galerien und Tunnel, darunter den 5,8 Kilometer langen Albulatunnel. Etwas später, im Jahr 1910, wurde die 61 Kilometer lange Berninabahn fertiggestellt, die St. Moritz mit der italienischen Grenzstadt Tirano verbindet. Sie führt auf 2253 Meter Höhe über den Berninapass, durch insgesamt 13 Tunnel und Galerien sowie über 52 Viadukte und Brücken, mit Steigungen von bis zu sieben Prozent. Seit 2008 gehören Albula- und Berninabahn als technische Denkmäler sowie die sie umgebenden Landschaften zum UNESCO-Welterbe.

Die schönsten Bahnstrecken

Gemütlich mit der Bahn durch die Alpen: Das ist vor allem im Bahnland Schweiz ein faszinierendes Landschaftserlebnis. Schließlich hat die Eidgenossenschaft das Reisen in Panoramazügen kreuz und quer durch die Alpen erfunden. Nummer eins unter den beliebtesten Bahnreisen ist der Glacier Express. Der langsamste Schnellzug der Welt verbindet St. Moritz mit Zermatt und passiert dabei die UNESCO-Welterbestrecke über den Albulapass, die Rheinschlucht (Ruinaulta) und den 2033 Meter hohen Oberalppass. 291 Brücken und 91 Tunnels machen die Verbindung möglich. Nicht minder spektakulär ist die Reise mit dem Bernina Express von Chur über Albula- und Berninapass ins italienische Tirano. Im Mont-Blanc Express kann man während der anderthalb Stunden Fahrt von Martigny ins französische Chamonix tosende Wasser, tiefe Schluchten und die höchsten Gipfel der Alpen vom Panoramafenster aus bestaunen.

Wie die Bergensbanen für Norwegen ist die Berninalinie der Rhätischen Bahn für die Schweiz das herausragende Beispiel für bauliche Meisterleistungen der Schienenführung. Enorme Steigungen und extreme Wetterbedingungen machten den Bau zu einer echten Herausforderung. Im Engadin führt die Reise mit der Rhätischen Bahn auch über das kühne Landwasserviadukt bei Filisur (unten).

SCHWEIZERISCHER NATIONALPARK

Der 1914 gegründete und damit älteste Nationalpark der Alpen umfasst 170 Quadratkilometer und liegt in der östlichsten Ecke der Schweiz. Dass es in einem Land mit derart vielen Naturschönheiten nur einen einzigen Nationalpark gibt, mag auf den ersten Blick überraschen. Nicht aber auf den zweiten, denn die Eidgenossen haben eine radikale Vorstellung von Naturschutz: Sie überlassen ihren Nationalpark komplett sich selbst, damit er eines Tages so aussieht wie die Alpen vor der Besiedelung durch den Menschen. Der Nationalpark ist zwar ein beliebtes Wandergebiet, doch darf man dort weder die markierten Wege verlassen noch im Park übernachten oder ihn in irgendeiner Weise bewirtschaften. Wie lange es dauern wird, bis das Schutzgebiet wieder so aussieht wie einst die unberührten Alpen, weiß niemand. Aber allein der Weg dahin zählt.

Unzählige große und kleine Tiere leben im Schweizerischen Nationalpark, dem einzigen Wildnisgebiet der Alpen: neben Gämsen (großes Bild) auch Eulen (unten) und Murmeltiere (ganz unten), dazu kommen Iltisse, Steinböcke, Nattern, Eichhörnchen und viele andere. Links: Ungefähr ab 2300 Meter Höhe beginnt deutlich sichtbar die Baumgrenze, oberhalb dieser Linie wachsen keine Bäume mehr in den Alpen.

FRANKREICH

Etwa 20 Prozent der Alpen liegen auf französischem Boden. Hier erreichen sie nicht nur ihre westlichste und südlichste Ausdehnung, auch der höchste Gipfel der Alpen, der Mont Blanc, erhebt sich in Frankreich. Sein Massiv ist sozusagen das Herz der Alpen: Das Grundgebirge aus Granit, über das sonst die mächtigen Kalkschichten geschoben wurden, bildet hier selbst die höchsten Gipfel. Im Kontrast dazu gibt es im Süden, in den Seealpen mit bereits mediterranem Klima, Landschaften, die gar nicht alpin aussehen – ohne Bewuchs zwar, aber auch ohne felsige Gipfel.

Das Mont-Blanc-Massiv erscheint wie ein zusammenhängendes Gebilde aus Fels und Eis. Doch auch hier gedeiht Leben. Der Gletscherhahnenfuß etwa wächst bis in die Gletscherregion hinauf. Der Mont Blanc ist mit 4810 Metern der höchste Gipfel der Alpen.

CHABLAIS

Das Chablais erstreckt sich über drei Regionen in zwei Ländern: das französische Hochsavoyen (Département Haute-Savoie) sowie das waadtländische und Walliser Chablais in den Schweizer Kantonen Waadt und Wallis. Das Chablais bildet eine geografische Einheit, deren Geschichte, Geologie und Gastronomie vom Genfersee geprägt werden. Am französischen Ufer des Genfersees liegen die Orte Yvoire, Thonon-les-Bains, Evian-les-Bains und die grünen Hügel und Hochplateaus von Gavot, Mont de Boisy und Allinges, die in die Bergtäler Brevon, Aulps und Abondance des Hoch-Chablais übergehen. Das Chablais wurde 2012 von der UNESCO als Global Geopark ausgezeichnet. Das Bergdorf Samoëns in den Savoyer Voralpen ist eine der Pforten zum Giffre-Tal. Die wilde, unberührte Natur der Region, geformt vom Gletscherfluss Giffre, wird wegen ihrer zahlreichen Wasserfälle auch »Tal der 1000 Wasserfälle« genannt.

Unten: Yvoire ist eines von vielen hübschen Dörfern auf der französischen Seite des Genfersees. Ganz unten: Wunderschöne Hochtäler findet man in der Region Chablais.

Nördlich von Chamonix liegt das Aiguilles-Rouges-Massiv, das durch das Tal des Flusses Arve vom Mont-Blanc-Massiv getrennt ist. Das 33 Quadratkilometer große Naturreservat bildet einen einmaligen Aussichtspunkt auf die Bergkette des Mont Blanc. Das Aiguilles-Rouges-Massiv umfasst zusammen mit dem Reservat eine phänomenale Gebirgslandschaft mit Gletschern, Seen, Felsklüften, weiten Moränen und fast 3000 Meter hohen Gipfeln. Da das Reservat Höhenlagen zwischen 1200 und 3000 Metern aufweist, sind sämtliche Vegetationsstufen vertreten: subalpine, alpine und Gipfelzone. Die Rostrote Alpenrose beherrscht die subalpine Zone. Murmeltiere sind auf dieser Stufe häufig, Gämsen und Steinböcke kommen ebenfalls vor. Das Steinwild wurde aus dem italienischen Gran-Paradiso-Nationalpark wiedereingebürgert und hat sich mittlerweile über das halbe Reservat ausgebreitet.

Die Gebirgslandschaft des Naturreservats ist ein Paradies für Wanderer (ganz unten) und bietet immer wieder tolle Aussichten auf den Mont Blanc (unten).

MONT BLANC

Vom Mont Blanc, dem »Dach Europas«, überblickt man von 4810 Metern die Westalpen im Dreiländereck Frankreich, Schweiz und Italien. Wer den Gipfel nun wirklich als seinen höchsten nennen darf, darum streiten sich Italien und Frankreich. Für die Franzosen liegt er im Département Haute-Savoie. Italien spricht sich für eine diplomatische Lösung aus, in der die Ländergrenze direkt über den Gipfel verläuft. Wie es sich für einen »König der Berge« gehört, hat sich auch der Mont Blanc seine Untertanen lange vom Hals gehalten. Lässt man die Seilbahnen einmal außer Acht, ist das bis heute so geblieben. Nur bis auf 1461 Meter können sich ihm die Autofahrer auf der Nordseite nähern. Am Südwestfuß gibt es als Dreingabe sogar eine Rarität: einen natürlichen Gletschersee, wie man ihn sonst eher in Grönland erwartet – den Lac du Miage.

Der Mont Blanc trägt seinen dicken Eismantel wie ein König seinen Hermelin – wer wollte da seine zahlreichen Gletscher noch zählen (unten). Und wie ein Gemälde erscheinen die Aiguille du Dru (höchster Berg im Bild links) und die Aiguille Verte (links davon) im Mont-Blanc-Massiv. Die scharfen Grate, die blanken Granitflächen, der tosende Wind, der den Schnee verwirbelt – all das erscheint als Ästhetik pur.

Glacier des Bossons

Von allen Alpengletschern überwindet der Glacier des Bossons an der Nordseite des Mont Blanc den größten Höhenunterschied. Vom Gipfel schieben sich die Eismassen über 3390 Meter bis fast zum Talboden hinunter – er ist damit auch der am tiefsten reichende Gletscher. Allerdings verliert auch der Bossons aufgrund der Klimaerwärmung stetig an Eismasse und gibt dadurch bis heute Fundstücke von zwei dramatischen Flugzeugunglücken frei, die sich hier in den Jahren 1950 und 1966 ereigneten. So entdeckte ein Berghüttenbetreiber ein Rad vom Fahrwerk, das mit dem Eis viele Jahre talwärts getragen worden war. Bergsteiger fanden Zeitungen mit dem Unglücksdatum und einen Postsack mit Diplomatenpost. 2013 förderte das Eis den bislang wertvollsten Fund zutage: ein Kästchen mit Rubinen und Smaragden, das für eine Adresse in London bestimmt war.

GRANDES JORASSES UND LES AIGUILLES

Neben dem Matterhorn und dem Eiger zählen die Grandes Jorasses zu den berühmtesten Nordwänden der Alpen. Der Berg ist mehrgipflig und bildet mit Pointe Walker (4208 Meter) die höchste, mit Pointe Young (3996 Meter) die niedrigste Erhebung. Und wie spitze Nadeln ragen die Aiguilles im Mont-Blanc-Massiv in die Höhe, daher ihr französischer Name. Viele üben aufgrund ihrer einzigartigen Felsformationen eine besondere Faszination aus, was sie für ambitionierte Bergsteiger zum Sehnsuchtsobjekt macht. Die Aiguille Verte etwa gilt als einer der schwierigsten Viertausender in Europa. In ihrem Westgrat erheben sich die Granitfelsen der Aiguille du Dru mit ihren beiden Gipfeln Grand und Petite Dru auf 3754 beziehungsweise 3733 Metern. Dieser elegante Doppelgipfel zählt zu den schwierigsten und spektakulärsten Kletterbergen Europas.

Seite gegenüber: Die fast lotrechte Steilwand der Grandes Jorasses erhebt sich über dem Leschaux-Gletscher rund 1000 Meter senkrecht in die Höhe. Links: Überirdisch spitz, wie aus einem Fantasyroman, erscheint die Felsnadel der Aiguille du Dru über den zahlreichen anderen gezackten Granitgipfeln das Mont-Blanc-Massivs. Unten: Blick von der Aiguille du Midi auf den Glacier des Bossons. Auf sie gelangt man seit 1955 mit einer Seilbahn.

CHAMONIX

In Chamonix-Mont-Blanc dreht sich alles um den Sport. Im Winter ums Skifahren, im Sommer ums Bergsteigen. Auch der Mont-Blanc-Marathon findet hier statt, außerdem ein Kletter-Weltcup, das Fest der Bergführer und einer der anspruchsvollsten Bergmarathons der Welt, der Ultra-Trail du Mont Blanc. Die touristische Erschließung von Chamonix begann bereits im 18. Jahrhundert, heute ist der Ort einer der größten und bekanntesten Wintersportorte Frankreichs. Schwere und mittelschwere Pisten bietet der Skiberg Le Brévent, La Flégère dagegen ist ein Familienskigebiet. Die Aiguille du Midi ist mit 3842 Metern der höchste Punkt des Skigebiets. Die zweithöchste Seilbahn Europas führt hinauf und schafft damit einen der Ausgangspunkte für die vielen Bergsteiger, die auf den Mont Blanc wollen. Dieser ist allgegenwärtig und das Markenzeichen des Ortes.

Egal, wo man sich in Chamonix befindet, immer wieder eröffnen sich herrliche Ausblicke auf das Mont-Blanc-Massiv. Nur wenige zieht es dabei tatsächlich auf seinen Gipfel, den meisten Besuchern genügt es, ihn von unten zu bewundern.

Die Stadt am Nordende des 14 Kilometer langen Lac d'Annecy wird von schneebedeckten Gipfeln eingerahmt. Sie entstand im 12. Jahrhundert auf prähistorischem Siedlungsboden um eine befestigte Burg. Die mittelalterliche Altstadt gruppiert sich heute malerisch um mehrere Kanäle des Thiou. Aus dem 16. Jahrhundert stammt die Kathedrale St.-Pierre. Innen ist sie gotisch, die vorgeblendete Fassade stammt aus der Renaissance. Interessanter noch ist die Kirche St.-Maurice, die im 15. Jahrhundert von Dominikanern errichtet wurde. Ihr Inneres präsentiert sich mit einem weiten gotischen Schiff und sehenswerten Fresken. Den schönsten Blick auf das Städtchen und den Palais de l'Isle (einstiger Sitz der Genfer Grafen, Münze und Gericht) hat man von der Brücke bei der Kirche St.-François. Heute befindet sich in dem Gebäude das Historische Museum.

Unten: Am Lac d'Annecy liegt die gleichnamige Stadt. Ganz unten: Auch in den Herbstmonaten verströmt Annecy viel Flair. Manche Häuser stehen direkt im Wasser und sind so schmal, dass nur eine Fensterreihe hineinpasst.

»Wer aber je dieses Glück empfunden, das die Berge ihren Getreuen schenken, der ist den Bergen für immer verfallen.«

Eleonore Noll-Hasenclever (1880–1925)

Vor dem 14. Juli 1865 war es noch keinem Alpinisten je gelungen, den Gipfel des Matterhorns zu erreichen, weder von der italienischen noch von der Zermatter Seite her. An diesem Julitag aber gelang der Seilschaft des britischen Bergsteigers Edward Whymper die Erstbesteigung. Die Gruppe stieg über den Hörnligrat auf die sogenannte Schulter und wich weiter oben in die Nordwand aus. Nach einem Kupferstich von Gustave Doré aus dem Jahr 1865.

Am 8. August 1786 bestiegen der Arzt und Botaniker Michel-Gabriel Paccard und der Kristallsucher Jacques Balmat erstmals den höchsten Gipfel der Alpen, den 4810 Meter hohen Mont Blanc – eine bemerkenswerte Leistung ganz ohne Seil und Eispickel, umso mehr, als der weiße Berg damals als verflucht galt. Der 14-stündige Aufstieg vom Zwischenlager an der Gletscherkante gilt als Sternstunde des Alpinismus. Der Gipfel war bezwungen und der Bann gebrochen. Ein Jahr später führte Jacques Balmat den Forscher Horace Bénédict de Saussure auf den Mont Blanc. Was den wagemutigen Pionieren gelang, machte in den ganzen Alpen Schule. Ab 1800 folgten zahlreiche Erstbesteigungen vom Großglockner, Watzmann und Jungfrau bis zum Matterhorn im Jahr 1865 durch den britischen Bergsteiger Edward Whymper. Das Goldene Zeitalter des Alpinismus schwemmte nach dem Ausbau der Eisenbahnlinie Mitte des 19. Jahrhunderts jede Menge Abenteurer und Touristen in das Dorf Chamonix, allen voran Engländer und Amerikaner, die davon träumten, den höchsten Alpengipfel zu erklimmen. Mit britischen Sportsfreunden gründete Sir Leslie Stephen 1857 den Alpine Club London, dem 1862 der Alpenverein Österreich, ein Jahr später die Schweiz, 1869 Deutschland und weitere Clubs der Alpenländer folgten. Frauen versagte man allerdings noch viele Jahre den Zutritt, obwohl es zahlreiche verdiente Bergsteigerinnen gab wie Henriette d'Angeville oder die Amerikanerin Margaret Claudia Brevoort. Erst die deutsche Eleonore Noll-Hasenclever, die – oft führerlos – 45 Viertausender eroberte, schaffte es, aufgenommen zu werden. Nachdem die meisten Alpengipfel bezwungen waren, läutete das Jahr 1865 ein neues Kapitel im Alpinismus ein: Es ging nicht mehr nur darum, Alpengipfel zu erobern, sondern schwierigere Grate und Wände zu durchsteigen. Neue technische Hilfsmittel machten nun das Besteigen steiler Fels- und Eiswände möglich.

ALBERTVILLE

Die Stadt liegt an der Mündung des Arly in die Isère und bietet den natürlichen Zugang zum südlich gelegenen Massif de la Vanoise. Die im Tal liegende Gemeinde wurde im 19. Jahrhundert im Auftrag von König Charles-Albert von Savoyen auf regelmäßigem Grundriss errichtet. Die Vorgängersiedlung und eigentliche Altstadt von Albertville ist das auf einem Bergvorsprung oberhalb der Neustadt gelegene Conflans. Es bietet mit seinen spitzbogigen Stadttoren, den trutzigen Wehrmauern, einem Schloss, einer Barockkirche und alten Häusern einen malerischen Anblick. Im Zentrum steht ein mächtiger Turm. Eindrucksvoll ist auch die Place de l'Europe. Heute ist Albertville ein wichtiger Ausgangspunkt für die Freunde des Wintersports, immerhin fanden dort die Olympischen Winterspiele 1992 statt, die moderne Eishalle erinnert bis heute an das Sportereignis.

Die Stadt war 1992 Austragungsort der Olympischen Winterspiele, hat aber noch mehr zu bieten, z. B. eine Barockkirche aus dem 18. Jahrhundert und die Place de l' Europe. Die Altstadt von Albertville heißt Conflans und liegt oberhalb der Neustadt auf einem Bergvorsprung (Seite gegenüber).

CHAMBÉRY

Schon der Schriftsteller Jean-Jacques Rousseau befand, dass man in Chambéry das süße Leben genießen kann. Er lebte 13 Jahre in der Stadt, die von der Herrschaft der Savoyer geprägt war. Von 1232 bis in die Mitte des 16. Jahrhunderts war sie Hauptstadt von Savoyen. Das Zentrum der Altstadt markiert der im Jahr 1838 errichtete Brunnen Fontaine des Éléphants. Vom Wahrzeichen der Stadt führt die von Arkaden flankierte Rue de Boigne zum Schloss – ehemaliger Wohnsitz der Herzöge von Savoyen und heute ein Museum. Die Kathedrale von Chambéry geht auf das 13. Jahrhundert zurück, ihre bis heute unvollendete Fassade entstand im 15. Jahrhundert. In der Kirche Ste.-Chapelle bewahrten die Herzöge von Savoyen das berühmte Turiner Grabtuch auf. Als ein Brand der Kirche 1532 zusetzte, bekam auch das Grabtuch Brandlöcher und wurde daraufhin nach Turin gebracht.

Links: Der Platz vor dem Rathaus ist eines der Zentren von Chambéry. Doch es gibt noch viele weitere Sehenswürdigkeiten zu bestaunen, z. B. den Elefantenbrunnen, den Justizpalast (Seite gegenüber) oder das Musée des Beaux-Arts mit Werken von Tizian, Watteau und Uccello.

Über die Hälfte der Fläche des regionalen Naturparks ist von Wald bedeckt: Die Ressource Holz ist deshalb auch ein bedeutender Wirtschaftsfaktor für die Bewohner der 64 Parkgemeinden, die in dieser Region leben. Kenntnis, Erhaltung und Bewirtschaftung des natürlichen und kulturellen Erbes ist eines der Hauptanliegen des Schutzgebiets, weshalb auch die Holzwirtschaft hier nachhaltig und ausgewogen ausgeübt wird. Nicht nur aufgrund dieser aktiv betriebenen, nachhaltigen Regionalentwicklung zeichnete die UNESCO das Massif des Bauges 2011 als Geopark aus, ebenso schützenswert ist die große Artenvielfalt, die in den Wäldern, Wiesen sowie Feuchtgebieten geeigneten Lebensraum findet: 1600 identifizierte Pflanzenarten wachsen hier, 117 Vogelarten, darunter bedrohte Arten wie Steinadler und Wanderfalke, und Säugetiere wie Gämsen und Mufflons bevölkern das Gebiet.

Großes Bild: Blick auf die grüne Lunge des Massif des Bauges. Mehr als die Hälfte des Naturparks ist von Wald bedeckt. Aufgrund seiner geologischen Bedeutung wurde er 2011 von der UNESCO als Geopark ausgezeichnet. Links: Die Molasseschichten in der Nähe von Saint-Sylvestre sind dicht mit Moosen und Farnen bewachsen. Bildleiste Seite gegenüber: Farbenspiel des Gebirgsflusses Chéran, der südlich der Pointe de Chaurionde entspringt.

Canyoning-Abenteuer

Wilde Natur in Schluchten und Canyons – damit sind das Bauges-Massiv und sein Geopark geradezu prädestiniert für eine Abenteuersportart, die in den letzten Jahren immer mehr Anhänger gefunden hat: Canyoning. Wasserfällen folgen, die nie gleich sind, abseilen, rutschen, springen, Hindernisse überwinden mit und ohne Adrenalinkick – für jeden Schwierigkeitsgrad und fast jedes Alter gibt's hier etwas Passendes, beispielsweise die Schlucht von Angon beim Annecy-See, den wild-schönen Canyon Montmin oder den Canyon du Pont du Diable. Für leichten Nervenkitzel sind die Schlucht von Ternèze bei Chambery und die Vésonne-Schlucht eine Option. Für hartgesottene Abenteurer gibt es im Geopark des Bauges sogar Winter-Canyoning.

BEAUFORTAIN-MASSIV

Das zwischen dem Val d'Arly, dem Val Montjoie und der Tarentaise gelegene Beaufortain-Massiv gehört zu den Grajischen Alpen. Der höchste Punkt ist die Aiguille du Grand Fond mit 2920 Meter Höhe. Liebhaber von Mittelgebirgslandschaften erfreuen sich an den grünen Wäldern und großflächigen Weiden. Besonders lohnenswert sind die Wanderungen zum »Signal de Bisanne« mit seinem weiten Panorama und die Route du Cormet de Roselend, die zum gleichnamigen Staudamm und Stausee führt. Hier gibt es auch mehrere bekannte Wintersportorte. Das Skigebiet Arêches-Beaufort zählt zu den schneesichersten in den französischen Alpen. Die Region ist jedoch hauptsächlich wegen ihres Käses bekannt. Der »Beaufort d'alpage« ist ein köstlicher Rohmilchkäse und darf nur in den Hochtälern von Savoyen, in Beaufort d'alpage, Tarentaise, Maurienne und einem Teil des Val d'Arly gekast werden.

Unten: Der Lac de Roselend ist ein hoch gelegener Stausee im Beaufortain-Massiv. Ganz unten: Nur die Milch spezieller Rinderrassen darf für die Herstellung des weltberühmten Beaufort-Käses verwendet werden.

Was für ein Anblick muss das gewesen sein! 218 v. Chr. tauchten sage und schreibe 50000 Fußsoldaten, 9000 Reiter und 37 Kriegselefanten am Fuß der Vanoise auf, um eine der gewagtesten Militäroperationen der Antike anzugehen: die Überquerung der Alpen mit einem Heer. Der karthagische Feldherr Hannibal schaffte das Unmögliche, meisterte das Gebirge, stieg in die Poebene hinab und versetzte die Römer in Angst und Schrecken. Dass er letztlich geschlagen wurde, tut seiner Tollkühnheit keinen Abbruch. Und dass Hannibal die Alpen am Col de Clapier überschritt, gilt heute als so gut wie gesichert. Das Gebiet des Vanoise widmet sich seit 1963, als erster französischer Nationalpark, dem Schutz der unberührten Hochgebirgswelt und des vom Aussterben bedrohten Alpensteinbocks. Benannt ist er nach dem gleichnamigen Gebirgsmassiv, das zu den Grajischen Alpen gehört.

Auch die farbenfrohe Pflanzenpracht des Vanoise wird geschützt: etwa Berg-Hauswurz, Enzian und Großblütige Gämswurz (untere Reihe von links). Ein wunderbares Panorama folgt dem nächsten: Blick auf die Aiguille de la Vanoise (ganz unten).

CHARTREUSE

Die Gebirgskette Chartreuse ist Namenspatronin für den Naturpark, der sich in der französischen Region Auvergne-Rhône-Alpes nahe der Stadt Grenoble erstreckt. Die Kalkalpen erheben sich dort auf bis zu 2082 Meter in die Höhe und bilden mit ihrer schroffen Rauheit einen faszinierenden Kontrast zur sanften Schönheit der Almwiesen und Waldgebiete rundherum. Die beiden Flüsse Guiers Mort und Guiers Vif durchfließen das Naturschutzgebiet und haben im Laufe der Zeit tiefe Schluchten in die Landschaft gegraben. Rehe, Mufflons, Gämsen und Wildschweine ziehen in dem Gebiet, das im Nordosten an das Massif des Bauges und im Südwesten an den regionalen Naturpark Vercors anschließt, ihre Kreise. Besucher finden neben Naturerlebnissen auch von Menschen Geschaffenes vor: La Grande Chartreuse, die Große Kartause, Mutterkloster des Kartäuserordens, steht in dieser Region.

Großes Bild: Blick auf die Gebirgskette Chartreuse, die sich im Osten des Naturparks befindet. Der Dent de Crolles ist ein typischer Karstberg im Naturpark (Seite gegenüber oben), und überall ist Wasser in der Gebirgskette Chartreuse zu finden (Seite gegenüber unten). Die zauberhafte Wald- und Wiesenlandschaft des Cirque de Saint-Même im Osten des Chartreuse-Massivs wissen auch Gämsen zu schätzen (links).

Die Große Kartause

Für ein Leben in Rückzug und Einsamkeit ist die abgelegene Gebirgsgegend in der Nähe des Dorfs Saint-Pierre-de-Chartreuse der perfekte Ort. Hier haben der heilige Bruno von Köln und seine sechs Gefährten im Jahr 1084 mit dem Bau einer Einsiedelei den Grundstein für den Kartäuserorden gelegt, dessen Mutterkloster die Große Kartause geblieben ist. Kartäusermönche verpflichten sich auf ein einfaches Leben in Klausur und Schweigen völlig isoliert von der Außenwelt, deshalb kann das Kloster nicht besichtigt werden. Dafür informiert das benachbarte Museum Grande Chartreuse einfühlsam über das Mysterium der Kartäuser.

GRENOBLE

Die alte Hauptstadt der Dauphiné liegt malerisch an einem Knie der Isère und eingebettet zwischen bis zu 3000 Meter hohen Bergen. Die Bergmassive Chartreuse, Vercors und Belledonne verleihen ihr einen besonderen Charakter. Im Jahr 1968 fanden in Grenoble die Olympischen Winterspiele statt, bei denen erstmals die Sportler und Sportlerinnen der DDR und der BRD getrennt um Medaillen kämpften. Lebendiger Mittelpunkt in der Altstadt ist die Place Grenette, und die hier anschließende Grande Rue bestand schon zu Römerzeiten. Weiter östlich gelegen, sollte man der sehenswerten Place St.-André einen Besuch abstatten. Die gleichnamige Kirche entstand zwischen 1220 und 1236 als Schlosskapelle der Grafen von Albon. Noch einige Schritte weiter östlich steht die Kathedrale Notre-Dame mit Renaissancekunst in ihrem Inneren. Beliebter Aussichtspunkt ist die Bastille in 476 Meter Höhe.

Grünes Grenoble

Europäische Umwelthauptstadt 2022 – mit ihrem engagierten Klimamanagement und dem nachhaltigen urbanen Mobilitätskonzept überzeugte Grenoble die Europäische Kommission, die ihr dafür die Umweltauszeichnung »European Green Capital Award 2022« verlieh. Schon 2005 verabschiedete die Alpenstadt als erste Gemeinde Frankreichs einen Klimaplan und reduzierte bis 2016 ihre Treibhausgase um ein Viertel; bis 2030 sollen sie auf 50 Prozent sinken. Beim Klimaschutz setzt Grenoble konsequent auf innovative Maßnahmen wie ausgewiesene Ruhezonen in der City, vertikale Begrünung, Öffnung privater Gärten und ein ehrgeiziges Programm für Baumbepflanzung. Geschwindigkeitsbegrenzungen und die Schaffung von Anreizen für nachhaltige Verkehrsmittel haben viele Bewohner der Stadt bewegt, auf umweltfreundliche Fahrräder umzusteigen.

Unten: Grenoble liegt malerisch an der Isère. Die Kulisse der schneebedeckten Alpengipfel ist das ganze Jahr über beeindruckend. Ganz links: Am Tag geht es hier lebhaft zu, in der Nacht wird es an der Place St.-André ruhig. Die gleichnamige Kirche entstand zwischen den Jahren 1220 und 1236 als Schlosskapelle der Grafen von Albon. Links: Die Alte Bibliothek an der Place de Verdun residiert in einem prächtigen Bau.

Walnüsse sind das Wahrzeichen der Region. Die nahrhaften Nüsse wachsen fast überall an den Hängen der eindrucksvollen Berge. Die Landschaft teilt sich in drei markante Zonen auf: das Hochgebirge, bewaldete Schluchten und Hochplateaus. Besonders die Hochebenen von Vercors drômois gelten als Naturwunder. Hier fallen Erhebungen tafelberggleich ins Tal, die steilen Abhänge erlauben spektakuläre Blicke, und Wasserfälle rauschen parallel zu den fast senkrechten Bruchkanten in tiefer gelegene Bäche und Flüsse. Seit 1970 gehören die 17000 Hektar der Hochplateaus – ohne jegliche menschliche Ansiedlung – zum 186000 Hektar großen regionalen Naturpark. Pflanzenfans staunen über Türkenbundlilien und Hundszahnveilchen, nachts jagen Fransenfledermäuse und Hufeisennasen durch die Wälder. Höchster Berg des Vercors ist der Grand Veymont mit 2341 Metern.

Links: Alpine Blumenpracht mit Blick auf den Gebirgsstock des Vercors und den markanten, kastenförmigen Mont Aiguille. Großes Bild: Der 2087 Meter hohe Mont Aiguille wurde auf Befehl des französischen Königs Karl VIII. am 26. Juni 1492 von Antoine de Ville erstbestiegen. Unten: Im Vercors-Massiv leben viele Steinböcke. Ganz unten: Schroffe Felsen und steile Abhänge prägen den Naturpark von Vercors.

MONT-CENIS-MASSIV

Der das Massiv überquerende Alpenpass Col du Mont Cenis verbindet Lanslebourg-Mont-Cenis in Frankreich mit Susa in Italien. Der Scheitel liegt auf französischer Seite, nördlich des Stausees Lac du Mont Cenis. Knapp unterhalb des Gipfels des La Petite Turra, einem Nordausläufer der Cime du Laro (2881 Meter), findet man die gleichnamige ehemalige Befestigungsanlage. Im Unterschied zu den anderen Festungen rund um den Lac du Mont Cenis handelt es sich beim Fort de la Turra um eine französische Anlage. Sie bietet einen herrlichen Ausblick auf den Stausee. Das malerische, auf etwa 1400 Metern gelegene Val Cenis liegt in unmittelbarer Nähe zu den Wintersportorten Val d'Isère und Val Thorens nahe der italienischen Grenze im Nationalpark Vanoise. Hannibal soll vor mehr als 2000 Jahren mit seinen Elefanten über den Pass des Val Cenis die Alpen überquert haben, und im gesamten Tal bis hinauf zum Stausee zeugen zum Teil gewaltige Forts und Festungen von der Bedeutung der Region in früheren Zeiten.

Der Lac du Mont Cenis ist ein Stausee am gleichnamigen Pass und Ausgangspunkt für viele Wanderungen.

BRIANÇON

Briançon ist eine spektakuläre Stadt und liegt genau in der Mitte von fünf Tälern – auf einer Höhe von 1326 Metern. Damit ist sie die höchstgelegene Stadt Frankreichs und der EU. Die 11 000 Einwohner starke Gemeinde besteht aus zwei verschiedenen Stadtteilen: der Unterstadt (ville basse) rund um das Viertel Sainte-Catherine und der befestigten Oberstadt. Hier befindet sich die mittelalterliche Altstadt, um die der französische Baumeister Vauban im 18. Jahrhundert einen Befestigungring baute, der seinesgleichen sucht. Die Festungsanlage ist Teil der UNESCO-Welterbestätte »Festungsanlagen von Vauban«. Wahre Schätze sind die Stiftskirche Notre-Dame aus dem 18. Jahrhundert, die Franziskanerkirche aus dem 14. Jahrhundert, die ehemaligen Wohnhäuser, die hier und dort entlang der abschüssigen Gassen stehen, die zauberhafte Place d'Armes, umgeben von hübschen bunten Fassaden, die an die Provence erinnern, oder auch die Springbrunnen und die Sonnenuhr.

Die höchstgelegene Stadt Frankreichs und der EU (Seite gegenüber) besticht durch ihre mehrfach befestigte Altstadt (links), die Festungsbaumeister Vauban ausbaute.

ÉCRINS

Zahlreiche Naturschützer mögen beklagen, dass die Alpen den Anforderungen der Freizeitindustrie angepasst werden und darüber Gefahr laufen, all ihre Ursprünglichkeit zu verlieren. Doch es gibt auch noch den Gegenbeweis: wilde, ungezähmte Landschaften wie den Parc National des Écrins in den Dauphiné-Alpen, der eine Fläche von nahezu 2000 Quadratkilometern bedeckt. Das Zentrum des 1973 gegründeten Nationalparks ist das Pelvoux-Massiv. Diese 918 Quadratkilometer umfassende Kernzone des Naturparks ist besonders geschützt. Der südlichste Viertausender der Alpen, die 4102 Meter hohe Barre des Écrins, liegt in diesem Schutzgebiet, durch das man tagelang wandern kann, ohne auf Liftstationen und Skihütten zu stoßen. Etwa 1,5 Kilometer außerhalb des Bergdorfes Théus stehen die rund 100 Demoiselles Coiffées, bizarr geformte Erdpyramiden.

Eindrucksvoll präsentieren sich die mächtigen, über 2000 Meter hohen Kalksteinnadeln der Aiguilles de Chabrières im Nationalpark Écrins (links), der zudem von authentischen Bergdörfern geprägt wird (großes Bild). Der 1786 Quadratkilometer große Nationalpark bietet mehr als 2500 Pflanzenarten eine Heimat, von der Lärche an steilen Hängen bis zu Sommerwurz (unten) und Hauswurz (ganz unten).

Oberhalb von 2400 Metern hat die Kälte die Region in ihrem eisigen Griff – neun Monate im Jahr herrscht hier Väterchen Frost über das Land. Eine Pflanze hat sich im Laufe ihrer Entwicklung gut mit diesen Umständen angefreundet und entsprechende Eigenschaften entwickelt: Das Edelweiß ist an vielen Pflanzenteilen wollig behaart und trotzt so erfolgreich Eis und Kälte. Hoch gelegene Lärchenwälder beheimaten Gämsen, Steinböcke und Mufflons, Murmeltiere bewohnen in großen Verbänden die kargen Abhänge der Cottischen Alpen. Beste Bedingungen für Steinadler, die aufgrund der guten Versorgungslage zahlreich vertreten sind. In tiefer gelegenen Regionen verzaubert die Landschaft mit den wildromantischen Schluchten Gorges du Guil und Gorges du Cristillan, die die reißenden Gewässer des Guil in die glasklare und fischreiche Durance lenken.

Bildleiste unten: Sie alle sind wahre Höhenspezialisten – die Pflanzen in dieser Region müssen den extremen Bedingungen gewachsen sein. Ganz unten: Panorama am Col d'Izoard, dem 2360 Meter hoch gelegenen Gebirgspass.

GAP

Die Stadt verdankt ihre Bedeutung der Kreuzung der Route Napoléon mit der Verbindungsstraße zwischen Briançon und Valence. Gap existierte bereits zur Römerzeit und ist seit dem 5. Jahrhundert Bischofssitz. Im Mittelalter war Gap ein wichtiges Handelszentrum und ein Zwischenhalt auf dem Pilgerweg nach Santiago de Compostela. Da Gap allerdings mehrmals zerstört wurde, ist in dem Ort selbst nicht mehr viel historische Bausubstanz zu finden. Einen Besuch wert ist das Musée Départemental mit archäologisch-volkskundlichen Sammlungen und dem Mausoleum für François de Bonne, den Herzog von Lesdiguières. Die Küche dieser Region ist traditionell geprägt. So werden in den hiesigen Restaurants sogenannte Eselsohren serviert – ein Gratin aus Nudeln, Spinat und Käse. Lohnend ist ein Abstecher zur alten Bischofsresidenz Château de Charance.

Die neugotische Kathedrale Notre-Dame-et-St.-Arnoux in Gap stammt aus dem 19. Jahrhundert und besitzt nicht nur einen 70 Meter hohen Glockenturm, auch die Innenausstattung des Gotteshauses mit Kreuzrippengewölbe sowie prächtigen Orgeln ist sehenswert.

SISTERON

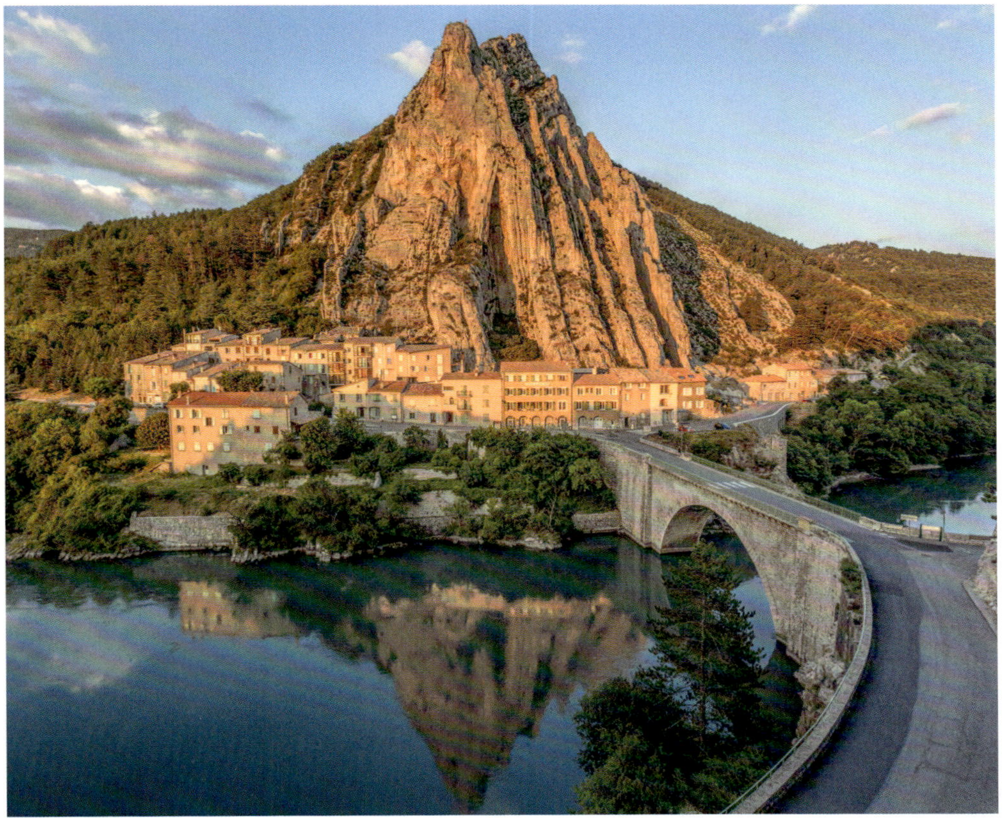

Die knapp 500 Meter hoch gelegene Stadt an der Oberen Durance wurde unter Kaiser Augustus zur Straßenstation Segustero an der Via Sinistra ausgebaut. Mitte des 14. Jahrhunderts errichtete man die Befestigungsanlagen. Die auf einem hohen Bergriegel thronende Zitadelle dominiert bis zum heutigen Tag das Landschaftsbild um Sisteron. Gegenüber der Festung präsentiert der Rocher de la Baume mit seinen senkrecht stehenden Gesteinsfalten ein Stück Geologie zum Anfassen. Die Kathedrale Notre-Dame-des-Pommiers entstand im Zeitraum zwischen 1160 und 1220 unter lombardischem Einfluss. Besonders sehenswert ist auch die Altstadt mit ihren vielen zur Durance hin abfallenden verwinkelten Gässchen. Auch das Musée Terre et Temps in einer einstigen Kapelle aus dem 17. Jahrhundert lohnt einen Besuch, es beschäftigt sich mit den Zeiten der Erde und ihrer Messung.

Fantastische Kulisse: Ganz dicht schmiegen sich einige Häuser des an der Durance gelegenen Städtchens Sisteron an den stark erodierten Rocher de la Baume. Der Gipfel, auf den die Brücke über die Durance direkt zuzuführen scheint, ist das Wahrzeichen des Städtchens.

Hohe Gipfel und wenige Kilometer weiter das strahlend blaue Meer: Der Parc national du Mercantour bietet auf 215 Quadratkilometern eine abwechslungsreiche und vielfältige Natur. Er liegt im Südosten Frankreichs und grenzt an das italienische Piemont. Bedingt durch die Nähe zum Mittelmeer ist das Klima hier, in den französischen Südalpen, verhältnismäßig mild. Im Vergleich zu den nördlichen Alpen ist es im Winter im Schnitt fünf Grad wärmer. Beste Bedingungen für eine artenreiche Tier- und Pflanzenwelt: Mehr als 2000 Pflanzenarten, darunter seltene Orchideen und etwa 40 endemische Arten, gedeihen in der Region. Außerdem gelang es, den Steinbock und den Bartgeier hier wieder anzusiedeln. Und auch der Wolf kehrte nach mehr als 70-jähriger Abwesenheit zurück in das Gebiet. Ihn in freier Wildbahn zu sehen ist allerdings nur sehr selten möglich.

Mufflons im Nationalpark

Mit ihren mächtigen eingedrehten Hörnern wirken Mufflon-Widder archaisch, wie aus der Zeit gefallen. Mufflons im Park zu sehen ist ein echtes, aber eher seltenes Erlebnis. Die in kleinen Rudeln lebenden wilden Vorfahren des Hausschafs haben einen ausgeprägten Gesichts-, Gehör- und Geruchssinn und können Menschen noch in Entfernungen von mehreren Hundert Metern ausmachen. Bei Bedrohung flüchten die Tiere sofort in unzugängliche Felswände. Aufgrund jahrhundertelanger Jagd war das Muffelwild zwischenzeitlich fast ausgerottet. Nun droht durch die Rückkehr der schnelleren Wölfe und Luchse der Bestand wieder dezimiert zu werden. In der Brunftzeit liefern sich die Widder heftige Kämpfe und knallen dabei kräftig mit den Hörnern aufeinander, Verletzungen gibt es aber selten.

Unten: Es ist kaum zu glauben, dass das Mercantour-Massiv nur 50 Kilometer von Nizza und dem Mittelmeer entfernt ist. Viele kurvenreiche Straßen führen durch das Gebiet und locken mit fantastischen Panoramablicken. Bilder links: Die Kernzone des Parks ist unbewohnt und bietet Natur pur mit seltenen Pflanzen und Tieren, wie man sie sonst nur aus Heimatfilmen kennt, zum Beispiel Mufflons und Luchse.

»Die ersten Felsgravuren können 4500 Jahre vor unserer Zeitrechnung entstanden sein … vermutlich, um ertragreiche Ernten und eine gesunde Herde zu erbitten.«

Schon vor über 4000 Jahren lebten Menschen im Gebiet des Nationalparks Mercantour. In dem abgelegenen, karstigen Hochtal des Vallée des Merveilles haben sie mit knapp 40 000 Felsgravuren am Mont Bégo der Nachwelt einige Rätsel und das zweitgrößte natürliche »Freiluftmuseum« der Frühgeschichte der Alpen hinterlassen. Den teils frei zugänglichen Gravuren verdankt das Tal der Wunder seinen Namen. Auf eiszeitlich glatt geschliffenen Felsflächen in Höhenlagen zwischen 2200 und 2800 Metern lassen sich unschwer Figuren aus dem bäuerlichen Alltagsleben erkennen – Rinder mit Hörnern, Ackergeräte, Waffen und Werkzeuge. Anhand der abgebildeten Werkzeuge gelang es den Prähistorikern, das ungefähre Alter der Gravuren zu bestimmen: Sie datieren aus der frühen Bronzezeit, also etwa 2200 Jahre vor der Zeitrechnung. In den Symbolen glauben die Forscher auch Zeichen des seinerzeit üblichen Stierkults zu erkennen. Die in den Tälern lebenden ligurischen Volksstämme verehrten den Mont Bégo als eine Gottheit, die Güte und Zorn vereint. Lineare Felsritzungen, die man dort ebenfalls findet, sind hingegen jüngeren Datums, sie reichen in die galloromanische Epoche vor etwa 2000 Jahren zurück. Die frei zugänglichen Felszeichnungen im „Tal der Wunder" kann man im Rahmen einer Wanderung ab Saint Dalmas de Tende entdecken, informativer ist der Zugang über eine geführte Tour in der schneefreien Zeit zwischen Juni und September. Sehenswert ist auch das Museum des Merveilles in Tende, das Originale und Objekte zeigt, die sonst nicht frei zugänglich sind. Die Felsgravuren sind nicht die einzigen Zeugnisse prähistorischen Lebens in den Seealpen. Unten an der Küste, wenige Kilometer östlich von Menton auf der italienischen Seite, wurde in den Balzi-Rossi-Höhlen der Kalkfelsen bei Grimaldi di Ventimiglia ein 200 000 Jahre alter menschlicher Hüftknochen gefunden, der dem späten »Homo heidelbergensis« zugerechnet wird.

Im natürlichen »Freiluftmuseum« der Frühgeschichte der Alpen finden sich auf von eiszeitlichen Gletschern glatt polierten Felsen Abbildungen des bäuerlichen Alltagslebens, geometrische Figuren und Symbole. Ihre systematische Erforschung nahm mit dem britischen Naturforscher Clarence Bicknell am Ende des 19. Jahrhunderts ihren Anfang.

GORGES DU VERDON

Auch Europa hat seinen Grand Canyon. Er liegt in der Provence und gehört zu den größten Naturwundern Frankreichs, auch wenn seine Ausmaße bescheidener sind als die des amerikanischen Bruders: 21 Kilometer lang ist die Verdon-Schlucht, bis zu 700 Meter tief, und an den schmalsten Stellen stehen ihre Felswände gerade einmal sechs Meter voneinander entfernt – eine abenteuerlichere und aberwitzigere Architektur hat die Natur kaum irgendwo sonst in Europa geschaffen. Kanufahrer fühlen sich zeitweise, als seien sie in eine gigantische steinerne Gletscherspalte gefallen. Auch andere Wassersportarten wie Rafting oder Wildwasserschwimmen werden hier angeboten. Wer es lieber trockener mag, der klettert am steilen Fels oder folgt einem mit Seilen und Stegen gesicherten Wanderweg auf den Spuren des französischen Höhlenforschers Édouard Alfred Martel.

Unten: Der 175 Kilometer lange Fluss Verdon hat auf einer Länge von 21 Kilometern eine faszinierende Schlucht in die Berge gegraben – die Gorges du Verdon, deren weiße Felswände bis zu 700 Meter hoch aufragen. Links: Die Schlucht eignet sich bestens für Paddel- und Bootsausflüge (am besten geführte Touren buchen), und nach jeder einzelnen Flussbiegung ist man wieder sprachlos angesichts dieser faszinierenden Umgebung.

MONT VENTOUX

Das gewaltige, fast 2000 Meter hohe Bergmassiv durchzieht das Département Vaucluse von West nach Ost. Es zählt zum Biosphärenreservat der UNESCO. An seinen üppig bewachsenen Kalksteinhängen vereinigt der »Gigant der Provence« sämtliche in Europa vorkommenden Klima- und Vegetationszonen: von maritim bis kontinental. Am Fuß des Mont Ventoux gelegen, erstreckt sich das Weinanbaugebiet Côtes du Ventoux, das für seine exquisiten Rotweine bekannt ist. Für Wanderer sowie Touristen, die mit dem Auto den Gipfel erklimmen wollen, ist der Berg ein wunderschöner Naturspielplatz mit atemberaubender Aussicht, doch insbesondere Radfahrern bietet die Auffahrt zum Gipfel spannende Herausforderungen. Jeder, der hier auf zwei Rädern bergauf fährt, dürfte sich womöglich genauso glücklich und erschöpft fühlen wie die Teilnehmer der Tour de France: Seit mehr als 60 Jahren gehört das Massiv zu einer der kräftezehrendsten Etappen des dreiwöchigen Rennens.

Der Gipfel ist einer der wenigen Orte, von denen aus man bei sehr gutem Wetter gleichzeitig das Mittelmeer und die höchsten Gipfel von Alpen und Pyrenäen sehen kann.

GORDES

Malerisch und weithin sichtbar klammert sich das Dorf auf einen Felsvorsprung am Rand des Vaucluse-Plateaus. Spiralförmig winden sich seine Gassen mit den typischen Trockensteinbauten um das ab 1031 erbaute Schloss. Sein heutiges Erscheinungsbild verdankt Gordes im Wesentlichen einem Kreis von Künstlern, darunter Victor Vasarely, der das Renaissanceschloss restaurieren ließ und darin 1971 ein Museum mit seinen Arbeiten einrichtete. Es wurde 1996 geschlossen, und das Schloss dient heute als Ausstellungsstätte. Die halb in Felsenhöhlen liegenden Gewölbe des Palais Saint-Firmin (15. Jahrhundert) nahe der gleichnamigen Kirche (18. Jahrhundert) bargen einst Speicher und eine Ölmühle. Ebenfalls halb in den Fels geschlagen ist das Théâtre des Terrasses, eine imposante Kulisse für das sommerliche Musik- und Theaterfestival von Gordes. Vor den Toren des Ortes liegt das Village des Bories, ein Dorf mit typischen provenzalischen Trockensteinrundbauten.

In den 1970er-Jahren entdeckte eine Handvoll Künstler den schmucken Ort Gordes und restaurierten ihn. Ganz oben thront ein schönes Schloss, das man besichtigen kann.

NOTRE-DAME DE SÉNANQUE

Dass es nicht immer vieler Schnörkel und Zierden bedarf, um ein Gebäude imposant dastehen zu lassen, beweist das Kloster Notre-Dame de Sénanque, das im Hochsommer von lilafarbenen, duftenden Lavendelfeldern umgeben ist. Es geht auf das Jahr 1148 zurück und wurde von Zisterziensermönchen errichtet. Im Zentrum steht die Kirche der Abtei mit ihrem aufstrebenden Langschiff, das vor allem wegen seiner Schlichtheit die Besucher in seinen Bann zieht. Der Kreuzgang mit 48 Arkaden fällt da schon wesentlich schmuckreicher aus mit seinen kleinen Bögen, die sich vor einem großen Bogen drapieren. Er war nicht nur ein Ort der Stille und des Betens, sondern vor allem auch ein Sinnbild für das Paradies auf Erden und sorgt noch immer mit seinem Spiel der Formen mit Licht und Schatten für eine andächtige Stimmung. Zu besichtigen sind außerdem das Dormitorium sowie Speisesaal und Kapitelsaal. Heute residieren zeitweise noch fünf Mönche in dem Gebäude.

Im Hochsommer verwandelt sich die Landschaft rund um Notre-Dame de Sénanque in ein blauviolettes Meer. Ein betörender Duft liegt dann über den Lavendelfeldern.

LUBERON-LURE

Die sanften mediterranen Hügel und Ebenen, die von mehreren Flüssen bewässert werden, sind das Markenzeichen des Luberon-Lure-Biosphärenreservats. Wer Ruhe und Entspannung sucht, der wird hier auf jeden Fall bei einem Spaziergang durch die satten Wiesen voll farbenfroher Blüten von Klatschmohn, Kornblumen und Lavendel fündig. Das 2300 Quadratkilometer große Reservat liegt im Südosten Frankreichs, in der Region Provence-Alpes-Côte d'Azur. Es umschließt die gewaltige Gebirgskette des Luberon komplett, was das Gebiet vor allem für Wanderer interessant macht. Für Fotografen und andere Künstler ist insbesondere die Landschaft rund um den Berg Le Rocher d'Ongles sowie das kleine, unweit davon gelegene Ruinendorf mit den Überresten der Kirche von St.-Barthélemy ein inspirierendes Eldorado. Gerade in der Abenddämmerung, wenn das sanfte Licht die Landschaft in warmes Gold taucht, beeindruckt die Natur mit ihrem Farbspektrum.

Hier zeigt die Natur ein buntes Farbenspiel in all seiner Pracht: Mohn- und Kornblumen, so weit das Auge reicht. Außerdem wartet das Luberon-Lure-Reservat mit duftenden Lavendelfeldern auf.

ROUSSILLON

Wer dem Klang des Ortsnamens das Wort »Rot« entnimmt, liegt nicht falsch, denn schon die Römer nannten die Siedlung Vicus Russulus, »rotes Dorf«. Der Grund dafür liegt in der Erde, die hier eine ganz besondere Farbe hat, eine Mischung aus Rostbraun, Rotweinrot und Ocker. Letzteres wurde bereits von den Römern rund um Roussillon als Grundstoff für ihre Pigmente abgebaut, und auch heute noch veredelt eine Fabrik den erdigen Stoff zu Farben. Kein Wunder, dass die Häuser dieser Stadt auch fast alle in dem typischen Rotton verputzt sind und in dieser Einheit ein pittoreskes Bild abgeben. Der einstige Ockerbruch ist heute über einen Wanderweg zu besichtigen, dort zeigen sich wunderbar die verschiedenfarbigen Schichten der Erde. Die beeindruckenden Gesteinsformationen sind aber auch mit Vorsicht zu bestaunen, denn das Ockerpigment ist stark färbend!

Einer der Höhepunkte im Luberon ist der Besuch des Ortes Roussillon (Seite gegenüber oben) mit seinem berühmten Ockerbruch (großes Bild). Die Ockerfelsen, an denen fast jeder erdenkliche Ockerton zu finden ist, haben teilweise bizarre Formen, die an große Nadeln oder Termitenhügel erinnern (links und Seite gegenüber unten). Hier ist aber nicht nur Farbe entstanden, Samuel Beckett schuf hier auch sein Werk »Warten auf Godot« (1952).

AIX-EN-PROVENCE

Aix-en-Provence gilt als eine der schönsten Städte Frankreichs. Die Bäder- und Universitätsstadt war jahrhundertelang die Hauptstadt der Provence. Auf der keltisch-ligurischen Siedlung Entremont gründeten die Römer um 122 v. Chr. die Kolonie Aquae Sextiae Saluviorum. Seit Ende des 12. Jahrhunderts Hauptstadt, wurde Aix schnell zum Zentrum von Künstlern und Gelehrten. Die Altstadt liegt zwischen dem Cours Mirabeau, einer Platanenallee mit schönen Stadtpalais aus dem 18. Jahrhundert, und der eindrucksvollen Kathedrale St.-Sauveur (12.–17. Jahrhundert) mit einem Baptisterium aus der Merowingerzeit. Weitere Sehenswürdigkeiten sind das Rathaus (17. Jahrhundert), das Musée des Tapisseries und das Atelier de Paul Cézanne. Bei einem eigens ausgewiesenen Stadtrundgang begibt man sich auf die Spuren des Malers. Erholung findet man in den Thermes Sextius.

Im fast das ganze Jahr über sonnigen Aix-en-Provence gibt es kaum eine Ecke, die nicht schön ist. Viele der Straßenszenen und Café-Impressionen findet man auch in den Gemälden Paul Cézannes wieder, dem berühmten Sohn der Stadt.

PLATEAU DE VALENSOLE

Im Juni verwandelt sich die Landschaft rund um den Ort Valensole in ein einzigartiges, duftendes Blütenmeer. Der Lavendel, der hier auf riesigen Feldern kultiviert wird, erblüht dann in ganzer Pracht, bevor im August die Erntezeit beginnt. Sein intensiver Duft und seine kräftige Farbe ziehen nicht nur zahlreiche Touristen an, auch Bienen und Hummeln können dieser Versuchung nicht widerstehen und schenken der Region eine lokale Spezialität, den Lavendelhonig. Das Bienenmuseum in Valensole würdigt die wichtige Arbeit der fleißigen Tiere, die neben den Lavendelfeldern auch die Mandelbäume der Region bestäuben. Der nördliche Teil der 800 Quadratkilometer großen Hochebene, die im regionalen Naturpark Verdon liegt, präsentiert sich dagegen untypisch bewaldet und hügelig; sie ist aus diesem Grund landwirtschaftlich wenig erschlossen.

Ein violettes Blütenmeer aus Lavandin, einer natürlichen Hybride aus Echtem Lavendel und Speiklavendel (rechts). Im Gegensatz dazu ein gelbes Meer an Sonnenblumen, deren Felder in der ganzen Provence zu finden sind (unten).

GRASSE

Eigentlich war die Stadt des Duftes, als die Grasse heute allgemein bekannt ist, eher eine Stadt des Gestanks: Gerbereien hatten sich in den ockerfarbenen Häuschen angesiedelt, und aus den Höfen drang im 16. Jahrhundert Gestank, denn Vogelkot und Urin gehörten damals zu den gängigen Ingredienzien der Gerbstoffe. Bis ein Gerber namens Galimard auf die Idee kam, Handschuhe zu parfümieren. Damit sollten die Menschen eine Möglichkeit haben, den scheußlichen Gerüchen zu entkommen. Schnell wurde daraus eine Mode, und nicht nur Handschuhe wurden parfümiert, sondern auch Kleidung, Seife, und letztendlich wurde der Duft dann direkt auf die Haut aufgetragen. Grasse entwickelte sich zu einer Parfümstadt; heute zählen zu den großen dort ansässigen Parfümeuren die Firmen Fragonard, Molinard und Galimard, die man besuchen und dabei etwas über die Parfümherstellung erfahren kann. Patrick Süskind hat der Stadt in seinem Roman »Das Parfüm« (1985) ein Denkmal gesetzt und zu einem neuen Boom verholfen.

Bereits seit dem 17. Jahrhundert duftet es in Grasse, der »Hauptstadt des Parfüms«, deren Altstadt ein wenig italienisches Flair ausstrahlt.

VENCE

Das Städtchen Vence wurde als Vintium von den Römern gegründet, und bereits im 4. Jahrhundert residierte hier ein Bischof. Die ehemalige Kathedrale de la Nativité-de-Marie von Vence beeindruckt noch heute die Besucher. Errichtet wurde die Kirche ab dem 10. Jahrhundert, vermutlich auf den Mauern eines römischen Marstempels. Auch die eindrucksvolle mittelalterliche Stadtmauer von Vence ist noch in weiten Teilen erhalten. Der Tour du Peyra stammt aus dem 12. Jahrhundert, die Porte de Peyra aus dem Jahr 1441. Ein bedeutendes Juwel der Stadt ist die kleine Chapelle du Rosaire, die Rosenkranzkapelle, am nordwestlichen Stadtrand. Die von außen unauffällige weiße Kapelle wurde komplett von dem französischen Maler Henri Matisse zwischen 1948 und 1951 entworfen und gestaltet. Er selbst bezeichnete sie als sein Hauptwerk: »Diese Kapelle ist für mich die Erfüllung eines ganzen der Arbeit gewidmeten Lebens. In ihr kam eine ungeheure, aufrichtige und mühsame Anstrengung endlich zum Blühen.«

Hoch oben auf einem dicht bewachsenen Felsen thront einer der bekanntesten und beliebtesten Orte der Provence, das Künstlerstädtchen Vence.

ÈZE

Das Dörfchen thront wie ein Adlernest auf einem 427 Meter hohen Felsen über dem Mittelmeer. Eine dicke Steinmauer umgibt die Häuser, die sich hoch in den Bergen um einen Bergfried scharen. Um die ehemalige Festung wurde ein exotischer Garten angelegt – von hier reicht der Blick an schönen Tagen bis nach Korsika. Sehr wahrscheinlich, dass genau dieser Blick auch Friedrich Nietzsche inspirierte. Er schrieb im Winter 1883/84 einen Teil seines Werkes »Also sprach Zarathustra« in Èze. Fakt ist hingegen, dass Nietzsche vor allem von einem bestimmten Wanderweg begeistert war und ihn in zahlreichen Briefen erwähnte. Heute heißt der Weg, auf dem der Philosoph oft unterwegs war, »Sentier Frédéric Nietzsche«. Längst haben Luxushotels, Souvenirshops und Boutiquen den Ort in eine viel besuchte Touristendestination verwandelt. Charmant ist das Dorf aber immer noch, und besuchen sollte man hier auf alle Fälle die Burgruine, den Jardin exotique d'Eze sowie die Pfarrkirche Chapelle des Pénitents Blancs.

Eines der schönsten provenzalischen Wehrdörfer aus dem Mittelalter ist Èze, das u. a. durch seine spektakuläre Lage hoch über dem Meer besticht.

CANNES

Am Golfe de la Napoule siedelten schon die Kelten und die Römer, zum attraktiven Ziel wurde die Bucht aber erst im 19. Jahrhundert durch die Engländer und den Bau ihrer schönen Villen, Hotels und des Boulevard de la Croisette, der Flaniermeile der Stadt: Cannes ist heute neben St.-Tropez der Treffpunkt der Schönen und Reichen an der Côte d'Azur. Die Altstadt Le Suquet zieht sich oberhalb des alten Hafens am Mont Chevalier empor. Den Gipfel ziert ein aus dem 11. Jahrhundert stammender Wachturm und das daneben stehende Musée de la Castre. Von der Aussichtsplattform hinter der spätgotischen Kirche Notre-Dame-de-l'Espérance hat man einen herrlichen Blick auf die gesamte Bucht. Cannes ist die Stadt der Festivals: das Filmfestival mit der Verleihung der »Goldenen Palme« für den besten Film im Mai, die Wahl der besten Kino- und Fernsehwerbespots im Juni, und schließlich kommen im Herbst noch die Fernsehgewaltigen der ganzen Welt, um Programme zu kaufen oder zu verkaufen.

Das Herz der Stadt schlägt rund um den Vieux Port, den alten Hafen, wo Luxuskreuzer ebenso wie einfache Fischerboote vor sich hin schaukeln.

Die – heimliche – Hauptstadt der Côte d'Azur und – tatsächliche – Hauptstadt des Departements Alpes-Maritimes liegt herrlich an der von den Ausläufern der Seealpen umgebenen Engelsbucht (Baie des Anges) und ist ein Ort der Gegensätze: Während die Prachtboulevards die Erinnerungen an die Belle Époque wachzuhalten versuchen, geht es in Teilen der Altstadt noch zu wie in einem italienischen Dorf. Im 5. Jahrhundert v. Chr. gründeten die Griechen hier Nikaia, die »siegreiche Stadt«, die Römer bevorzugten die oberhalb liegenden Hügel für ihre Siedlung Cemenelum, das heutige Cimiez. Die eindrucksvollsten Paläste des 19. Jahrhunderts an der Promenade des Anglais sind das berühmte Hotel Negresco und das Palais Masséna. Der zentrale Platz der Altstadt mit den italienisch anmutenden Häusern ist der Cours Saleya mit einem quirligen Blumen- und Gemüsemarkt.

Links: Aushängeschild und Wahrzeichen Nizzas ist die Promenade des Anglais unmittelbar am Meer. Heute findet man an dem acht Kilometer langen Strandboulevard zahlreiche Restaurants, Cafés und natürlich Hotels mit Meerblick. Unten links: Hotel Negresco. Ganz unten links: Auf dem Schlossberg plätschert sogar ein Wasserfall. Unten und Seite gegenüber ganz links: Das Herz der Altstadt schlägt rund um den Cours Saleya.

ITALIEN

Italien ist vielleicht das am meisten unterschätzte Alpenland. Südtirol sowie die Dolomiten, Letztere waren für den französischen Architekten Le Corbusier übrigens »das schönste Bauwerk der Welt«, kennt natürlich jeder, vielleicht auch noch die italienische Seite des Mont-Blanc-Massivs und so namhafte Pässe wie das Stilfser Joch, aber dann hört es meist schon auf. Doch gerade Italien hat einen riesigen Anteil an den unterschiedlichsten Alpenregionen, angefangen bei den Seealpen auf der französischen Seite bis zu den Julischen Alpen an der Grenze zu Slowenien.

Die Cinque Torri in den Ampezzaner Dolomiten könnte man auf den ersten Blick mit der Ruine eines Landhauses in der Toskana verwechseln, doch gerade die Dolomiten sind ein Paradebeispiel für den unendlichen Formenreichtum der Berge in den Alpen.

ALPE VEGLIA UND ALPE DEVERO

Der Naturpark besteht aus zwei hoch gelegenen Alm- und Talkesseln in den Lepontinischen Alpen. Der erste (Alpe Veglia, 1750 Meter) befindet sich im oberen Val Cairasca, der zweite (Alpe Devero, 1630 Meter) im oberen Val d'Ossola. Die sanften Weiden als Ergebnis jahrhundertelanger menschlicher Arbeit bilden einen Kontrast zu den Lärchenwäldern und den zerklüfteten Bergflanken am Monte Leone (3553 Meter). 320 Pflanzenarten wurden hier klassifiziert, darunter der sehr seltene Kurzblättrige Enzian. Zur Fauna zählen Steinbock, Murmeltier, Birkhuhn und Steinadler. Die Alpe Veglia ist für ihre seltenen Mineralien und die archäologischen Funde aus dem Mesolithikum (vor etwa 9600 Jahren) bekannt. Eine wunderbare Wanderung verbindet die beiden Almen miteinander; man könnte hier auch in die Schweiz hinüberwechseln. Auf jeden Fall sollte man den köstlichen Käse probieren, Ricotta oder Tomino!

Im Naturpark gibt es zahlreiche Bäche, Wasserfälle und Bergseen – alle sind sie wahre Naturjuwele (rechts). Ein leichter Wanderweg führt von der Alpe Devero zum Lago Nero (ganz rechts). Besonders schön präsentiert sich die Landschaft im Herbst.

ALTA VALSESIA UND ALTA VAL STRONA

Der Naturpark erstreckt sich vom Val Strona und dem Val Mastallone mit den alten Walsergemeinden Campello Monti, Rimella und Fobello im Osten mit einigen Aussparungen über das Valsesia hinweg westlich bis zur Signalkuppe (Punta Gnifetti, 4559 Meter) auf dem Monte Rosa. Damit ist er der höchste Park der Alpen. Vorherrschendes Element, zumindest in den Höhenlagen, sind die gewaltigen Gletscher mit ihrer typischen glazialen Morphologie, die sämtliche Ökosysteme beeinflussen. Hier sind Rehe, Steinböcke, Gämsen, Hermeline und Murmeltiere weitverbreitet, und über ihnen fliegt der Steinadler und stürzt sich auf Beute hinab. Ebenso gibt es Populationen von Raufußhühnern. Pittoreske Dörfer und Almen mit urigen Steinhäusern zeugen immer noch von der im 13. und 14. Jahrhundert erfolgten Besiedelung und Urbarmachung durch die Walser (»Walliser«). Sie gelten heute als romantische Touristenziele.

Wenn die Alpenrose, auch Almrausch genannt, im kurzen Bergsommer blüht, kontrastieren die roten Blüten mit dem Grün der Wiesen und Lärchen sowie dem Weiß der Gletscher. Wasserfälle bieten die akustische Untermalung.

ALTA VALLE ANTRONA

Dieser Hochgebirgspark erstreckt sich von der Talsohle bei Viganella (500 Meter) in zwei Abschnitten bis zum Pizzo d'Andolla (3556 Meter) im Antronatal und grenzt an die Schweiz. Menschliche Eingriffe zeigen sich hier in den Spuren der früheren Gold- und Eisengewinnung und den vier Stauseen zur Stromerzeugung. Abseits davon ist die natürliche Umwelt noch intakt. Über den grünen Almen ragen steile und wilde Gneisgipfel auf, deren Zacken übrigens vom Mailänder Dom aus zu sehen sind. Der Lärchenbestand im Tronconetal zählt mit seinen riesigen Bäumen zu den schönsten Lärchenwäldern überhaupt. Ein sehr großes Wanderwegenetz erschließt von den alten Siedlungen her all diese Naturschönheiten. Eindrucksvoll ist auch die Autani genannte Prozession am dritten Sonntag im Juli. Diese führt über 22 Kilometer in die Bergwelt hinein. Bei der Rückkehr am Abend gibt es – wie sollte es anders sein – ein großes Fest!

Der Antronasee ist einer von 20 natürlichen Seen im Naturpark. Er wurde 1642 durch einen Erdrutsch vom Monte Pozzuoli her aufgestaut. Rund 20 Millionen Kubikmeter Gneis lagerten sich damals ab.

MONTE ROSA

Der Monte Rosa ist ein stark vergletschertes Gebirgsmassiv in den Walliser Alpen an der italienisch-schweizerischen Grenze. Es hat – je nach Zählweise – zehn Viertausendergipfel und gehört zu etwa zwei Dritteln zu Italien. Sein Hauptgipfel ist die Dufourspitze mit 4634 Meter und liegt auf Schweizer Gebiet. Vom Piemont her ziehen das Anzasca- und Sesiatal zum Monte Rosa hin. Von Macugnaga im Anzascatal aus bietet sich ein beeindruckender Blick auf die 2200 Meter hohe Monte-Rosa-Ostwand. Ihre Durchsteigung bleibt sehr guten Alpinisten vorbehalten. Vom Sesia-, Gressoney- oder dem Aostatal aus ist die Besteigung leichter. Ein besonderes Erlebnis ist es, in der höchsten Schutzhütte der Alpen, der Capanna Margherita in 4554 Meter Höhe, zu nächtigen. Das Haus auf der Signalkuppe ist auch das höchstgelegene Gebäude Europas.

Unten: Sonnenaufgang an der in 2200 Meter Tiefe senkrecht abfallenden berühmten Monte-Rosa-Ostwand, vom Rifugio Zamboni Zappa aus betrachtet. Ganz links: Oberhalb des Val de Gressoney fließt der zerklüftete Lisgletscher vom Liskamm herunter. Links: Das purpurne Rosa des Heidekrautgewächses Alpenrose, eine Pflanzenart aus der Gattung der Rhododendren, blüht von etwa Mai bis Juli.

AOSTATAL

Das im Nordwesten an der Grenze zu Frankreich und der Schweiz gelegene Aostatal ist die kleinste Region Italiens. Die überwiegend bergige Landschaft wird von majestätischen Bergen dominiert. Hier liegen die höchsten Gipfel der Alpen: das berühmte Matterhorn, das Monte-Rosa-Massiv, der formschöne Gran Paradiso und »Seine Majestät«, der Mont Blanc. Zwischen diesen gewaltigen Bergen und den bunten Tälern liegt der älteste Nationalpark Italiens, der 1922 gegründete Gran Paradiso. In Valtournenche kann man einen Blick auf die italienische Seite des Matterhorns werfen. Zwar lässt der »Berg der Berge« hier seine charakteristische Pyramidenform vermissen und ist nicht ganz so leicht zu erkennen wie von der Nordseite aus, doch auch diese Seite des Berges, der hier Monte Cervino heißt, hat etwas Einzigartiges. Die Entwicklung des Tourismus in Valtournenche ist eng mit der Geschichte des Alpinismus verbunden. Im 19. Jahrhundert starteten von hier aus nämlich die ersten Matterhorn-Expeditionen.

Rechts: Im Aostatal liegt der höchste bogenförmige Staudamm Europas, der Place Moulin. Ganz rechts: Blick auf das Matterhorn von Valtournenche aus.

AOSTA

Die heutige Hauptstadt der Region Aostatal am Fuß des Colle de Gran San Bernardo hatte für die Römer höchste strategische Bedeutung. Kaiser Augustus ließ deshalb um 25 v. Chr. die Colonia Augusta Praetoria für 3000 Soldaten und deren Familien erbauen – an diese Epoche erinnern die Porta Praetoria, damals der Hauptzugang zur römischen Siedlung, und die Ruinen des Theaters und des Amphitheaters. Am Platz des römischen Forums steht die Kathedrale Santa Maria Assunta, die im Wesentlichen aus dem 15. und 16. Jahrhundert stammt. Der kunsthistorisch bedeutendste Bau von Aosta ist der Kreuzgang bei der Kirche Santi Pietro e Orso, denn er gilt als das schönste Beispiel burgundischer Architektur und Skulptur auf der gesamtem Alpensüdseite. Neben all den historischen Sehenswürdigkeiten ist die Stadt aber auch Ausgangspunkt abwechslungsreicher Ausflüge. Ihre Lage in einem weiten Tal, das von einer Vielzahl von Bergen umgeben ist, bietet im Sommer wie im Winter jede Menge Naturerlebnisse.

Die Altstadt Aostas ist u. a. geprägt von burgundischer Architektur. Aosta bietet für Besucher sowohl Kultur als auch jede Menge Natur.

COURMAYEUR

Der Name des Ortes Courmayeur ist unauflöslich mit dem Mont Blanc verbunden: eine moderne, weltbekannte, alpine Stadt, und zugleich einer der meistbesuchten Bergorte Italiens. Schon seit dem 19. Jahrhundert kann sich das um die antiken Kirchen Santi Pantaleone und Valentino entwickelnde Courmayeur als Hauptstadt des Bergsports und des Wandersports bezeichnen. An seiner Nordseite steigen die Südwände des Mont-Blanc-Massivs 3500 Meter in die Höhe. Im nördlich gelegenen Entrèves zweigt das Val Veny nach Süden ab, nach Nordosten führt das Val Ferret zur gewaltigen Felsbastion der Grandes Jorasses, neben Matterhorn und Eiger eine der drei berühmtesten Nordwände der Alpen. Beide Täler sind aufgrund ihrer vielseitigen Sportangebote Ziel von Sportlern und Bergbegeisterten. Wintersportler finden in Courmayeur exzellente Möglichkeiten: Die Skigebiete von Chécrouit und dem Val Veny etwa, die miteinander verbunden sind, bieten Pisten mit einer Länge von über 100 Kilometern.

Blick auf Courmayeur – der rund 2700 Einwohner zählende Ort wird als die »Hauptstadt des Bergsports« bezeichnet.

»Ich finde schon Gehen eine unnatürliche Bewegungsart, Tiere laufen, aber der Mensch sollte reiten oder fahren.«

Gottfried Benn an seine Tochter Nele, 1953

Am 16. Juli 1965 wurde der Mont-Blanc-Tunnel nach sechsjähriger Bauzeit in Anwesenheit des italienischen und französischen Präsidenten, Giuseppe Saragat und Charles de Gaulle, eingeweiht. Drei Tage später, am 19. Juli wurde er morgens um 6 Uhr für den Verkehr freigegeben.

Eine besondere Liebe zu den Bergen kann man dem Dichter Gottfried Benn nicht nachsagen, aber die Entwicklung des Verkehrs über die Alpen hat er mit diesem Zitat gut vorhergesagt. Zu Fuß wurden die Alpen schon zu prähistorischen Zeiten überquert, wie der Fund des »Ötzi« beweist, der vor über 5000 Jahren unterwegs war. Geritten dürfte dagegen Hannibal sein: Bei seiner legendären Alpenüberquerung im Jahr 218 v. Chr. führte er ein Heer mit 50000 Soldaten, 9000 Reitern und 37 Elefanten von der Rhône kommend über den 2947 Meter hohen Col de la Traversette nach Italien, um dort die überraschten Römer zu besiegen. Im Mittelalter zog es Pilger und Kreuzritter nach Süden, Erstere eher zu Fuß, Letztere sicherlich zu Pferd. Könige, um in Rom Kaiser zu werden, Kaiser, um ihre Gebiete im Süden zu verteidigen: Alle mussten über die Alpen. 1800 schleuste Napoleon nach dem Vorbild Hannibals 40000 Mann samt Kanonen gegen Österreich über den Großen St. Bernhard. Spätestens ab dem 18. Jahrhundert wurde jedoch mehr gefahren als geritten – der Bau von Brücken ermöglichte sogar Bildungsreisen mit Postkuschen nach Italien. Prominentester Vertreter: Johann Wolfgang von Goethe. Noch aber waren die Passagen über Gotthard, Brenner, den Kleinen St. Bernhard oder das Stilfser Joch gefährlich. Schließlich eroberte die Eisenbahn die Alpen, was der Bau von Tunneln – 1871 Mont Cenis und 1882 Gotthard – ermöglichte. In den 1960- und 1970er-Jahren folgte der zügige Ausbau der Passstraßen mit Straßentunneln (Mont Blanc 1965, Gotthard 1964) und Alpenautobahnen sowie imposanten Brücken wie der Europabrücke auf der Brenner-Autobahn. Seitdem überrollten zunehmend Autos und Lkw die Alpen und belasten heute bestimmte Strecken enorm. Durch Megaprojekte wie den 57 Kilometer langen Gotthard-Basistunnel (2017) und den Brenner-Basistunnel (64 Kilometer; Eröffnung wohl 2027) wird versucht, wieder mehr Verkehr auf die Schiene zu bringen.

ALLUMEZ VOS LANTERNES

MONT AVIC

Der Mont-Avic-Park umfasst die oberen Abschnitte des Chalamy- und Ayassetals (1000–3185 Meter). Mehr als ein Drittel sind von Kiefern-, Lärchen- und Buchenwäldern bedeckt. Diese wurden im 17. bis 20. Jahrhundert für den Eisen- und Kupferbergbau sehr dezimiert, haben sich jetzt aber weitgehend erholt. Es gibt im Park mehr als 30 Wasserflächen und zahlreiche Torfmoore, auf denen eine interessante endemische Flora gedeiht. Die raue Topografie setzte der Almbewirtschaftung Schranken und hat auch bis heute sommerlichen wie winterlichen Massentourismus verhindert. Im ruhigen Naturpark bieten sich Wanderungen an. Auffällig ist das grünliche Gestein: Es sind Ophiolithe bzw. Serpentinite, die rotbraun verwittern. Ein leicht erreichbares Ziel ist die Wallfahrtskirche Notre Dame de la Neige auf fast 2600 Metern neben dem gleichnamigen See und Unterkunftshaus.

Unzählige glasklare Wasserflächen, dazu Torfmoore und eine vielfältige endemische Flora zeichnen den Naturpark Mont Avic aus. Der im Jahr 1989 gegründete Park umfasst eine Fläche von 5747 Hektar und grenzt an den Nationalpark Gran Paradiso. Wanderer können u. a. Libellen wie der Kleinen Moosjungfer begegnen (ganz links) und finden, bevorzugt an trockenen Standorten, zum Beispiel den Gewöhnlichen Hornklee (links).

GRAN PARADISO

Der Nationalpark Gran Paradiso in den Grajischen Alpen ist der erste in Italien gegründete Nationalpark und besitzt damit die höchste Schutzstufe. Er reicht von 800 Metern bis zum höchsten Gipfel, dem Gran Paradiso (4061 Meter), hinauf. Hier können sich Bergsteiger zum ersten Mal an einem Viertausender probieren, denn seine Besteigung ist im Normalfall relativ leicht. Oben fühlt man sich dann, wie es der Name schon sagt, wie im Paradies. Schön ist auch die Wanderung zur Nivolet-Ebene (2500 Meter) mit ihren vielen Seen. Mit etwas Glück begegnet man einem Alpensteinbock – er ist das Symbol des Nationalparks schlechthin. Das italienische Königshaus beschloss bereits 1821 seinen Schutz und verhängte ein Jagdverbot, das ab 1913 auch für die königliche Familie selbst galt. In den letzten Jahren erst sind Wolf und Bartgeier wieder zugewandert. Das ist echte Wildnis!

Der Alpensteinbock (ganz unten) ist das Symboltier des Gran-Paradiso-Nationalparks. Er kommt bis an die Gletscher wie den Lavasseygletscher im Val di Rhemes (links) oder den Gletscher an den Hängen des Ciarforon (großes Bild) heran. Füchse (unten) trifft man bis zu den Wiesen der alpinen Zone des Nationalparks in 2500 Meter Höhe an. Sie ernähren sich von Mäusen, Hasen und nicht überlebensfähigem Steinbocknachwuchs.

VAL DI SUSA

Im Mittelalter wurde das Tal von Pilgern, Händlern, Soldaten und Künstlern durchquert, die von Westeuropa auf dem Weg ins Heilige Land waren. Zu den bekanntesten Ortschaften des Susatals gehören Avigliana, Bardonecchia, Bussoleno, Cesana, Sauze d'Oulx, Sestriere und Susa, das aufgrund seiner strategischen Lage »Schlüssel Italiens« genannt wird. Unweit davon liegt auch der Naturpark der Avigliana-Seen, am Fuße des Berges Pirchiriano. Hier befindet sich auch die altehrwürdige Abtei Sacra di San Michele, die den italienischen Schriftsteller Umberto Eco zu seinem berühmten Roman »Der Name der Rose« inspiriert hat. Zu den besterhaltenen Burgen des Susatals gehört das Schloss von Villar Dora, eine mittelalterliche Feudalresidenz auf einem kleinen, felsigen Hügel in der Mitte der Ortschaft. Zu den imposantesten Festungen im Susatal zählt jedoch die von Exilles, wo im 18. Jahrhundert der Legende nach mehrere Jahre der »Mann mit der eisernen Maske« versteckt worden war.

Beeindruckendes Bauwerk: die ehemalige Benediktinerabtei Sacra di San Michele auf dem 962 Meter hohen Monte Pirchiriano am Ende des Susatals.

MONVISO

Das Biosphärenreservat Monviso in den Cottischen Alpen schließt den französischen Naturpark Queyras mit ein und bildet somit ein grenzüberschreitendes Reservat. Dieses steht ganz im Zeichen eines Königs – gemeint ist der »Re di pietra« (König aus Stein), nämlich der Monviso. Mit 3841 Metern reicht er, weit im Süden der Alpen, noch mal knapp an die 4000-Meter-Grenze heran. Ein nachhaltiges Tourismusprojekt ist die Etablierung des Giro di Viso, eines Rundwanderwegs, der in einigen Tagen um den stolzen Gipfel herumführt. Dabei geht es auch durch den 75 Meter langen Tunnel Buco di Viso; er wurde bereits 1479 gebaut und ist damit der älteste Tunnel der Alpen. Ein weiterer Anziehungspunkt im Gebiet ist die Quelle des längsten Flusses Italiens, des Po, auf der Hochebene Pian del Re, von der aus man – vorbei am Lago Fiorenza – das Biosphärenreservat gut zu Fuß erkunden kann. Und nicht zuletzt sind die vielen ursprünglich gebliebenen Dörfer mit ihren pittoresken Ortsbildern wahre Geheimtipps.

Im Lago Fiorenza spiegelt sich der knapp 4000 Meter hohe Monviso, der höchste Berg der Cottischen Alpen.

TURIN

Die Architektur der Stadt spiegelt den Wandel Turins von der einstigen Residenzstadt der Savoyer im 16. Jahrhundert zur heutigen Wirtschaftsmetropole des Piemont. Die alte piemontesische Metropole nutzten schon die Römer zur Kontrolle der Alpenpässe, ab 1720 war sie die Hauptstadt des Königreichs Sardinien-Piemont. Zentrum des historischen Turin ist die Piazza Castello mit dem mächtigen Palazzo Madama. Der ab 1638 barockisierte Bau beherbergt in seinen reich ausgestatteten Prunkräumen das Museo Civico d'Arte Antica. Im Palazzo Reale an der Nordseite der Piazza residierten die Herzöge und Könige von Savoyen. Der Duomo di San Giovanni Battista ist der einzige Sakralbau der Renaissance in Turin. Hinter dem Hochaltar wurde bis 1694 die Cappella della Sacra Sindone für das angebliche Grabtuch Christi – eine der berühmtesten Reliquien der katholischen Kirche – errichtet. Im Palazzo Carignano wenig südlich der Piazza Castello wurde im Jahr 1861 das Königreich Italien proklamiert.

Beherrscht das Stadtbild von Turin: die Kirche San Lorenzo des italienischen Barockarchitekten Guarino Guarini an der Piazza Castello.

ALPI MARITTIME

In diesem Naturpark stehen zusammen mit dem angrenzenden französischen Nationalpark Mercantour 100 Quadratkilometer Bergland unter Schutz. Hier, ganz im Süden des Alpenbogens, atmet man noch einmal die kühle Hochgebirgsluft, erschnuppert aber bereits das Mittelmeer. König Vittorio Emanuele II. von Italien kam im 19. Jahrhundert immer wieder zum Jagen hierher, mit ihm Politiker und Edelleute. Der Park ist vor allem durch seine über 80 Seen meist glazialen Ursprungs und seine reiche Flora mit 2400 Arten, vor allem aus der Familie der Orchideen, geprägt. Unter den rund 30 einheimischen Pflanzenarten ist die Steinbrechart namens Saxifraga florulenta, die nur in Höhen von 2000 bis 3000 Metern zu finden ist, am interessantesten: Sie entfaltet ihre prächtigen Blütenstände erst mit etwa 30 Jahren und stirbt danach ab. Im Zweiten Weltkrieg wurden an der Grenze zu Frankreich die alten Salzstraßen zu kilometerlangen Militärstraßen ausgebaut. Heute nutzen sie Mountainbiker und Wanderer.

Der erste der fünf Fremamorta-Seen liegt dem Monte Argentera, dem mit 3297 Metern höchsten Gipfel der Seealpen, genau gegenüber.

MARGUAREIS

Der Naturpark umfasst das Gebiet zu beiden Seiten der Punta Marguareis (2651 Meter) zusammen mit dem Pesio- und dem oberen Tanarotal. Dort befindet sich das bedeutendste Karstsystem des Piemont: Neben Karrenfeldern und Dolinen gibt es bis zu 1000 Meter tiefe Höhlen; die unterirdischen Gänge sind über 150 Kilometer lang. Einige Höhlen wie die Bossea-Grotte können besichtigt werden. Im Jahr 1173 wurde im Pesiotal die Kartause von Pesio gegründet. Die Kartäuser legten Hauptverbindungswege wie auch neue Dörfer an. Ihre sorgfältige Bewirtschaftung der großen Wälder führte letztlich zum gegenwärtigen, 1978 gegründeten und etwas über 6600 Hektar großen Naturpark, in dem rund 1500 Pflanzenarten des kontinentalen und mediterranen Raums gedeihen. Seit einigen Jahren ist hier auch der Wolf zurück. Neben der Kartause ist die Punta Marguareis das Highlight des Parks und ein schönes Ziel für Bergwanderer. Der bekannteste, etwa 50 Kilometer lange Rundwanderweg heißt Giro del Marguareis.

Die Punta Marguareis, der höchste Berg der Ligurischen Alpen, ist aus Kalk aufgebaut. Im Untergrund verlaufen ausgedehnte Höhlensysteme.

ALPI LIGURI

Vier einzelne Bereiche bilden den Naturpark, der zum sogenannten Natura-2000-Netzwerk gehört. Alleinstellungsmerkmal ist, dass sich hier die Berge auf über 2000 Meter aufschwingen, während das Mittelmeer keine 30 Kilometer entfernt ist. In den Ligurischen Alpen durchmischt sich alpines Ambiente mit mediterranem – das kann man auch auf den Wanderwegen wie dem Giro del Monte Saccarello um den höchsten Gipfel Liguriens (2201 Meter) oder der Alta Via dei Monti Liguri nachspüren. Die vier geschützten »Inseln« sind von Nord nach Süd das Karstgebiet von Pian Cavallo, der Monte Saccarello mit seinen artenreichen Magerwiesen sowie das Karst- und Klettergebiet vom Monte Gerbonte zum Monte Pietravecchia. Ganz im Süden bildet der Staatswald Testa d'Alpe mit seinen Weißtannen, Bergahornen und Kiefern, die sonst nur in kalten und kontinentalen Berggebieten, nicht aber in Mittelmeernähe vorkommen, das vierte Gebiet. Der Übergang vom Klima der Alpen zu dem der Küste schafft eine grandiose Vielfalt an Flora und Fauna.

Neben Edelweiß wächst die Alpenrose als typische alpine Pflanze in den Ligurischen Alpen – und nur erstaunliche 30 Kilometer vom Mittelmeer entfernt.

IMPERIA

Die Hauptstadt der Provinz Imperia entstand aus zwei Teilen. Porto Maurizio ist von alter Bausubstanz geprägt, Oneglia weist eine hohe Dichte an Industriebetrieben auf. Die Silhouette der Stadt wird von der in ihren Ausmaßen imposanten Basilica di San Maurizio bestimmt. Die Geschichte der ligurischen Seefahrt wird im Museo Navale veranschaulicht. Die Hauptattraktion des Stadtteils Oneglia ist das Olivenmuseum, in dem die Geschichte des Anbaus der Ölbaumfrucht dokumentiert wird, denn in der Umgebung von Imperia dominieren ausgedehnte Olivenhaine das Landschaftsbild. Bei der Weiterfahrt nach Westen erreicht man Arma di Taggia, wo man nach wenigen Kilometern nach Taggia kommt. Von dort führt eine landschaftlich reizvolle Strecke durch das Valle Argentina. In zahlreichen Serpentinen gelangt man nach Triora. Der etwa 800 Meter hoch gelegene Ort ist bekannt für seinen Hexenkult aus dem 16. Jahrhundert. Von diesem Kult profitieren noch heute Kunsthandwerker und Souvenirläden.

Die ligurische Hafenstadt Imperia an der Riviera di Ponente mit ihrem alten Stadtteil Porto Maurizio ist absolut sehenswert.

FINALE LIGURE

Der Ort setzt sich aus den drei Teilen Finalpia, Finale Marina und Finalborgo zusammen, die völlig unterschiedlich sind. Von Savona aus erreicht man zunächst Finalpia; dieser Teil entwickelte sich um das sehenswerte Kloster Santa Maria di Pia (15. Jahrhundert) herum mit seiner Kirche (18. Jahrhundert), deren Rokokofassade aufwendig mit Stuck verziert ist. Touristisches Zentrum von Finale Ligure ist jedoch Finalmarina mit seinem Sandstrand, hinter dem eine prächtige palmengesäumte Promenade verläuft. Jenseits dieser Straße befindet sich die an drei Seiten von schmucken Bürgerhäusern umrahmte Piazza Vittorio Emanuele II mit ihrem monumentalen Triumphbogen. Das von alten Stadtmauern umgebene Finalborgo erstreckt sich etwa zwei Kilometer landeinwärts. Das Auto lässt man am besten außerhalb stehen und betritt Finalborgo durch eines der Stadttore wie etwa die Porta Reale. Die Häuser in den Gassen um die Piazza Garibaldi wurden restauriert und erstrahlen wieder in altem Glanz.

Die palmengesäumte Stadt Finale Ligure ist aufgrund ihrer bis zu über 1000 Meter hohen Berghänge ein Mekka für Biker und Kletterer.

LAGO MAGGIORE

Der Lago Maggiore ist einer der schönsten Seen Italiens und der breiteste Voralpensee, daher auch sein Name »Maggiore«. Er war ursprünglich Teil eines Gletschers, und seine Ufer befinden sich in der Lombardei, im Piemont und in der Schweiz. Der »grüne See«, wie ihn die Einheimischen auch nennen, wird vom Fluss Ticino gespeist. Besonders sind an diesem See die insgesamt elf Inseln, die teilweise mit dem Schiff erreichbar sind. Für Sportfans sind der Lago Maggiore und die umliegenden Berge das reine Paradies: Von Trekking über Mountainbike und Klettern bis zu Segeln, Kanu- und Jachtfahrten, Wasserski sowie Tauchsport ist alles geboten. Nicht versäumen sollte man den »Koloss von San Carlo Borromeo« in Arona, mit 35 Meter Höhe eine der größten Statuen weltweit. Der Lago Maggiore ist darüber hinaus aber auch ein Ort voller Spiritualität.

Inselperlen

Wie grüne Schmuckstücke schmiegen sich die fünf Borromäischen Inseln zwischen Stresa und Pallanza in den Lago Maggiore. Die Schönheit vor allem der beiden Hauptinseln Isola Bella und Isola Madre und die Pracht ihrer Paläste und Gärten bezaubern seit Langem Dichter, Denker und Politiker. Beide sind noch im Besitz der Mailänder Adelsfamilie Borromeo, aber nicht mehr bewohnt. Der pompöse Palazzo Borromeo auf der Isola Bella, umgeben von Terrassen- und Barockgarten, ist ein Besuchermagnet. Auf der Isola Madre sind der Palast und die zauberhaften englischen Gärten zu bewundern mit ihren seltenen Pflanzen, exotischen Blumen und der bunten Vogelwelt – von Papageien bis zu weißen Pfauen. Nur die Isola dei Pescatori ist bewohnt und zieht mit ihrem pittoresken Fischerdorf Besucher an.

Die Stadt Stresa, auch »Perle des Lago Maggiore« genannt, gefällt sich in traumhafter Lage zwischen See und Bergen (links). Von der Uferpromenade hat man einen wunderbaren Blick über den Borromäischen Golf mit den drei Inseln Isola Bella, Isola dei Pescatori und Isola Madre (unten), aus denen die Adelsfamilie Borromeo regelrechte Paradiesgärten geschaffen hat. Alle drei sind mit dem Schiff erreichbar und können besucht werden.

CAMPO DEI FIORI

Der Naturpark umfasst den Monte Campo dei Fiori (»Blumenfeld«, 1227 Meter) sowie die Monti Martica und Chiusarella östlich davon. Zwischen ihnen verläuft das Rasatal. Am Campo dei Fiori stehen in tieferen Lagen Kastanien- und darüber Buchenwälder. Es ist ein Karstgebiet mit zerklüfteten Kalkfelsen, in dem sich ein System von mehr als 130 Höhlen entwickelt hat. Das Martica-Chiusarella-Reservat besticht hingegen durch seine Magerwiesen auf kalkhaltigem Boden und eine üppige Flora wilder Orchideen- und Enzianarten. Ein Förderprogramm soll die Ausbreitung des Waldes auf die Magerwiesen verhindern. Zur Fauna gehören vor allem Greifvögel, darunter Falken, Mäusebussarde, Sperber, Habichte, Schwarzmilane und Sakerfalken. Die acht Naturdenkmäler des Parks sind auf zahlreichen markierten Wanderwegen gut zu erreichen. Vom Sacro Monte (UNESCO-Weltkulturerbe) aus genießt man eine herrliche Sicht.

Unten: Der Wasserfall Pesegh im Naturpark Campo dei Fiori. Ganz unten von links: Greifvögel wie Mäusebussard, Sakerfalke und Sperber kommen im Campo dei Fiori zahlreich vor.

In unmittelbarer Nähe zum Comer See erstreckt sich an dessen östlicher Seite der Naturpark Grigna Settentrionale. Er umfasst die beiden Gipfel des Grigna-Massivs, nämlich die Grigna Meridionale oder Grignetta (2177 Meter) und die Grigna Settentrionale oder Grignone (2410 Meter), und sogar eine Gemeinde: Esino Lario mit 700 Einwohnern. Zahlreiche Wanderwege und gesicherte Klettersteige führen zu beiden Gipfeln hinauf. Hier fanden auch die Kletterer der Ragni (»Spinnen«) della Grignetta aus Lecco, einer 1946 gegründeten Alpinistengruppe, ein reiches Betätigungsfeld für ihre spektakulären Klettertouren vor. Das Bergmassiv ist aus Kalk aufgebaut und zeigt daher eine Vielfalt von Karstformen, vor allem Höhlen. Mit ein wenig Glück kann man hier auch versteinerte Ammoniten und andere Fossilien entdecken. 2003 fand man sogar einige Exemplare eines Raubfisches, Saurichthys, der vor 235 Millionen Jahren hier lebte.

Unten: In den Bergen des Naturparks hat man immer wieder Aussichten auf den Comer See. Ganz unten: Die letzten Sonnenstrahlen des Tages erreichen gerade den Grignone.

BERNINA, DISGRAZIA, VAL MASINO UND VAL CODERA

Der bisher nicht offiziell ernannte Regionalpark umfasst einen Teil der Rhätischen Alpen und reicht vom tief gelegenen Veltlin (Valtellina) bis zum Piz Bernina mit 4050 Metern hinauf. Dieser ist der einzige Viertausender der Ostalpen. Die auf der Alpensüdseite gelegenen Berglandschaften der Rhätischen Alpen mit ihren Tälern wie Val Codera, Val Masino und Val di Mello zeichnen sich durch eine besondere Ursprünglichkeit und große Wildnis aus. Im Val di Mello findet alljährlich an riesigen Granitblöcken das Boulder-Event »Melloblocco« statt, und man kann von dort auch die formschöne Pyramide des Monte Disgrazia (3678 Meter) besteigen. Warum er »Unglücksberg« heißt, ist ungeklärt. Zu den wilden Tälern des Parks zählt auch das Valmalenco. Hier verläuft über 120 Kilometer die Via Alta della Valmalenco – immer mit Blick auf die vergletscherten Bergriesen.

Links: Krokuswiese vor dem 3678 Meter hohen, imposanten Monte Disgrazia. Der »Unglücksberg« steht vollständig auf italienischem Boden. Unten: Die eisgepanzerten Gipfel der beeindruckenden Berninagruppe in der Nähe des Laghetto delle Forbici bei der Unterkunftshütte Carate-Brienza (2636 Meter). Höchster Gipfel der Bernina ist der Piz Bernina (4050 Meter). Er ist der einzige Viertausender der Ostalpen.

Steinböcke springen von Stein zu Stein, Gämsen grasen, Murmeltiere pfeifen, Bäche rauschen, Gletscher funkeln, Alpenrosen leuchten: willkommen in einem der größten Nationalparks Europas, dem 1307 Quadratkilometer großen und bereits 1935 gegründeten Nationalpark Stilfser Joch. Der Adler, sein Wahrzeichen, kreist hier über vier Provinzen, von denen eine Südtirol ist. Aus der zweiten Provinz, dem Trentino, wanderte der Bär wieder ein, und wegen der von ihm erlegten Schafe fluchen die Hirten auch in den Provinzen von Sondrio und Brescia. Von den 650 Meter hoch gelegenen Talböden im Vinschgau bis auf den Gipfel des Ortlers (3905 Meter) weist der Park alle alpinen Klimazonen auf. Und weil er an andere große Naturparks angrenzt, wird sich vermutlich bald ein weiterer ehemaliger Bewohner wieder einfinden: der Wolf. Die Jagd ist im Park jedoch verboten.

Links: Der Nationalpark Stilfser Joch umfasst unterschiedlichste Lebensräume, von Auwäldern im Tal über Bergwälder und alpine Matten bis in die Höhenlagen von Fels und Eis. Unten: Das Stilfser Joch ist vor allem wegen der Passstraße bekannt, eine der berühmtesten der Alpen, die allein auf der Ostrampe 48 Kehren aufweist. Doch abseits der Straße findet sich nahezu unberührte Natur bis in hochalpine Höhen.

Königin der Passstraßen

Mit ihren 48 engen Kehren auf der Südtiroler Seite und weiteren 39 Kehren nach Bormio hinunter gehört das Stilfser Joch zu den imposantesten Passtraßen der Welt. Für erfahrene Biker mit und ohne Motor ist es eine Traumstrecke. In der ersten Juliwoche sammeln sich Hunderte Motorradfahrer am Pass zum »Internationalen Treffen«. Und am Stilfser-Joch-Radtag im Spätsommer genießen rund 1000 nichtmotorisierte Zweiräder ungestörte freie Kurvenfahrt. Die mit 2758 Metern zweithöchste asphaltierte Alpenstraße (seit 1825) gehörte zwar nie zu den Hauptpässen, wurde aber wohl schon in der Bronzezeit genutzt. Im späten Mittelalter wurde die damals noch unbefestigte Passstraße für Truppenbewegungen genutzt, später überwanden Postkutschen die schwindelerregenden Serpentinen.

LÄRCHEN

Lärchen gehören zur Familie der Kieferngewächse. Die in den Alpen heimische Europäische Lärche überdauerte die letzte Eiszeit vermutlich in den Karpaten. Gemeinsam mit der Zirbelkiefer, auch Arve genannt, bildet sie den sogenannten Arven-Lärchen-Wald und damit die obere Waldgrenze. Als einer der typischen Charakterbäume der Alpen kommt die Lärche bis in 2500 Meter Höhe vor und wächst zu stattlichen Exemplaren heran, die bis zu 40 Meter hoch werden können. Im Herbst prägt sie vielerorts die Landschaften mit der goldenen Färbung ihrer Nadeln. Sie ist bekanntlich der einzige Nadelbaum Europas, der alljährlich im Herbst seine Nadeln verfärbt und abwirft. Lärchen können uralt werden. Im Wallis wurde vor einigen Jahren eine 30 Meter hohe Lärche mit 686 Jahresringen (in sieben Meter Stammhöhe) gefällt – sie muss also etwa um 1280 gekeimt haben. Im Ultental stehen drei Lärchen, die auf stolze 850 Jahre geschätzt werden. Das harte und schwere Lärchenholz findet vor allem als Bau- und Möbelholz Verwendung.

Die weiblichen Blüten der Lärche (rechts) sind rosa gefärbt, die männlichen Blüten dagegen schwefelgelb. Sie sind zudem kleiner.

Klaustrophobisch darf man in Sulden nicht veranlagt sein, sonst drückt der laut Sage schlafende Riese des Ortlers (3905 Meter) aufs Gemüt und ängstigt die Menschen im Tal. War das Bergdorf Sulden (1905 Meter) vor 50 Jahren noch Heimat weniger bäuerlicher Großfamilien, so verfügt die Skihochburg heute über rund 2000 Gästebetten, nimmt mit Freude Tagestouristen auf und beherbergt mit dem Mountain Museum Alpine Curiosa eines von Reinhold Messners Bergmuseen sowie seine Yakherde. In den Ort zu Füßen des höchsten Bergs Südtirols kommen die Besucher wegen der schneesicheren Lage, der schier endlosen Wanderwege oder der grandiosen Kulisse, gebildet von 70 Dreitausendern und mehr als 100 Gletschern. Über diese stapfte 1804 der aus dem Passeiertal stammende Josef Pichler als Erster und bezwang den Gipfel von König Ortler.

Ganz links: Majestätisch beherrscht der Ortler den Nationalpark Stilfser Joch. Der 3905 Meter hohe Berg ist ein beliebtes Ziel für erfahrene Bergsteiger, gelten seine Touren doch als anspruchsvoll und lohnend. Links: Eine Kletterin beim Aufstieg zur Tschenglser Hochwand.

ADAMELLO-BRENTA

Die Wiedereinbürgerung der Braunbären ist das ambitionierteste Projekt im Naturpark Adamello-Brenta: Als die hiesige Population gegen Ende des 20. Jahrhunderts akut vom Aussterben bedroht war, setzte man sich mit der Auswilderung slowenischer Individuen – sieben Männchen und drei Weibchen – im Rahmen des auch mit Mitteln der EU finanzierten Projekts Life Ursus das Ziel, in 20 bis 40 Jahren einen Bestand von 40 bis 60 Braunbären zu erreichen. Der Naturpark, 1967 gegründet und 1987 erweitert, erstreckt sich zwischen Sulztal, Nonstal und Judikarien auf einer Fläche von rund 620 Quadratkilometern. Diese Fläche teilt sich in zwei durch das Val Rendena getrennte Gebiete: im Westen das gletscher- und seenreiche Granitmassiv Adamello-Presanella, im Osten die vornehmlich aus kalkhaltigem Sedimentgestein (Dolomit) bestehende Brentagruppe. Dieser unterschiedlichen geomorphologischen Beschaffenheit verdankt der Park seine überaus vielfältige Flora und Fauna.

Der Naturpark Adamello-Brenta im westlichen Teil der Presanella ist seen- und gletscherreich. Ungewöhnlich artenreich ist die Flora des Naturparks.

An der Nordseite der Baitonegruppe befindet sich der Aviolosee (1930 Meter), ein Karsee, der seine Existenz der Schürfkraft der hier früher herabfließenden Gletscher verdankt. Umgeben ist er von Zirbelkiefern, Tannen und Lärchen. Besonders die Lärchen bieten im Herbst ein farbenfrohes Spektakel, wenn sich ihre Nadeln verfärben und gelborange leuchten. Es gibt von dort aus genug Wandermöglichkeiten und -ziele, etwa zum Passo delle Gole Larghe, von dem aus man eine herrliche Aussicht auf den Adamello genießt. Etwa 15 Minuten vom Unterkunftshaus Rifugio Sandro Occhi all'Aviolo (1930 Meter) entfernt, befindet sich an der rechten Talseite ein Tierbeobachtungspunkt. Auch wer länger unterwegs sein möchte, kommt auf seine Kosten: Die Hütte ist erster – oder letzter – Etappenstützpunkt der anspruchsvollen Alta Via dell'Adamello (Adamello-Höhenweg), die über 85 Kilometer beziehungsweise in mehreren Tagesetappen durch das Adamellogebirge führt.

Der Aviolosee im Naturpark Adamello-Brenta. Dank seines wasserundurchlässigen Gesteins ist das Adamellogebiet sehr seenreich.

BRENTAGRUPPE

Vom Hauptmassiv der Dolomiten trennt die Brentagruppe das breite Etschtal. Deshalb wurde sie auch lange gar nicht als Teil dieses Gebirges wahrgenommen. Dabei definieren sich die Dolomiten nicht durch eine bestimmte Lage, sondern durch ihr Inneres: das Gestein. Eben weil sich der Dolomit mit all seinen Ausprägungen westlich des Etschtals als Brentagruppe noch einmal besonders eindrucksvoll zeigt, wird das nur 40 Kilometer lange und zwölf Kilometer breite Gebirge auch »Brentner Dolomiten« genannt. In ihrem Zentrum steht der mächtige Felsblock des Cima Tosa, mit 3173 Metern Höhe der höchste Gipfel der Brentagruppe. Darum herum gruppieren sich zehn weitere Gipfel, die alle mehr als 2900 Meter hoch sind. Am höchsten ragen der Cima Brenta mit 3151 Meter, der Crozzon di Brenta mit 3135 Meter und der Cima d'Ambiez mit 3102 Meter auf. Im Wintersportort Madonna di Campiglio erleichtern Aufstiegsanlagen den Weg in das Herz der Gebirgsgruppe.

Die Schönheit der bleichen Brentatürme ist unter Klettersteigfans bestens bekannt. Entlang ausgesetzter Felsbänder führt die Via Ferrata Bocchette Alte quer durch die gesamte Gebirgsgruppe.

VAL RENDENA UND VAL DI GENOVA

Das Val Rendena erstreckt sich etwa 20 Kilometer vom Dorf Verdesina auf 648 Metern bis zur Passhöhe Campo Carlo Magno auf 1681 Meter Höhe. Es trennt die Adamello-Presanella-Gruppe von der Brenta. Mehrere Dörfer reihen sich hier aneinander; Pinzolo – ungefähr auf halber Strecke – ist vor allem durch die Totentanzfresken an der Kirche S. Vigilio bekannt. Madonna di Campiglio (1550 Meter) hingegen ist der Touristenhotspot schlechthin: Hier sind vielfältige Outdoor-Unternehmungen in den Naturpark Adamello-Brenta möglich. Das Val di Genova ist ein knapp 20 Kilometer langes Seitental des Val Rendena, das von Carisole westlich abzweigt. Wegen seiner vielen Wasserfälle wird es auch »Tal der Wasserfälle« genannt. Im Talschluss beginnen leichte Wanderwege, von denen man atemberaubende Blicke zu Mandron- und Lobbiagletscher hat. Schwierigere Routen führen zu den gletscherbedeckten Gipfeln von Adamello (3554 Meter) und Presanella (3556 Meter).

Rechts: Blick von den Gletscherseen unweit des Rifugio Mandrone auf 2450 Meter Höhe auf die Adamello-Gletscherwelt. Ganz rechts: Im Lago Nero spiegeln sich die Spitzen der Brentaberge.

DEUTSCHNONSBERG

Wie die Spitze eines Nashorns ragen die Gemeinden von Deutschnonsberg in die Südtiroler Landkarte hinein. Nicht nur auf der Karte wirken sie abgelegen, tatsächlich sind die Dörfer auch in ihrer Entwicklung jahrelang vom übrigen Südtirol abgehängt gewesen. Was Besucher heute freut, weil bäuerliche Traditionen hier noch erhalten geblieben sind, hat lange Jahre zu wirtschaftlichen Problemen und Abwanderung geführt. Doch einzelne Initiativen haben den Trend umgekehrt – heute kommen viele Besucher, um alte Handwerkstechniken wie Weben oder Weidenflechten zu erlernen, die in anderen Landstrichen längst ausgestorben sind. In den Pausen zwischen den Lehrstunden entdecken die Gäste dabei auf Wanderungen ein sonniges Hochplateau mit smaragdgrünen Bergseen und löwenzahnübersäten Wiesen. Der Panoramablick reicht hier bis zur Texelgruppe. Die höchst gelegene Ortschaft am Deutschnonsberg ist Proveis. Das Dorf befindet sich in sonniger Lage auf 1420 Meter Höhe.

Den Ortsmittelpunkt von Proveis markiert die neugotische Pfarrkirche St. Nikolaus mit dem angrenzenden Dorffriedhof.

CASTELFONDO

Etwa drei Kilometer westlich von Fondo liegt das als Castrum Fundi vermutlich römische Wurzeln habende Castelfondo. Die heutige, von Arkadengängen und rustikalen Bauernhäusern sowie vornehmen Adelshäusern wie der Casa Lorenzetti und der Casa dalla Chiesa (Fassade mit 1437 entstandenem Kreuzigungsfresko von Gaspar Blattmirer) geprägte Gemeinde hat die drei Ortsteile La Villa, Platz und Cologna. Sehenswert ist auch die San Nicolò geweihte, zwischen 1508 und 1530 errichtete Dorfkirche. Oberhalb des Orts thront auf einem Plateau zwischen zwei Schluchten das von dichtem Wald umgebene Castello di Castelfondo. Das mit dem Bau des imposanten Bergfrieds erstmals im 12. Jahrhundert dokumentierte, ab dem 14. Jahrhundert um mehrere sich rund um den Hauptturm gruppierende Wohnhäuser erweiterte Schloss wurde ursprünglich als Fluchtburg errichtet und befindet sich bis heute in Besitz der Adelsfamilie Thun-Hohenstein. Eine Besichtigung der Burganlage ist leider nicht möglich.

Imposant und machtvoll ragt der Bergfried aus dem 12. Jahrhundert, erweitert im 14. Jahrhundert, über Castelfondo auf.

VAL DI NON UND TOVELSEE

Das Nonstal breitet sich westlich von Mezzocorona im Etschtal entlang des Flusses Noce bis zum See von Santa Giustina bei Cles aus. Es bietet sich für Ausflüge in die Brentagruppe an. Im fruchtbaren, sonnigen Val di Non werden seit Jahrhunderten Äpfel und andere Früchte angebaut. An Tuenno vorbei erreicht man von Nanno den am westlichen Ende des Nonstals gelegenen einzigartigen Lago di Tovel. Der von Buchenwäldern gesäumte, 38 Hektar große und auf 1177 Meter Höhe liegende Bergsee färbte sich in früheren Zeiten gelegentlich rot, weshalb er auch Lago Rosso genannt wird. Verantwortlich für das Phänomen waren wohl spezielle Algenarten, die sich in den wärmeren Sommermonaten rasant vermehrten und dem See seine rote Färbung verliehen. Verständlich, dass sich früher Legenden um diese Erscheinung bildeten – am bekanntesten ist die Sage von Königin Tresenga und dem Städtchen Ragoli. Heute reicht die Farbe des Wassers der »Karibik des Trentino« von Blau- zu leuchtenden Grüntönen.

Der Lago di Tovel ist der größte natürliche See des Trentino und beeindruckt mit wunderschöner Kulisse. Für viele ist er ein magischer Platz.

CLES

Wenn im Spätsommer Nebelschwaden vom Stausee Santa Giustina hochziehen und das Castel Cles wie in Wolken schweben lässt, mutet das Kastell fast mystisch an. Hier wuchs ein berühmter Graf auf: Bernhard von Cles wurde im Castel Cles im Jahr 1485 geboren. Später wurde er nicht nur Bischof und Kardinal, sondern brachte als Fürstbischof das Konzil nach Trient. Aufgrund seines Wirkens veränderte auch Trient anschließend sein Gesicht und erlebte eine Blütezeit. Der Renaissancebau in Cles aus dem 12. Jahrhundert verlor 1825 bei einem großen Brand einen Turm. Das Schloss befindet sich bis heute in Privatbesitz. Die Spuren des Wirkens der Grafen lassen sich mitunter dennoch besichtigen – etwa im Rahmen von Sommerveranstaltungen. Dann öffnen die Edlen von Cles ihre Tore zu Konzerten, und die Besucher können vielleicht einen Blick auf die wertvollen Freskenmalereien aus dem 16. Jahrhundert erhaschen, die Marcello Fogolino zugeschrieben werden, der mit Bernhard von Cles befreundet war.

Castel Cles steht trutzig und einsam auf einem Hügel inmitten von Obstgärten und grüner Natur und wirkt deshalb besonders erhaben.

MERAN

Meran ist – gleichermaßen vom Klima und der Anmutung her – eine sehr mediterrane Stadt und liefert ein komplettes Rundumpaket: Neben den Kuren, die hier genossen werden können, bietet die Stadt auch so einiges für das Auge. »Sehen und gesehen werden« ist hier die Devise, und das gilt nicht nur für Sehenswürdigkeiten. An der Pfarrkirche steht lebensgroß der heilige Nikolaus und deutet mit erhobenem Finger durchs Bozner Tor hinaus zur Passer, als wolle er sagen: »Bürger von Meran, passt auf ihre Fluten auf!« Die Schäden von früher sind vergessen, seit flussaufwärts Staubecken die Wassermengen regulieren. Die eleganten Laubengeschäfte stammen aus der Zeit um 1420, als Meran Landeshauptstadt war, und lassen kaum ahnen, dass sich hier früher Kuhställe befanden. Entlang der Passer wird jetzt promeniert, in den nahen Geschäften geshoppt, im Kursaal getanzt und im Jugendstiltheater applaudiert. Das mediterrane Klima beglückt die 37000 Einwohner große Stadt, die deshalb seit Jahrhunderten von prominenten Persönlichkeiten besucht wird.

Die 800 Jahre alte Meraner Laubengasse ist eine der wichtigsten Einkaufsstraßen der Altstadt.

MERAN: SCHLOSS TRAUTTMANSDORFF

DORF UND SCHLOSS TIROL

Die Namen Süd- und Nordtirol kennt fast jeder, den Ursprung des Namens Tirol dagegen kaum jemand. Nach dem Überfall auf einen Botenzug zum Papst wurde der Sitz der mächtigen Grafen von Hocheppan vom Kaiser vernichtet und damit der Weg zur Macht für die Grafen von Vinschgau geebnet. Diese hatten vor dem 11. Jahrhundert in der Nähe von Dorf Tirol, der ältesten Siedlung im Land an der Etsch, Schloss Tirol errichtet und dann Mitte des 12. Jahrhunderts auch den Namen übernommen. Im 13. Jahrhundert wurde während der Blütezeit des Adelsgeschlechts Tirol unter Meinhard II. geeint. Das unterhalb der Burg liegende Meran wurde dabei Hauptstadt. 1420 ging das gesamte Gebiet in den Besitz der Habsburger über. Heute ist Schloss Tirol Sitz des Südtiroler Landesmuseums für Kultur- und Landesgeschichte und mit Dorf Tirol ein wahrer Besuchermagnet.

Über Meran und dem Etschtal thront in einmaliger Lage Schloss Tirol. Kunsthistorisch interessant sind die Fresken der Kapelle und das Museum im Inneren des Schlosses. Der Weg von Meran hierher ist einfach. Viele Besucher kommen in das Dorf, um Südtiroler Spezialitäten zu probieren.

Ein kleines Paradies liegt fast in Sichtweite von Meran: Zwischen Palmen, Feigen- und Orangenbäumen hat sich schon Kaiserin Sisi erholt. Der zwölf Hektar große Park mit seinen Teichen, dem Schloss und den geheimnisvollen Gärten zählt zu den schönsten Anlagen seiner Art in Italien. Immer wieder entdecken Besucher Neues, wenn sie zwischen den Bäumen wandeln, etwa einen Hexengarten ganz nah am Schloss mit Giftpflanzen und merkwürdigen Schnitzereien, die ein wenig an Voodoo erinnern. Oder eine wackelige Abenteuerbrücke. Oder den Matteo Thun'schen Gucker – eine Aussichtsplattform, auf der die Besucher wie auf einem riesigen Fernglas im Himmel zu schweben scheinen. Zwischendurch fasziniert die Gartenkunst, ob am nördlichsten Olivenhain Italiens oder bei den fast senkrecht bepflanzten Lehmwänden. Sogar eine kleine asiatische Teeplantage gibt es.

Ganz links: Berühmt sind die Botanischen Gärten von Schloss Trauttmansdorff, dem einstigen Ferienschloss Kaiserin Elisabeths. Im Inneren lockt aber auch ein vergnügliches Erlebnismuseum, das Südtiroler Landesmuseum für Tourismus, »Touriseum« genannt (links).

PASSEIERTAL

Das Jahr 1810 ist das Todesjahr des bedeutendsten Tiroler Freiheitshelden, Andreas Hofer. Der bärtige Kaufmann und Kämpfer stammte vom heute noch bewirtschafteten Sandhof im Passeiertal zwischen Sarntaler Alpen und Texelgruppe. Mehrmals befehligte er erfolgreich die Bauernschützen gegen die einfallenden Heere der Franzosen und Bayern. Schließlich musste er aber den Feinden weichen. Er versteckte sich auf der heimatlichen Pfandler Alm, bis erneut Verrat zur Verhaftung und dann zur Erschießung in Mantua führte. Ein Museum im Geburtshaus berichtet über das Leben und den Widerstandsgeist des Südtirolers. Dem Tal bleibt aber neben Ruf und Hof seine wunderschöne Landschaft von Meran bis zu den alten Bergstollen der Stubaier Alpen. Sankt Martin, Sankt Leonhard, Kuens und Riffians sind heute beliebte Ferienorte und Startpunkte für vielfältige Wanderungen.

Bergsteiger am Großen Schwarzsee beim Aufstieg vom Passeiertal auf das Zuckerhütl. Der See gehört mit einem Durchmesser von 250 Metern zu den größten Bergseen von Südtirol. Auch die Gipfelwege von Schwarzwandspitze, Botzer und Schneeberger Weißen führen hier vorbei.

EISACKTAL

Der Blick auf das Eisacktal ist der erste Eindruck, der sich von der Brennerhochstraße nach Südtirol offenbart. Das Tal zieht sich von Brixen bis Bozen als Tor in den Süden. Mit der Autobahn in der Talsohle fließt das moderne Leben hindurch. Das Nadelöhr, das heute Touristen und Lastwagen passieren, haben einst römische Legionäre, Dichter wie Johann Wolfgang von Goethe oder auch kriegerische Einheiten durchschritten. Den Trubel allerdings bemerkt man nur Fahrminuten neben der Autobahn kaum noch. Hoch oben in den Bergen verstecken sich kleine Bergdörfer mit Bienenhäusern, schnitzenden Handwerkern oder Kräuterfrauen. Seinen Namen hat die Gegend übrigens vom Fluss Eisack, der wie ein langes Band durch das Tal strömt. Seine Wasserkraft, die am Brenner entspringt, wird zur Stromerzeugung genutzt. Direkt am Flusslauf entlang zieht sich der beliebte Eisackradweg vom Brenner bis nach Bozen.

Von der Aussichtsplattform Spilucker Platte oberhalb von Vahrn, dem »Tor zum Süden«, hat man eine fantastische Aussicht auf das gesamte Tal mit den Berggipfeln am Horizont von Schlern und Bauernkohlern.

JAUFENPASS

Dichter, brauner Flaum schillert in vielen Tönen auf dem Gipfel des Saxner: Mal goldgelb, mal grünlich, mal ocker, verändert er seine Farbe mit dem Sonnenlicht und wirkt wie aus einer anderen Welt, fast wüstenähnlich. Einzig die schneebedeckten Gipfel im Hintergrund mit Hoher Kreuzspitze oder Jaufen weisen auf die Alpen hin. Der sonnenreiche Weg des Jaufenpasses, der die beiden Orte Meran und Sterzing miteinander verbindet, führt nicht nur vorbei an schönen Panoramablicken ins Eisacktal oder das Passeiertal und den Gletschern von Hoher Wilde und den Tuxer Alpen, sondern erfreut vor allem das Motorradfahrerherz mit seinen 20 Kehren. Auch Radfahrer wissen diese sportliche Aufgabe zu schätzen, aber wählen lieber den Weg vom Süden nach Norden, weil er leichter ist. Es lohnt sich aber auch, aus dem Auto zu steigen und einen der Wanderwege zu entdecken. Überragt wird der Pass von der 2481 Meter hohen Jaufenspitze.

Insgesamt 31 Kilometer ist die Strecke des Jaufenpasses lang. Sie führt durch eine fantastische Landschaft mit zahlreichen wunderschönen Aussichten. Außerdem ist der Pass wegen der gemäßigten Steigungen beliebt.

PENSER JOCH

Wer abgeschieden in einer schroffen Landschaft wohnt, nimmt einen ganz eigenen Charakter an. Das gilt auch für die Bewohner der Sarntaler Alpen, zu denen die im Sommer offene Passstraße Penser Joch führt. Sie gelten als unnahbar und abweisend. Ist der Bann jedoch erst gebrochen, zeigen sie sich hilfsbereit und herzlich. Es wäre also viel zu schade, nur durch die Landschaft zu fahren und den tunnelreichen Weg von Sterzing nach Bozen zu suchen und die liebenswerten Menschen links liegen zu lassen. Lohnenswerter Stopp bei der Fahrt ist die Penser Alm, von der aus eine kleine Wanderung lockt. Baumfreies Panorama, kleine Bergseen am Wegesrand, steile Grate und breite Kämme wechseln sich in Blickrichtung immer wieder ab. Den Weg zum Aussichtsberg Zinseler gehen vor allem Familien gerne. Mal grasen Schafe am Wegesrand, und manchmal lassen sich noch ehemalige Marmorbrüche erkennen.

Das Penser Joch ist unter Südtirols Passstraßen die Strecke mit der urigsten und abgelegensten Landschaftsszenerie. Dafür sind Abschnitte teils sehr eng und schwer zu befahren. Von Dezember bis März ist der Pass gesperrt.

BRIXEN

Die über 1000 Jahre alte Stadt Brixen am Zusammenfluss von Eisack und Rienz mit ihren Lauben und dem weithin sichtbaren Dom verzaubert vom ersten Augenblick an. Im 16. Jahrhundert ein bedeutender Bischofssitz am Übergang zwischen Oberitalien und Süddeutschland, blieb das kleine Städtchen bis 1964 Bischofssitz. Als Außensitz der Universität Bozen ist Brixen seit 2001 Universitätsstadt. Die Theologische Hochschule Brixen, die 1607 als Priesterseminar gegründet worden war, ist als älteste universitäre Einrichtung des historischen Tirol älter als die Universität in Innsbruck. Außer auf Bildung und Religion konnten die Brixner wegen der verkehrstechnisch günstigen Lage der Stadt am Eingang des Pustertals immer schon auf ihren regen Handel verweisen. Die Legende erzählt, dass schon Hannibal mit seinen Elefanten hier haltgemacht haben soll.

In der Nähe des berühmten Doms befindet sich die Pfarrkirche St. Michael. Ihr »Weißer Turm« dominiert das Ensemble und ragt steil aus der Adlerbrückengasse hervor. In den hübschen Gassen der Altstadt bieten Geschäfte und Lokale ihre Spezialitäten an.

KLOSTER NEUSTIFT

Das Augustiner-Chorherrenstift Neustift, 1142 vom Brixner Bischof Hartmann gegründet, war von Anfang an ein viel besuchtes Hospiz und eine Raststätte für Pilger auf der Reise ins Heilige Land oder nach Rom. Damit war das Kloster ein wichtiger Bezugspunkt im geistigen Leben Europas. Davon zeugen die berühmte Stiftsbibliothek, die weitläufige Bildungstätigkeit und auch der gern besuchte Klosterkeller. Wirtschaftlich war und ist das Stift dank seiner Güter weitgehend selbstständig. Wälder, Felder und Weinberge gehörten ebenso dazu wie Sägewerk, Mühle und Weinkeller. Zu den Aufgaben der Augustiner-Chorherren gehört heute die Betreuung von 20 Pfarrgemeinden in Süd- und Osttirol. Im Miteinander von klösterlichem Leben und aktiver Arbeit in den Pfarreien wird eines der Charakteristiken des Ordens deutlich: die Verbindung von Gemeinschaft und Seelsorge.

Das Kloster Neustift bei Brixen bietet Führungen durch die prachtvollen alten Räume des Stifts, etwa die prunkvolle Basilika, die harmonische Bibliothek, den Innenhof und den gotischen Kreuzgang. In der Stiftskellerei können ausgezeichnete Weißweine aus eigener Produktion probiert werden.

BOZEN

Bozen ist mehr als Südtirol. Die Landeshauptstadt ist ebenso Bolzano, wo am Waltherplatz im Sonnenschein Cappuccino getrunken wird, wo zur Passeggiata über die Talferpromenaden oder durch die Lauben die schönste Garderobe angezogen wird, wo bei den Dominikanern mit giottesker Johanneskapelle auf Italienisch, in der Franziskanerkirche überwiegend auf Deutsch zelebriert wird. Ist das Dualismus oder Multikultur? Wenn Südtiroler beider Sprachgruppen jahrein, jahraus zufrieden zusammenleben, findet das in der Öffentlichkeit selten Aufmerksamkeit. Dabei wird oft übersehen, dass die rund 100000 Einwohner zählende und zu rund 80 Prozent italienischsprachige Handelsstadt, sonnenüberflutet am Schnittpunkt von drei Tälern gelegen, ein verstecktes Paradies ist – jenseits von Autobahn, Gewerbezonen und Flughafen offenbaren sich in Bozen Oasen ungeahnter Art.

In Bozen liegen die größten Promenaden an den Ufern der Talfer, geht es morgens am Obstplatz geschäftig und abends in der Gerbergasse eher gemächlich zu. In den Lauben und Passagen im historischen Zentrum der Stadt residieren noch Traditionsbetriebe.

FIRMIAN MESSNER MOUNTAIN MUSEUM

Der Berg ist für ihn ein Mythos geblieben, obwohl er sich wie kaum ein anderer mit Gipfeln auseinandergesetzt hat: Extrembergsteiger Reinhold Messner hat den Alpen sein ganz eigenes Denkmal gesetzt. Sein Messner Mountain Museum ist eine einzigartige Schau der Bergweltthematik. Sie gliedert sich in verschiedene Themenbereiche wie ewiges Eis, Alpingeschichte und Bergvölker und hat fünf verschiedene Standorte, an denen Messner viele seiner Mitbringsel von den Gipfeltouren zeigt, von der tibetischen Gebetsmühle bis zu Buddhastatuen. Firmian im spätmittelalterlichen Schloss Sigmundskron bei Bozen fungiert als Zentrum der fünf Museen. Es dokumentiert die Geschichte des Bergsteigens ebenso wie es sich kritisch mit der Ausbeutung der Berge auseinandersetzt. In jedem Museum legt Messner einen Schwerpunkt auf den Berg als religiöses Symbol.

Reinhold Messner, Jahrgang 1944, gehört zu den erfolgreichsten Bergsteigern der Welt. In seinen Ausstellungen zeigt er aber nicht nur die ruhmreiche Seite des Extremsports. Sein Bruder Günther verunglückte 1970 tödlich, dessen Schuh ist ein Exponat des Museums.

»Das Potenzial der Gebirge bleibt die Stille, die Gefahr, die Erhabenheit.«

Alle 14 Achttausender dieser Welt hat Reinhold Messner bezwungen – den Mount Everest schon 1980 im Alleingang und als Erster ohne Sauerstoffmaske. Sein ganzes Leben hat der größte Abenteurer dieser Zeit die Erfahrung am Limit gesucht – als Bergsteiger, der 3500 Gipfel erklommen hat, und ebenso als Grenzgänger bei Arktis-, Antarktis- und Wüstendurchquerungen, aber auch als Bergbauer, Naturschützer, Forscher und Abgeordneter im EU-Parlament (1999–2004). Danach widmete sich Messner dem Aufbau der Messner Mountain Museen (MMM) in Südtirol: sechs Häuser an sechs Orten, wobei »dem Berg« in jedem Haus ein verschiedener Blickwinkel gewidmet ist. Herzstück ist das MMM Firmian in Schloss Sigmundskron bei Bozen, das die Bedeutung der Berge für die Menschen thematisiert. Das MMM Ripa im Schloss Bruneck widmet sich den Bergvölkern in Europa, Asien, Afrika und Südamerika. Im MMM Juval in Messners Privatschloss im Vinschgau befasst er sich als Forscher mit dem Mythos und der religiösen Dimension der Berge, insbesondere mit den als heilig geltenden Gipfeln wie Kailash (Tibet), Uluru (Australien) oder Fuji (Japan). Im MMM Ortles erzählt er von den Schrecken des Eises, von Lawinen, Gletschern und Eisgebirgen. In seinem sechsten MMM Corones, das in 2275 Meter Höhe auf dem Kronplatz-Gipfelplateau die Handschrift von Stararchitektin Zaha Hadid trägt, geht es schließlich um traditionellen Alpinismus. Vor dem majestätischen Blick über Dolomiten und Alpen schildert Messner die Geschichte des Bergsteigens. Im Mittelpunkt stehen nicht Sport und Rekorde, sondern große Bergsteiger-Persönlichkeiten, ihre Triumpfe und Tragödien. In seinem »siebten Leben als Storyteller« spricht der 1944 in Südtirol geborene Messner in Filmen, Büchern und Vorträgen offen über Antrieb, Leben am Limit, Ehrgeiz, Scheitern und die Erkenntnisse daraus – über Neuanfänge und die Fähigkeit, am Ende loszulassen.

»Ich habe mein siebtes Leben angefangen, nachdem ich mich sechsmal neu erfunden habe«, sagt Messner über sich selbst. »Nach meiner Zeit als Felskletterer, Höhenbergsteiger, Grenzgänger, Forscher, Politiker und Museumsideator bleibe ich Storyteller und Bewahrer der letzten nicht urbanisierten Räume dieser Erde.«

KALTERN UND KALTERER SEE

SÜDTIROLER WEINSTRASSE

Wein wird entlang der Südtiroler Weinstraße schon seit Jahrtausenden produziert. Böse Zungen behaupten, das Wasser des Kalterer Sees werde im Weinort Kaltern als Tafelwein ausgeschenkt. Wahr ist, dass sich im größten und wärmsten Badesee des Landes herrlich schwimmen lässt, dass sich in den Weinbaugemeinden zwischen Nals und Salurn, mit Bozen, Eppan und Kurtatsch, Rebanlagen in der sogenannten Pergola-Form finden, die der Einheimische schlicht »Pergl« nennt. Charakteristisch für diese Region ist die Vernatsch-Rebe, aus der der Kalterer-See-Wein gekeltert wird, den die Bauern mit Schürze verlesen und den sie auch mit Schürze trinken. Gegen null Promille am Steuer kämpft man hier allerorten. Doch man sollte sich entscheiden: entweder wie Oswald von Wolkenstein den Gewürztraminer besingen oder die Landschaft entlang der Strecke genießen.

Knapp 45 Prozent der gesamten Rebfläche Südtirols sind mit roten Rebsorten bepflanzt, etwas mehr als 55 Prozent gehören den weißen Sorten. Im Herbst verwandeln sich die sanften Rebhänge in gelb leuchtende Hügel.

Leicht, frisch, fruchtig – so schmeckt der berühmteste Südtiroler Rotwein. Die Sorte ist nach dem Kalterer See benannt und wird aus Vernatsch-Trauben gekeltert. Im sonnenreichen Bergplateau finden die Reben ideale Bedingungen, um gute Weine hervorzubringen. So weit das Auge reicht, breiten sich Rebstöcke in der lieblichen Landschaft aus, lediglich Kirchen und Bauernhöfe durchbrechen das Bild. Der Weiler verfügt nicht nur über ein Weinmuseum, sondern auch über ein Rebenmuseum – es zeigt gut 300 Arten. Sogar ein Hundertsortenwein kann dort probiert werden. Die Sonne verwöhnt in Kaltern nicht nur die Trauben, sondern auch den Badesee und macht ihn zum wärmsten der Alpen. Im Sommer ist er beliebt bei Surfern und Anglern, die seine fischreichen Gründe schätzen. Am Westufer nehmen sowohl Einheimische wie Urlauber gern ein Sonnenbad.

Das älteste Weinbaumuseum Italiens (seit 1955) befindet sich in der historischen Kellerei Baron Di Pauli in Kaltern und zeigt die Kulturgeschichte des Weinanbaus in Südtirol (unten). Malerisch wird der Kalterer See von Rebhängen umgeben (links).

FLEIMSTAL

Glück und Leid liegen manchmal erschreckend nah beieinander. Das schöne Fleimstal ist diesbezüglich schicksalsgebeutelt. Die Dammbruchtragödie von Stava 1985 und der unerlaubte Tiefflug eines amerikanischen Jets 1998, der eine Seilbahn in den Abgrund riss, werden sicher noch lange mit dem Namen des Tals verknüpft bleiben. Ungetrübt bleibt indes die landschaftliche Kulisse des Val di Fiemme (so die italienische Bezeichnung des Fleimstals), das bei Predazzo unmerklich ins Fassatal übergeht. Monumental stehen über dem langen Tal die Felskulissen von Rosengarten, Langkofel, Sella, leuchtet hinten über Canazei der einzige Dolomitengletscher, die Marmolada, herab. Gen Süden führen einsame Täler zu Pässen mit klingenden Namen und schillernden Bergen – so der filigran geformte Pale di San Martino oder in Kontrast dazu die behäbigen Lagoraigipfel.

Im Etschtal fließt bei Lavis nördlich von Trient der Avisio aus einer Schlucht, die noch nichts über Größe und Herrlichkeit des Tals dahinter verrät. Die Straße führt über Auer ins Fleimstal und weiter ins Fassatal – in Täler, die als Wintersportorte bekannt sind.

TRIENT

Können Haselfichten musikalisch sein? Vielleicht sind es die Exemplare in diesem Naturpark. Antonio Stradivari, der berühmte Geigenbauer persönlich, wählte hier die Stämme für seine berühmten Violinen aus Cremona aus und ließ die mindestens 150 Jahre alten Bäume bei abnehmendem Mond fällen. Er schätzte ihr Holz sehr, weil es eine gute Resonanz für die Instrumente gab. Bis heute werden Instrumente aus diesem Naturstoff gebaut. Deswegen ist der auf 1500 bis 2000 Meter liegende Fichtenwald von Paneveggio auch als »Wald der Geigen« bekannt. Der an der Grenze zu Venetien liegende Naturpark zeichnet sich vor allem durch seine Vielfalt aus. Liebliche Bergalmen treffen auf schroffe Karstgebirge, Geröllhalden auf verwilderte Täler und gepflegte Weiden. Torfgruben, Bergseen und tosende Bäche geben mit ihrem lebensspendenden Wasser Tieren wie Geiern, Luchsen und Hirschen eine Heimat.

Bergfichten am Rand eines kleinen Sees im Naturpark Paneveggio-Pale di San Martino. Berühmtheit erlangten die Haselfichten in diesem Park – Stradivari ließ aus ihrem Holz seine Geigen bauen.

Ein Stadtjuwel und alter Handelsplatz in breitem Talgrund, wo vom Etschtal das Val Sugana in Richtung Bassano und Padua abzweigt – das ist Trient, Hauptstadt des Trentino, mit ihrer von der Renaissancearchitektur geprägten Altstadt. Im 16. Jahrhundert bereitete hier das Kirchenkonzil »Tridentinum«, das sich in Etappen über fast 20 Jahre hinzog, die katholische Gegenreformation vor. Ab 1212 wurde der romanische Dom mit barocker Kuppel erbaut, davor auf der Piazza Duomo sprudelt der barocke Neptunbrunnen. Das Trentino ist reich an mittelalterlichen Burgen, und Trient rühmt sich einer der mächtigsten: des Castello di Buonconsiglio. Das Schloss stammt aus dem 13. Jahrhundert und diente bis zur Säkularisierung des Fürstentums im Jahr 1803 als Herrschaftssitz der Fürstbischöfe von Trient. Die Anlage besteht aus mehreren Gebäuden unterschiedlicher Stilepochen und ist von einer Schlossmauer umgeben.

Ganz links: Der Domplatz in Trient mit Neptunbrunnen und Glockenturm. Links: Der Cortile dei Leoni (Löwenhof) im Schloss Buonconsiglio, das inmitten von Trient auf einem Felshügel in die Höhe ragt.

Gletschereis hobelte einst den Meeresarm eines tropischen Ozeans zu einem immer tieferen Becken aus. Der größte See Italiens ist 52 Kilometer lang und bis zu 362 Meter tief. Auf 370 Quadratkilometer Wasserfläche tummeln sich Segel- und Motorschiffe, Tragflügelboote, Surfer, Wasserskifahrer und Schwimmer. Im Norden bringt der Fluss Sarca Frischwasser von den Alpen in den Gardasee, im Süden fließt er mit dem Mincio zum Po ab und weiter ins Adriatische Meer. Drei italienische Regionen haben Anteil am See: Zu Trentino-Alto Adige gehört der Norden, zur Lombardei der Westen und zum Veneto der Osten. Die über den Seeufern aufsteigenden Berge, die reiche mediterrane Vegetation mit ihrer Blütenpracht, mit Agaven und Palmwipfeln, zauberhafte Dörfer und Städtchen sowie das bäuerliche Hinterland machen den Gardasee zu einer der beliebtesten Urlaubsregionen Italiens.

Radsport-Mekka

Während für Surfer und Segler der Norden des Gardasees ein beliebtes Revier ist, gehört das gebirgige westliche Hinterland zu den Top-Zielen von anspruchsvollen Mountainbikern. Mit über 1000 markierten MTB-Routen hat sich der Gardasee zum Mountainbike-Mekka entwickelt. Der Klassiker ist die Tour von Riva via Ledrosee über den Tremalzo (1800 Meter) und über den Rocchetta-Trail via Pregasio sowie auf der alten Ponalestraße zurück nach Riva. Faszinierende Tiefblicke auf den See sind garantiert. Beim Monte-Baldo-Klassiker am Ostufer des Gardasees geht es von der Bergstation erst hinauf zum Monte Altissimo (2074 Meter) und dann auf dem Sentiero 601 hinunter nach Nago.

Zauberhafte Städte wie Torbole (links) oder Malcesine (unten) schmiegen sich ans Seeufer, dahinter erheben sich schroffe Felsen und Berge mit bis zu 2000 Meter Höhe. Torbole am Nordufer des Sees mit seinem malerischen kleinen Hafen ist ein beliebter Surfertreff. Das Stadtbild des mittelalterlichen Malcesine am Ostufer und zu Füßen des Monte Baldo wird vom mächtigen Castello Scaligero geprägt.

MONTE BALDO

Der Monte Baldo ist mit über 2000 Metern das höchste Bergmassiv des Gardasees. Auf über 30 Kilometern trennt er das Ostufer vom Etschtal. An seinen Hängen wachsen mehr als 600 verschiedene Pflanzenarten, darunter etliche botanische Raritäten und Kostbarkeiten wie der Gelbe Enzian. Man kann ihn mit der Seilbahn von Malcesine aus, zu Fuß, per Fahrrad oder – von der Etschseite her – sogar mit dem Auto erklimmen. Trotzdem bietet er Erholungsuchenden viel Ruhe. An den Hängen der Bergkette liegen, idyllisch eingebettet in Wälder und Wiesen, viele kleine Dörfer. Hier spielt der Tourismus nicht die Hauptrolle, und die meisten Menschen leben von Viehzucht, Milchverarbeitung und Landwirtschaft. Besonders lohnenswert ist neben zahlreichen Wandermöglichkeiten, Mountainbike-Trails und Klettersteigen der Besuch des liebevoll angelegten Botanischen Gartens. Auf 1200 Höhenmetern wurde hier die ganze Vielfalt der Flora zusammengetragen, die dem Bergrücken am östlichen Gardaseeufer den Beinamen »Garten Europas« eingebracht hat.

Großartige Landschaftseindrücke bietet der Klettersteig Gerardo Sega auf dem Monte Baldo.

VARONE-WASSERFALL

Der Wasserfall von Varone im gleichnamigen Naturpark, unweit von Riva del Garda im Norden des Gardasees entfernt, bietet ein einzigartiges Schauspiel, das im Laufe der vergangenen 20 000 Jahre entstanden ist. Dabei stürzt das türkisblaue Wasser des Wildbachs Magnone, der unter dem See von Tenno fließt, dröhnend in eine 98 Meter tiefe Schlucht. Das Wasser hat zwei riesige Grotten gebildet, eine tiefer und eine höher gelegene. Lange Zeit war der Wasserfall nur für geübte Kletterer erreichbar. Heute gibt es ein perfektes Wegenetz mit Treppen, Brücken und Stegen, die spektakuläre Blicke auf die Cascata del Varone ermöglichen. Thomas Mann hat in seinem Roman »Der Zauberberg« (1924) dem Wasserfall von Varone ein literarisches Denkmal gesetzt: »Die Besucher waren dicht herangetreten auf schlüpfrigem Felsengrunde und betrachteten ... in Wasserdunst eingehüllt, die Ohren überfüllt und dicht verpolstert vom Lärm ... mit verschüchtertem Lächeln die Köpfe schüttelnd, das Schauspiel, diese Dauerkatastrophe aus Schaum und Geschmetter...«

Spektakuläre Aussichtskanzel am Wasserfall von Varone.

IDROSEE

Der 122 Meter tiefe Idrosee liegt auf 368 Meter Meereshöhe in malerischer Lage in Judikarien zwischen dem Gardasee im Osten und dem Iseosee im Westen. Abgeschirmt von den Bergausläufern der Dolomiten grenzt der See an die Provinzen Trentino und Brescia. Seine traumhafte Lage inmitten grüner Wälder, grasbewachsener Hänge und einem herrlichen Bergpanorama sowie seine hervorragende Wasserqualität machen den Lago d'Idro zu einem der schönsten in ganz Oberitalien. Abseits des Massentourismus lassen sich hier herrliche Ausflüge in die umliegenden Berge unternehmen. Der kleine See bietet für Wassersportarten wie Segeln, Windsurfen und Kitesurfen wegen seiner regelmäßig wiederkehrenden Winde perfekte Bedingungen. Aufgrund seiner milden Wassertemperaturen im Sommer ist der Idrosee zudem ein beliebter Badesee, der das Schwimmen auch noch im September ermöglicht. Der See ist darüber hinaus wegen seines Fischreichtums ein bevorzugtes Anglerziel. Rund um den See und seine Ortschaften gibt es einladende Campingplätze.

Der Ort Idro liegt idyllisch am Südufer des gleichnamigen Idrosees.

LEDRO-ALPEN UND JUDIKARIEN

Das seit Sommer 2015 bestehende UNESCO-Biosphärenreservat erstreckt sich von den Nordalpen zur Poebene und umspannt zwischen Cima Tosa und Gardasee eine Höhendistanz von mehr als drei Kilometern. 1600 Pflanzenarten und 149 geschützte Tierarten sind hier beheimatet. Die abwechslungsreiche Landschaft mit ihren glasklaren Gewässern, Felswänden, Naturparks und Schluchten ist zudem ein Eldorado für Aktivurlauber – ob mit dem Fahrrad, zu Fuß oder auf dem Surfbrett. Menschliche Lebens- und Wirtschaftsweisen spielen in dem Schutzgebiet aber auch eine große Rolle. Traditionelle Steinhäuser wurden restauriert und bei den prähistorischen Pfahlbauten von Fiavé und Ledro moderne Museen errichtet, die über das Leben der Menschen vor 4000 Jahren informieren. Die Dörfer Canale, Rango und San Lorenzo wurden zu den schönsten Italiens gekürt. In San Lorenzo findet alljährlich zu Ehren einer lokalen Wurstspezialität, der mit weißen Rüben versetzten und mit dem Gütezeichen »Slow Food« ausgezeichneten Ciuìga del Banale, ein Fest statt.

Im rund 47 000 Hektar großen Biosphärenreservat leben geschützte Tierarten wie der Braunbär.

PUSTERTAL

Bei Mühlbach, in der Nähe von Brixen, zweigt das Pustertal gegen Osten hin ab und zieht sich über 60 Kilometer bis ins österreichische Osttirol hinein. In diesem grünen Tal reihen sich viele stattliche Dörfer und Weiler entlang der Flüsse Rienz und Drau aneinander. Ungefähr in der Mitte liegt der Hauptort Bruneck, ein lebhaftes kleines Städtchen mit einem sehenswerten mittelalterlichen Stadtkern. Ihren Namen erhielt die Stadt von ihrem Gründer, dem Fürstbischof Bruno. In der ehemaligen bischöflichen Burg auf dem Schlossberg ist jetzt eines der Reinhold-Messner-Museen namens Ripa eingerichtet, das den Bergvölkern der Welt gewidmet ist. Der Kronplatz ist der Hausberg Brunecks, und nach ihm ist auch die Ferienregion benannt. Von diesem Berg öffnet sich eine unvergleichliche Aussicht für Wanderer im Sommer und Skifahrer im Winter.

St. Lorenzen (San Lorenzo di Sebato) ist eines der idyllischen Dörfer des Pustertals, umgeben von Almen, Wäldern und Berghängen. Die Ortsmitte wird von der Pfarrkirche überragt, eine der ältesten Kirchen des Pustertals.

Das Volkskundemuseum im malerischen Dorf Dietenheim ist unbedingt sehenswert! Das Dorf ist ein Gemeindeteil des Städtchens Bruneck und liegt an der Sonnenseite des Talkessels. Hier bauten sich die begüterten Landadeligen stattliche Edelsitze. Einer davon, »Mayr am Hof« genannt, wurde zu einem Volkskundemuseum umgestaltet. Dieses Aushängeschild aller Heimatmuseen entwickelte sich zu einem wahren Besuchermagneten. In den originalgetreu eingerichteten Räumen, darunter die gute Stube, Zimmer, Keller und Küche sowie in der barocken Hauskapelle ist Mobiliar großbürgerlicher und adliger Kreise zu sehen. In der riesigen Scheune werden die Werkstätten der Handwerker gezeigt. Auf dem Freigelände stehen Bauernhäuser, eine Mühle, eine Sägemühle und ein Bienenhaus, die einst in Südtirol verstreut standen, dann ab- und hier wieder aufgebaut wurden.

Das Volkskundemuseum und Freiluftgelände von Dietenheim ist ein Museum für alle Sinne. Besucher bekommen Einblicke in die rustikalen Stuben, das Leben auf dem Hof und die bewirtschafteten Gemüsebeete und Kräutergärten.

NATURPARK FANES-SENNES-PRAGS

Den Naturpark Fanes-Sennes-Prags muss man erwandern, sich über der Waldgrenze im Kalkrasen zwischen Blaugras und Immergrüner Segge niederlassen, unter der Sonne die Augen schließen, den Duft von Edelweiß und Dolomitenfingerkraut einatmen, das Gurgeln eines Bergbachs wahrnehmen und die vielen Sagengestalten des Parks zum Leben erwecken. Alles nur geträumt? Wenn man die Augen aufmacht, schimmert vor einem vielleicht der Grünsee. Und wenn nicht, breiten sich vor dem Betrachter die typischen Karstformen aus, die dieses Gebiet prägen, und man weiß: Es ist alles wahr. Nirgendwo in Südtirol sieht man so deutlich wie hier, wie die sedimentäre Dolomitenplatte als Ganzes tektonisch gehoben, dabei aber nicht gebrochen wurde. Und in den Nebensaisons kann hier auch noch das Gefühl erquicklicher Einsamkeit erlebt werden. Traumhaft schön!

Die Landschaft im Naturpark Fanes-Sennes-Prags erscheint fast unnatürlich schön. Im idyllischen Pragser Wildsee (rechts) spiegeln sich kristallklar die hohen Bergspitzen. Im Herbst färben sich die Lärchen im Lärchental (unten).

FANESGRUPPE

Die Dolomiten sind in ihrer Einzigartigkeit wohl kaum zu überbieten, und das Gebiet der Fanesgruppe bildet sozusagen ein Zentrum darin. Wo ein Kranz bizarrer Felsformationen und hoher Gipfel eine von grünen Wiesenmatten mit einzigartiger Bergflora überzogene und mit türkisen Seen gesprenkelte Hochfläche umschließt, ist die Sage vom Reich der Fanes – das Nationalepos der Ladiner – angesiedelt. Hier wohnten verzauberte Gestalten: die schöne und unglückliche Königstochter Dolasilla, ihr Widersacher Ey de Net, der Held Lidsanel aus dem Fassatal und die Murmeltiere, die der Königin Unterschlupf gewährten. Nachzulesen in den »Dolomitensagen« von K. F. Wolff. Mehrere Schutzhütten und Almwirtschaften bieten hier Unterkunft und Verpflegung. Etliche von ihnen sind auch im Winter bewirtschaftet, für die Winterwanderer und Skitourengeher.

Dramatische Stimmung über dem südlichen Fanes-Naturpark in den Dolomiten mit Blick auf den Piz dles Conturines im letzten Sonnenlicht (links). Vom Valparola-Pass hat man einen fantastischen Blick auf die Fanesgruppe (unten).

»Wie bekommen wir die Berge auf den Teller?«

Der Guide Michelin hat die innovative Cook the Mountain-Küche Norbert Niederkoflers mittlerweile mit dem dritten Stern gekrönt, u. a. mit der Begründung: »Die Begegnung mit dieser Küche ist keine Mahlzeit, sondern eine unvergessliche menschliche Erfahrung.«

Die Alpenküche ist – auch unter dem Aspekt regionaler Unterschiede – geprägt vom abgeschiedenen bäuerlichen Leben über die Jahrhunderte, von Viehwirtschaft auf den Almen und von den langen Wintern. Dennoch ist sie nicht karg oder eintönig. Im Gegenteil: Das überlebensnotwendige Haltbarmachen durch Räuchern oder Trocknen hat begehrte Spezialitäten hervorgebracht wie Südtiroler Speck, Schüttelbrot, Bündner Trockenfleisch und würzigen Bergkäse. Alpenküche ist aber noch mehr. Einer der sich mit überzeugenden Erfolgen auf ihre Spur gemacht hat, ist Dreisternekoch Norbert Niederkofler. Nach Wanderjahren durch die Spitzengastronomie der Welt ist er Mitte der 1990er-Jahre wieder in seiner alten Heimat Südtirol sesshaft geworden. In seinem Gourmetrestaurant St. Hubertus im Hotel Rosa Alpina in St. Kassian in den Dolomiten entschied er sich, nichts Neues zu erfinden, sondern die Traditionen der Heimat hochzuhalten und »die Berge auf den Teller« zu bringen. Der Gourmetkoch nahm die Herausforderung an und ließ sich von der ihn umgebenden Natur und ihren Erzeugnissen inspirieren, die dem Suchenden ihre Schätze gern preisgab: uralte im Alpenraum verwendete Getreidesorten wie Buchweizen und Gerste, aus der er ein duftendes Risotto zaubert, alte Haustierrassen, vergessene Obst- und Gemüsesorten und aromatische Wildkräuter wie Alpenklee, Zitronenmelisse, Bergpfeffer, Verbene, Bergthymian und Lärchenzapfen, die im Gaumen ein Bukett anregender Geschmackserlebnisse entfalten. Und natürlich auch die saisonalen Früchte der Umgebung wie Beeren, dazu Pilze und Wild. Das Einzigartige an seinem kreativen Kochstil ist aber nicht nur, dass Niederkofler dafür fast ausschließlich regionale Zutaten verwendet, sondern dass er auch die notgedrungenen Tugenden der Alpenbewohner von damals integriert hat, nämlich das Haltbarmachen und die ganzheitliche, nahezu abfallfreie Verarbeitung von Tieren und Früchten.

VILLNÖSSTAL

NATURPARK PUEZ-GEISLER

Nur für wenige Momente bieten sich die filigranen Geislerspitzen den Blicken der Reisenden auf der Brennerautobahn dar. Ganz kurz, aber doch lang genug, um jene Neugier zu wecken, auf dass niemand den Weg ins Villnößtal mehr scheue. Hinten im Tal leuchtet die Brennende Liebe, eine Nelkenart, von den Hängen, ragen verzaubert die 3005 Meter hohen Gipfel des Naturparks Puez-Geisler in den Dolomitenhimmel. An der Waldgrenze weiden die Kühe auf den Almen, während im Talgrund das Kirchlein von St. Johann in Ranui Fotografen Modell steht. Im Weiler St. Magdalena wuchs Reinhold Messner auf: Bergsteiger, Schriftsteller und Museumsgründer, der, bevor er u. a. die 14 Achttausender dieser Welt erklomm, an diesen Bergen Alpingeschichte schrieb. Eine Traumlinie gelang ihm durch die Nordwand des gegenüberliegenden Peitlerkofels über dem Würzjoch.

Der Naturpark Puez-Geisler liegt in einem der meisterschlossenen Teile der Dolomiten – und ist dennoch ein Ort der Ruhe. Die markanten Geislerspitzen (Seite gegenüber) dominieren im Villnößtal. Dessen Talschluss markiert der 2875 Meter hohe Peitlerkofel (rechts).

Es ist eine der meistfotografierten Ansichten in Südtirol, besonders nachmittags im Herbst, wenn der Lärchenwald goldgelb leuchtet und die Sonne schräg auf die Hänge scheint und oben auf den Spitzen schon der erste Schnee liegt: der Blick über die sanft gewellten Almwiesen und dichten Fichtenwälder des Villnößtals hinauf bis zu den Geislerspitzen, die wie Zähne in den Himmel ragen. Der Talschluss mit den Nordwänden der Geislerspitzen sei »in seiner Formenvielfalt mit keiner anderen Region der Erde vergleichbar«, sagte im Jahr 2009 Reinhold Messner, als seine Heimat in die UNESCO-Welterbeliste aufgenommen wurde. Die Gemeinden im Villnößtal gehören zu den sogenannten Alpine Pearls, einer Gemeinschaft von derzeit 19 Fremdenverkehrsorten aus fünf Alpenstaaten, die ihren Gästen sanften Tourismus von hoher Qualität und über einen Mobilitätsservice einen Urlaub ohne Auto ermöglichen wollen.

Herbst im Villnößtal, die Geislerspitzen zeigen sich in ihrer ganzen Pracht. Die höchsten Gipfel der Gruppe sind mit 3025 Metern der Sass Rigais, der wuchtige Berg links der Bildmitte, und die Furchetta, wiederum links vom Sass Rigais.

LANGKOFEL

Wuchtig trohnt er über dem Grödnertal: der Langkofel, ladinisch Saslonch, italienisch Sasso Lungo, der lange Fels (3181 Meter). Zwar ist er breiter als hoch, gleichwohl beeindruckt die düstere Nordwand. Einen Kilometer und fast senkrecht ragt sie in den Himmel. Erstmals wurde die Wand über die sogenannte Pichlkante bezwungen, in mehrtägigem »Kampf« – wie das Verhältnis Mensch zu Berg früher oft umschrieben wurde. Vor Kurzem nahm der Grödner Adam Holzknecht absichtlich die im Winter erschwerte, weil vereiste Kletterroute auf. Anschließend stieg er über die Route des Wiener Erstbesteigers Grohmann (1869) zur Langkofelscharte ab. Die Übernachtung in der Biwakschachtel am Gipfel glich einer Nacht im Millionen-Sterne-Hotel. Wer den Berg über die Ostwand bezwingt, entdeckt die 3,2 Meter hohe, aus Holz geschnitzte Madonna des Bildhauers Flavio Pancheri.

Schier endlos erstrecken sich auf der Seiser Alm, Europas größter Hochalm, die geschwungenen Wiesen Richtung Langkofelgruppe und Sellamassiv (großes Bild). Von Osten präsentiert sich der Langkofel wuchtiger (links), mit zwei Kilometer Länge und exakt 1000 Meter Höhenunterschied. Darunter liegt geheimnisvoll die »Steinerne Stadt«, Ergebnis eines gewaltigen Felssturzes, die ein Paradies für Kletterer und Alpinisten ist.

Europas größte Hochalm

Am Fuß von Langkofel und Schlern erstreckt sich die Seiser Alm. Mit 56 Quadratkilometern ist sie die größte Hochalm Europas und sommers wie winters ein gefragtes Feriengebiet, das rund 60 Kilometer Langlaufloipen und ein 350 Kilometer umfassendes Wanderwegenetz zu bieten hat. Die massive touristische Erschließung wuchs sich aber zu einer Bedrohung für die Natur aus, weswegen die Verantwortlichen die Notbremse zogen. 1974 wurde im westlichen Teil der Naturpark Schlern gegründet, 2003 kam das Rosengarten-Gebiet dazu. Seit 2021 hat der Park auch ein neues Naturparkhaus in Seis am Schlern, das mit Bildern und Filmen Wissenswertes über diese attraktive Dolomitenregion vermittelt.

SELLAGRUPPE UND SELLAJOCH

»Via le moto dal Sella« heißt eine moderne Kletterroute an der Ciavazes-Südwand, der meistbesuchten Wand der Dolomiten. Dass die Motorräder weg von den Sella-Bergstraßen sollen, kann jeder Kletterer in den Sellawänden und damit über den kurvenreichen Pässen von Grödner-, Sella-, Campolongo- und Pordoijoch geräuschvoll nachvollziehen. Ruhiger sind die vielen Aufstiegsanlagen zu Füßen der nach dem italienischen Bergsteiger Sella genannten Gruppe. Sie ermöglichen die berühmte Sellaronda auf Skiern. Noch ruhiger geht es hier nur zu, wenn die Passstraßen wegen Lawinengefahr gesperrt sind oder die Pässe an einem Tag im Jahr den Radfahrern gehören. Ansonsten ist dieser Bergstock schön anzusehen, aber im Sommer nur oben auf der riesigen Hochfläche um den Piz Boè (3151 Meter) und beim Abstieg durch das wildromantische Mittagstal zu genießen.

Rechts: Auf 2585 Meter Höhe, inmitten der Sellagruppe, liegt in einer kargen Felslandschaft der See Pisciadù. Seite gegenüber: An der Piz-Ciavazes-Südwand messen sich mehr Kletterer als anderswo in den Dolomiten, weil die Straße sehr nah und die Felsqualität hervorragend ist.

KOLFUSCHG

Welch ein Panorama – als wäre eine Fülle von Postkartenmotiven aneinandergereiht: Vom Sonnenhang mit der barocken Dorfkirche von Kolfuschg geht der Blick über das dicht mit Hotels bebaute Dorf Corvara, dahinter die Wiesen von Pralongià mit den Serpentinen der Straße, die sich zum Campolongo-Pass hochschlängelt, und auf die Wälder um den Col Alto. Gegenüber erhebt sich die zerklüftete Sellagruppe mit dem Mittagstal und dem berühmten Pisciadù-Klettersteig, dann im Rücken der Spitzhut des Sassongher und gegen Südosten die mächtigen Felswände der Kreuzkofelgruppe. Kolfuschg liegt an der Sellaronda, der einzigartigen und faszinierenden Skitour, welche es ermöglicht, an einem Tag und mit nur einem Skipass das Sellamassiv über die Aufstiegsanlagen und vier Dolomitenpässe zu umrunden und dabei 40 Kilometer, davon 26 Kilometer auf Skipisten, zurückzulegen.

In erster Linie ist das alpine Kolfuschg Ausgangsort der bekannten Sellaronda. Aber auch im Sommer hat sich der Ort inzwischen einen Namen gemacht. Die kleine gotische Kirche St. Vigil mit dem markanten Zwiebelturm (ganz links) geht auf das Jahr 1420 zurück.

SCHLERN

Fichtenkreuzschnabel und Alpenwaldameise fühlen sich in den dichten Wäldern und auf den satten Wiesen wohl, denn dort wachsen neben Alpenrosen und Krokussen auch Goldprimeln und Alpengrasnelken. Der knapp 8000 Hektar große Naturpark Schlern bietet ebenso ein Refugium für Steinadler, Gämsen, Dohlen, Salamander und seltene Libellen. Mit seinen markanten Zinnen sorgt der Schlern für so manche mystische Geschichte. So ist es kein Wunder, dass die Gegend auch Heimat vieler Sagen und Mythen ist, vor allem, wenn die Strahlen der Abendsonne die Felsen in ein tiefes Rot tauchen. Über die Fauna und Flora des Schutzgebietes informiert das Naturparkhaus. Es ist untergebracht in einem 400 Jahre alten Sägewerk. Die wasserbetriebene Säge ist heute wieder voll funktionstüchtig. Auch zur Geologie der Dolomiten findet man hier interessante Informationen.

Blick von der Sass Rigais auf Seceda und Grödnertal mit Oberer und Unterer Fermeda und Schlern. Seit 1974 ist Schlern ein geschütztes Refugium und nach dem Stilfser Joch das zweitälteste Naturschutzgebiet Südtirols. Die Region ist bekannt für ihre einsamen Wege und Touren.

ROSENGARTEN-GRUPPE

Von Bozen aus betrachtet, weist der Rosengarten auf zwei Drittel Wandhöhe eine Stufe auf, in der einst des Zwergenkönigs Laurin schönste rote Rosen wuchsen. Da er im Kampf um seine Liebe zur Tochter des Königs an der Etsch gegen das königliche Heer, allen voran Dietrich von Bern, chancenlos unterlag, blieb Laurin nur ein letzter Schlag: der Fluch! Nie wieder sollte ein Menschenauge die Schönheit seines Rosengartens bewundern können, nicht bei Tag und nicht bei Nacht. Doch ach, er vergaß den Übergang zwischen Tag und Nacht, die Dämmerung. Und das ist der Grund, weshalb die Rosen heute nur noch bei Sonnenuntergang als Alpenglühen sichtbar werden. So weit die Sage. Eine andere Version leitet den für den Alpenraum untypischen Namen Rosengarten vom Wortstamm »ruza« ab, was so viel wie Geröllhalde heißt. Man hat die Wahl …

Der Rosengarten erstreckt sich als etwa acht Kilometer langes Bergmassiv vom Schlern im Norden bis zum Karerpass im Süden. Höchster Gipfel ist der 3004 Meter hohe Kesselkogel, der ziemlich frei steht und deshalb mit einer wunderbaren Aussicht aufwartet.

VAJOLET-TÜRME

Die drei schlanken Vajolet-Türme prägen den Rosengarten-Hauptgipfel an seiner Nordseite und bilden zusammen die bekannteste und auch am meisten besuchte Gruppe der westlichen Dolomiten. Wer kennt nicht die Sage vom Zwergenkönig Laurin, der hier sein Reich und einen Schatz aus Kristall, Gold sowie Silber hütete, von seiner unglücklichen Liebe zu Prinzessin Simhilde und von seinem verwunschenen Rosengarten, der in der Dämmerung im orangeroten Licht des Sonnenuntergangs erblüht! Die Vajolet-Türme wurden geradezu zum Symbol für die Eleganz der Felsformationen der Dolomiten. Sie sind nach ihren Erstbesteigern benannt: Der südliche ist der Winklerturm, der mittlere der Stabelerturm und der nördliche der Delagoturm. Zu ihren Füßen liegt die Gartlhütte – das Ziel etlicher fantastischer Wanderungen und Stützpunkt der Kletterer.

Wie eine Spielzeugschachtel steht die Gartlhütte, auf Italienisch Rifugio Re Alberto I, am Fuß der Vajolet-Türme. Sie sind beliebte Kletterberge und bieten zahlreiche Routen, vor allem in mittleren Schwierigkeitsgraden. Von der Hütte aus ist man in wenigen Minuten am Einstieg.

KARERSEE UND LATEMAR

Am Karersee sitzt im Herbst eine Jungfer auf einem über die Seeoberfläche ragenden Felsen. Die von Künstlerhand geformte Schöne genießt das Alpenglühen am Rosengarten trockenen Fußes – bis sie durch Schnee, Regen und Schmelzwasser im Winter in den Fluten des Sees versinkt. Besonders sanft und tiefgrün funkelt der im Frühsommer noch volle Karersee dann vor der steilen Bergkulisse der versteinerten Puppen des Latemar, der sich senkrecht 1300 Meter über den See emporschwingt. Nach einer Sage hatte sich ein Zauberer erfolglos in eine schöne Jungfer verliebt und alle seine Schmuckgeschenke in den See geschleudert. Seitdem leuchtet dieser in allen Farben, weshalb ihn Einheimische auch »Regenbogensee« nennen. Geheimnisvoll mögen auch die unterirdischen Quellen erscheinen, die ihn speisen – einen offenen Zufluss gibt es jedenfalls nicht.

Tief in den Fichtenwäldern, unterhalb der Latemarspitzen, liegt in einem der sagenreichsten Dolomitengebiete der Karersee. Einst lag er versteckt, nur von Hexen und Zauberern bevölkert, doch heute schauen nur noch unzählige Touristen nach dem im See versenkten Schmuck.

Über zwei Kilometer breit und fast einen Kilometer hoch ist der senkrechte Plattenpanzer aus Kalk. Darunter wirkt der Mensch winzig. Das ist die Marmolada-Südwand, die eindrucksvollste Wand der Dolomiten unterhalb des höchsten Gipfels (3343 Meter) dieser so vielfältigen Berggruppe. Ganz anders sieht es auf der Nordseite aus: Bis die Gletscher schrumpften, befand sich dort über dem Fedaiapass das einzige Sommerskigebiet der Dolomiten. Im ewigen Eis des Gletschers hatten die Tiroler Gebirgsjäger im Ersten Weltkrieg ein neun Kilometer langes Tunnelsystem gegraben, um erfolgreich die Stellung an den Vorgipfeln halten zu können. Lawinen kosteten Hunderten von Soldaten das Leben. Heute landen am Gipfel die Paragleiter. Bei guter Thermik kommen sie vom Sellapass heran, rasten in der Gipfelschutzhütte und fliegen wieder von dannen.

Großes Bild: Die Dolomiten sind wahrlich voller eindrucksvoller Bergformationen und -gestalten, doch die Marmolada (deutsch: Marmolata) mit ihrer riesigen Südwand ist einzigartig. Außerdem stellt sie mit ihren 3343 Metern den höchsten Berg der Dolomiten dar. Links: Der Marmoladagletscher auf der Nord- und Westseite des Massivs ist der einzige größere Gletscher, den die Dolomiten aufweisen können.

SEXTNER DOLOMITEN

Die Sextner Dolomiten bilden die nordöstlichste Gebirgsgruppe der Dolomiten. Sie liegen im äußersten Osten Südtirols und im Norden der Provinz Belluno. Im Norden werden sie begrenzt durch das Pustertal, im Osten durch das Sextental, im Süden durch das Val d'Ansiei und im Westen durch das Höhlensteintal. Im Südtiroler Teil des Gebirges liegt der Naturpark Drei Zinnen, der zum UNESCO-Welterbe Dolomiten gehört. Die Sextner Dolomiten bestehen überwiegend aus Dolomitgesteinen, die sich im Urmeer aus Korallenriffen gebildet haben. Charakteristisch ist der Gegensatz zwischen sanft gewellten Almen und emporragenden Riffgipfeln mit teilweise über 3000 Meter Höhe, die meist von riesigen Schutthalden umgeben sind. Im Naturpark finden sich bedeutende Populationen von Raufußhühnern, darunter Schnee-, Stein-, Birk- und Auerhuhn.

Das Massiv des Monte Cristallo, vom Dürrensee aus gesehen. Man ahnt, dass die Gesteinsschichten des Bergs über Jahrmillionen hinweg in einem warmen Urmeer auf einem langsam absinkenden Korallenriff aufgebaut wurden.

Wer die Natur richtig lesen kann, benötigt keine Uhr. Die Bewohner von Sexten sind Meister darin. Sie schauen zum Fenster hinaus und sehen dort als natürliche Sonnenuhr die Bergspitzen von Neuner, Zehner, Elfer, Zwölfer und Einser. Wenn die Sonne hinter der Dreischusterspitze verschwindet, ist es Zeit für eine kleine Vesper, die Marende. All diesen Gipfeln ist gemeinsam, dass sie sich wie riesige Kathedralen in den blauen Himmel des Sextener Naturparks strecken. Und tief darunter vollendet das malerische Fischleintal den hoheitlichen Anblick. Je nach Jahreszeit erscheint das naturbelassene Tal in unterschiedlichen Farben: Im Winter verzaubert es mit weißer Pracht, im Frühjahr schmückt es sich mit zartem Grün, im Sommer kontrastiert sattes Grün mit dem grauen Kalk, und im Herbst schillern die vergoldeten Lärchen.

Von links nach rechts bilden Neuner bis Einser – darunter auch der Zwölfer (ganz unten) – eine wahrlich gigantische Sonnenuhr. Im Naturpark Sextener Dolomiten (unten) kann man die »Bergziffern« erwandern.

Bis zum Ende des Ersten Weltkriegs verlief die Grenze zwischen den damaligen Königreichen Österreich-Ungarn und Italien quer durch die Dolomiten zum Gardasee und über die Adamellogruppe nach Norden zum Ortlermassiv. Italien war vor Ausbruch des Weltkriegs im sogenannten Dreibund mit Österreich-Ungarn und Deutschland verbündet. Doch die Alliierten versprachen Italien im Falle eines Kriegseintritts auf ihrer Seite alle Gebiete südlich des Alpenhauptkamms, in denen unterschiedlich starke italienische Minderheiten lebten: Friaul, Südtirol, Trentino/Welschtirol und Triest. Von nationalistischen Einheitsbestrebungen getrieben, erklärte Italien im Mai 1915 Österreich den Krieg. Die »Front in Fels und Eis« verlief daraufhin zwei Winter lang geradewegs durch die Dolomiten bis zum Ortler. Besonders der Kriegswinter 1916/17 wurde zum Grab für Kaiserjäger, Alpini und Tiroler Standschützen. Über 10 000 Lawinenopfer wurden beklagt. Bei Tiefsttemperaturen hockten die Männer auf bis zu 3900 Meter Höhe frierend in zugigen Unterständen. Die Front blieb zwei Jahre lang unbewegt, bis sie von den Italienern 1917 nach großen Verlusten im Osten kampflos geräumt wurde. Obwohl Verlierer, wurden Italien die begehrten Gebiete südlich des Alpenhauptkamms 1919 dennoch zugesprochen.

Auf vielen Gipfeln und entlang zahlreicher Steige kann der Wanderer Spuren des Dolomitenkriegs erkunden. Am Monte Piana und in der Mittelstation der Marmolada-Seilbahn lassen sich anhand von Baracken die Schrecken dieser Jahre nachempfinden. Überall stößt man zudem auf Reste von Unterständen, auf rostigen Stacheldraht, alte Holzleitern und Gedenkstätten – Zeugnisse eines sinnlosen Kriegs (unten).

LAGO DI MISURINA

Ein beliebter Ausflug von Cortina d'Ampezzo aus führt über den Tre-Croci-Pass hoch zum Misurinasee. Von dort lässt sich die Südseite der Drei Zinnen bestaunen und später mit der Seilbahn der herrlichen Aussicht wegen auf die mittlere Spitze der Tofane fahren. Ganz zu schweigen von winterlichen Pistenfreuden auf olympiageprüftem Gelände. Auf den Geschmack gekommen sind auch Produktionsfirmen, zuletzt für den James-Bond-Film »In tödlicher Mission«. Der Misurinasee liegt auf 1754 Meter Höhe am flachen Misurinapass, dem Übergang von Auronzo ins Pustertal. Im Norden erheben sich wie erwähnt majestätisch die Drei Zinnen, die Symbolberge der Dolomiten. In dem stattlichen Gebäude südlich des Sees ist eine Klinik für asthmakranke Kinder untergebracht, die hier auf dieser Höhe, vor der imposanten Kulisse der Sorapissgruppe, Linderung finden.

Man kann sich vorstellen, welch gewaltige Überraschung die Erstbegeher hier erwartete; ewig auf der Suche nach wegsamem Gelände und möglichen Gipfelrouten, offenbarte sich ihnen nach einer Waldlichtung plötzlich ein smaragdgrüner Bergsee. Heute ist der Misurinasee (großes Bild) eine beliebte Kurregion mit der Garantie für reinste Luft und beste Wasserqualität. Links: Die Berggruppe Cadini di Misurina.

MONTE CRISTALLO

Bereits der Name Kristallberg löst Erwartungen aus, denen der Gebirgskamm, der sich schützend im Norden des Cortineser Talbeckens aufbaut und dessen spitze, bleiche Türme bis auf 3221 Meter aufsteigen, voll gerecht wird. Der unbezwingbar erscheinende Hauptgipfel wurde 1865 von Paul Grohmann gemeinsam mit den Cortineser Bergführern Angelo Dimai und Sandro Siorpaes zum ersten Mal bestiegen. Heutzutage erleichtert eine Seilbahn den Zugang, sodass der Cristallo di Mezzo fast überlaufen ist. Auf den Marino-Bianchi- und Ivano-Dibona-Klettersteigen, die an der Bergstation der Kabinenbahn bei der Scharte Forcella Stounies beginnen, herrscht an schönen Tagen Trubel. Das tut jedoch der beeindruckenden 360-Grad-Weitsicht über die Dolomitenlandschaft bis zum eisgepanzerten Alpenhauptkamm im Norden, die von hier oben zu genießen ist, keinen Abbruch.

Massive Berggipfel und Felstürme rufen bei Menschen die widersprüchlichsten Reaktionen hervor: Faszination, Demut, Anziehungskraft und Unnahbarkeit. Einzig die Landschaft ringsum scheint zart und veränderlich. Im Frühsommer zeigt sich das Tal in erwartungsvollem, frischem Grün.

TOFANE-GRUPPE

Die Dolomitenriesen der Tofane prägen das Bild der Ampezzaner Berge. Der Gipfel der Tofana di Rozes ist der markanteste des Dreigestirns im Westen des Beckens von Cortina d'Ampezzo. Unterhalb der Gipfelregion der Tofanes beginnt die berühmte Weltcupabfahrt von Cortina d'Ampezzo. Mit ihren 3225 Metern ist diese Tofana nur wenig niedriger als die 3244 Meter hohe Tofana di Mezzo (die mittlere Tofana) und die Tofana di Dentro (die hintere Tofana, 3238 Meter). Auf die Tofana di Rozes mit ihrer imposanten Südwand führt neben mehreren Kletterrouten auch ein berühmter Klettersteig, die Via Ferrata Lipella in der Westflanke. Der Steig geht an alten Kriegsstollen vorbei. Auf die Tofana di Mezzo schwebt von Cortina – direkt vom Stadtgebiet beim Olympiastadion – aus die Seilbahn Freccia del Cielo (deutsch: Himmelspfeil) in drei Abschnitten auf den Gipfel.

Auch wenn die Tofana di Rozes (das Bild zeigt ihre mächtige Südseite) die niedrigste der drei Tofanes ist, gehört sie gleichwohl zu den beliebtesten und am meisten bestiegenen Felstürmen. Dabei nimmt man entweder die übliche Route nordöstlich des Gipfels oder den westlichen Klettersteig.

CINQUE TORRI

Unweit vom Falzaregopass, dem Übergang vom Gadertal ins Ampezzaner Gebiet, erhebt sich die bizarre Felsformation der Cinque Torri (deutsch: fünf Türme) an der Dolomitenstraße. Die steilen Zacken bildeten sich durch die Abspaltung von einem großen Felsblock und liegen isoliert und beherrschend in der Landschaft: Es scheint, als würden die Felsentürme einfach so aus den Almwiesen sprießen. Der höchste Turm ist die Torre Grande mit 2361 Metern. Die Torre Seconda, Torre Latina (auch Torre Terza), Torre Quarta und Torre Inglese sind wesentlich kleiner und schlanker. Die Torre Trephor stürzte 2004 durch Schmelzwassererosion ein. An den Türmen herrscht im Sommer ein reges Treiben von Kletterern und Freeclimbern auf den Routen der verschiedenen Schwierigkeitsgrade, während Wanderer auf familienfreundlichen Steigen die Felsen umrunden.

Steinerne Monumente zeugen davon, als sich zwischen Falzaregopass und Cortina d'Ampezzo noch ein geschlossener Bergrücken befand. Die durch Erosion abgeschliffene Wand mit ihren heutigen fünf Türmen ist längst von Kletterern und Freeclimbern in Beschlag genommen worden.

CORTINA D'AMPEZZO

Das Herz der Dolomiten pocht in der Talsenke von Cortina d'Ampezzo. Nirgendwo anders schlägt es schöner als zwischen den perfekt geformten Massiven von Cristallo, Antelao, Cime di Lago und Tofane. Und es schlägt für Südtirol. Per Volksabstimmung sprach sich die Bevölkerung 2007 für den Anschluss an Südtirol aus, doch die italienische Regierung mochte dem bislang nicht nachgeben. Skisportler und Bergwanderer aus aller Welt kennen den waldumgebenen Bergort inmitten der drei Dolomiten-Gruppen Marmarole, Cristallo und Tofana mit ihren über 3000 Meter hohen Gipfeln, weiter nördlich beeindrucken die Sextener Dolomiten mit den Drei Zinnen. Die Olympischen Winterspiele von 1956 machten Cortina d'Ampezzo noch berühmter. Die Folge war ein Hotelbauboom. Die im Kern gotische Dorfkirche überragt die Sporthotels dennoch mit ihrem 71 Meter hohen Turm.

Nach 1956 werden in Cortina d'Ampezzo, mitten im UNESCO-Weltnaturerbe der Dolomiten gelegen, 2026 zum zweiten Mal die Olympischen Winterspiele ausgetragen. Zwischen all den Gasthöfen, Hotels und Geschäften lässt es sich in der »Königin der Dolomiten« entspannt flanieren und bummeln.

»Bun dì. Co vara pa? Co aste pa inom?«

Ladinischer Willkommensgruß (»Guten Tag. Wie geht's? Wie heißt du?«)

Sechs Länder zwischen Frankreich und Slowenien teilen sich die Alpen. Um ein Vielfaches höher ist jedoch die Zahl der Sprachen und Mundarten, die dort gesprochen werden. Allein die Schweiz hat vier amtliche Landessprachen plus vielfältige regionale Dialekte. In Südtirol wird neben Italienisch oft noch die frühere Amtssprache Deutsch gesprochen. Und seit die ladinische Popband Ganes um die Geschwister Schuen mit ihren mythischen Texten von den Bergen auch international auftritt, weiß man, dass in den Dolomiten noch eine dritte amtlich anerkannte Sprache verbreitet ist und immerhin noch von 30 000 Menschen gepflegt wird. Das Ladinische ist dort sogar die älteste Sprachgruppe, entstanden aus keltischen und lateinischen Wurzeln; in den ersten Jahrhunderten nach unserer Zeitrechnung gehörte sie zu den am weitesten verbreiteten in der Alpenregion, verwandt mit dem Friaulischen (Nordostitalien) und dem Rätoromanischen (Graubünden). Slawische Wurzeln hat dagegen das Slowenische, das am östlichen Alpenrand gesprochen wird. Auch in den Westalpen finden sich interessante Sprachräume. Im nördlichen Abschnitt bildet der virtuelle »Röstigraben«, der sogar den Kanton Wallis teilt, die Kultur- und Sprachgrenze zwischen der deutsch- und der französischsprachigen Schweiz. Ganz im Südwesten der Alpen, vor allem im Bereich der Seealpen ist Okzitanisch verbreitet, eine Sprache, die sich aus dem sogenannten Vulgärlatein entwickelt hat. In der Grenzregion Schweiz, Italien und Frankreich nimmt indes die babylonische Sprachverwirrung zu: Das italienische Aostatal ist zweisprachig italienisch und französisch (frankoprovenzalischer Dialekt) aufgestellt, aber in einzelnen Sprachinseln wird auch noch Titsch bzw. Toitschu, ein höchstalemannischer Dialekt der Walser, gesprochen. Das Walserdeutsch (Titsch) hat sich aber seit den Walser-Auswanderungen aus dem Wallis vor 800 Jahren durch romanische Einflüsse regional stark verändert und wird nur noch von wenigen aktiv gesprochen. Im benachbarten Valle di Gressoney trifft man sogar auf sechs Sprachvarianten, neben Walserdeutsch auch Deutsch, Frankoprovenzalisch, Französisch, Piemontesisch und Italienisch. Übertroffen wird dieses Babylon nur noch vom 200-Seelen-Dorf Bivio am Julierpass mit sieben Sprachen und Mundarten, darunter auch Rätoromanisch, Bergeller und Puschlaver Dialekte sowie Biviano. Zur sprachlichen Vielfalt hat dort übrigens auch passüberschreitendes Heiraten beigetragen, ein weiterer interessanter Einfluss auf die Sprachentwicklung im Alpenraum.

Die Vielzahl der Sprachen im Alpenraum spiegelt die starken Wanderungsbewegungen in den Alpen und die kulturellen Veränderungen im Lauf der Jahrhunderte wider. Die »Sprachenlandschaft« der Alpen »erwandert« man sich am besten in den Dörfern und Tälern.

CRODA DA LAGO

Wenn in der nahen Schutzhütte Rifugio Croda da Lago – Gianni Palmieri noch alles schläft und sich das erste Licht im Osten über den Gipfeln des Antelaomassivs bricht, ist die richtige Zeit für ein »Konzert« der besonderen Art: Am felsigen Ufer des Lago Federa wird man Zeuge einer Symphonie in Blau. Mit den ersten Sonnenstrahlen eröffnet sich auf spiegelglatter Wasseroberfläche das Antlitz der Croda-da-Lago-Spitzen. Es sind Momente des Innehaltens – und nur von kurzer Dauer. Mit dem Erwachen des Lebens im Rifugio entschwindet der Zauber, dann ist es Zeit für den Aufbruch. 2709 Meter hoch sind hier die bizarren und nur schwierig zu erkletternden Gipfel. Einfacher ist der Steig darunter, vorbei und hinüber zum Passo Giau (2236 Meter) mit seinen eindrucksvollen Ausblicken auf Nuvolau, Pelmo und Tofane. Nur etwa zehn Minuten von der Hütte entfernt, befindet sich an den südöstlichen Abhängen der Croda da Lago ein Klettergarten, der mit einer spektakulären Aussicht, u. a. auf den Federasee, lockt.

Die Felskulisse der Croda da Lago mit ihren schroffen Wänden, Türmen und Zacken bestaunt man auf gemütlichen Rundwegen, vorbei am Lago Federa.

PASSO DI FALZAREGO

»Action!« Dieses Wort kennt man gut in der umwerfend schönen Gegend zwischen Lagazuoi, Tofane und Cinque Torri. Vor dem Ersten Weltkrieg explodierten Sprengladungen beim Bau der Dolomitenstraße über den Falzaregopass. Während des Ersten Weltkriegs lieferten sich Österreicher und Italiener in der Lagazuoi-Südwand nicht weniger explosive Gefechte. Ein Klettersteig führt heute durch die engen Tunnel des übrig gebliebenen »Schweizer Käse« zum Doppelgipfel des Lagazuoi, dessen kleiner Gipfel (2778 Meter) vom Falzaregopass aus auch mit einer Seilbahn erreicht werden kann. In den 1980er-Jahren hieß es schließlich »Action!« beim Dreh für den Tierfilm »Der Bär« von Jean-Jacques Annaud, und in den 1990ern mussten die Wände der Tofane als Kulisse für Sylvester Stallones Actionfilm »Cliffhanger« herhalten. Profikletterer, darunter der deutsche Extremkletterer Wolfgang Güllich, der kurz nach Ende der Dreharbeiten bei einem Autounfall starb, doubelten den Star in den Wänden der Fünf Türme.

Auf der Passhöhe (2105 Meter) befinden sich ein bewirtschaftetes Rifugio und die Talstation der Seilbahn, die auf den Lagazuoi hinaufführt.

SORAPISS-SEE UND SORAPISS-GRUPPE

Im Osten des weiten Beckens von Cortina d'Ampezzo ragen zwei Berggruppen auf: die Sorapiss-Gruppe (3205 Meter) und die Marmarole. An der Sorapiss-Nordflanke befindet sich eines der großen und gut besuchten Skigebiete von Cortina. Die Seilbahn zur Faloria startet direkt in der Stadt, und es bieten sich gleich drei Schutzhütten als Stützpunkte für Skifahrer und Wanderer an. Berühmt ist die Sorapiss-Ansicht mit den Seespiegelungen vom Misurinasee aus. Der im Südosten anschließende Gebirgsstock der Marmarole mit dem Cimon del Froppa (2932 Meter) als höchstem Gipfel ist hingegen relativ wild und unerschlossen. Das zerklüftete Gebiet gilt aufgrund fehlender Schutzhütten und Liftanlagen im Vergleich zu anderen Berggruppen der Dolomiten als Geheimtipp. Auch die Wanderwege sind dünn gesät, nur der Dolomitenhöhenweg Nr. 5, der dem großen venezianischen Maler Tizian gewidmet ist, quert die Berggruppe. Die Dolomitengruppe der Marmarole inspirierte den Maler zu zahlreichen Gemälden.

Ein lohnendes Wanderziel ist der Lago di Sorapiss, der vor allem für sein intensiv türkisfarbenes Wasser bekannt ist.

VAL FIORENTINA UND MONTE PELMO

So majestätisch baut sich der Monte Pelmo (3168 Meter) über dem Fiorentinatal auf, dass die Einwohner von Selva di Cadore ihn auch wegen seines thronähnlichen Nebengipfels in ihrer dialektalladinischen Muttersprache »El Caregon del Padreterno« nennen, den Sitz Gottes. Dabei geht es im bedeutenden Skiort der Skiarena Civetta oft recht weltlich zu. Heutzutage jedenfalls. Als der Engländer Sir John Ball 1857 den Pelmogipfel als erster Mensch bestieg, muhten im Tal ein paar Kühe, und die Bevölkerung glaubte oft an mehr als nur den einen Gott. Wohl deshalb folgte der einheimische Gamsjäger dem Erstbesteiger nicht über das nun nach Ball benannte ausgesetzte Felsband zum Gipfel. Weniger gefährlich ist die Wanderung rund um den Berg. Unter den Wandfluchten des Pelmo drehten einst Dinosaurier ihre Runden. Ihre Spuren können an einem ausgebrochenen Felsblock am Bergfuß studiert werden. Sehr viel später gestalteten dann Bergbauern die Landschaft, bis schließlich der Tourismus florierte.

Der Monte Pelmo ist ein gewaltiger Felsdom. Am eindrucksvollsten präsentiert er sich vom Lago delle Baste aus.

NATIONALPARK DOLOMITI BELLUNESI

Es ist ein berauschendes Gefühl, vom Gipfel des Monte Schiara (2565 Meter) aus, inmitten des Nationalparks Belluneser Dolomiten, in der Ferne die venezianische Lagune zu sehen, das Meer. Wer den Wellenschlag nicht hören kann, sollte sich nachts den Blick auf das Lichtermeer der endlos wirkenden Poebene zu Füßen des Nationalparks nicht entgehen lassen. Dafür bietet sich eine Nacht in der nahen Ugo-Dalla-Bernardina-Biwakschachtel an. Sie liegt neben einem 40 Meter senkrecht in den Himmel ragenden schlanken Felszacken, der »Finger des Bischofs« genannt wird. Dieser kann auch vom reizvollen Städtchen Belluno aus gesehen werden, wo man im Zweifel wesentlich bequemer nächtigt. In der Umgebung bieten zahlreiche prähistorische Ausgrabungsstätten sowie das mehr als 500-jährige Bergbauzentrum in Valle Imperina lebendigen Geschichtsunterricht.

Links: Der Berg Ramezza bei Sonnenuntergang; im Hintergrund erhebt sich der Sass de Mura in 2550 Meter Höhe. Unten: Ein wahrhaft atemberaubender Ausblick bietet sich von dem Felsentor am Sasso Scarnia über große Bereiche des Nationalparks Belluneser Dolomiten im südlichsten Teil der Dolomiten. Der Park wurde 1990 gegründet. Wanderern und Bergsteigern stehen bei ihren Touren Berghütten sowie Biwakschachteln zur Verfügung.

FRIAULER DOLOMITEN

Die sonnigen Hochgebirgswiesen von Canpuros, die Weiden der Senonsalm und die stille Einsamkeit der sogenannten Medunatäler machen den Naturpark Friauler Dolomiten zu einem einzigartigen Ambiente. Mit dem Park ist das Naturreservat Forra del Cellina verbunden, eine imposante Schlucht, die der Wildbach Cellina vor seinem Austritt in die Obere Friauler Tiefebene in die Kalkschichten gegraben hat. Keine Ecke der Dolomiten ist so unerschlossen wie dieser Park, der sich um die Cima dei Preti (2706 Meter), den Monte Duranno (2668 Meter) und die Cima Monfalcon di Montanaia (2548 Meter) mit dem 300 Meter hohen und frei im Felskessel des obersten Val Montanaia aufragenden Felsturms Campanile di Val Montanaia (2173 Meter) erstreckt. Der Felsturm ist das Wahrzeichen des Gebiets. Darüber ziehen – in gesunder Population – Steinadler ihre Kreise.

Unten links: Die Friauler Dolomiten, der südöstlichste Teil der Dolomiten, sind weitgehend unbekannt und touristisch wenig erschlossen. Unten: Der Campanile di Val Montanaia ist ein eindrucksvoller Felsturm im Val Montanaia.

Die Karnischen Alpen sind ein Teil der Südlichen Kalkalpen und ein geologisch eminent wichtiger Teil der Alpen. Der lang gezogene, fast schnurgerade Gebirgszug parallel zum Gailtal bildet, erdgeschichtlich gesehen, die einstige Grenze zwischen der Afrikanischen und der Europäischen Kontinentalplatte ab, durch deren Kollision die Alpen entstanden sind. Geologisch einzigartig sind auch die massigen, etwa 1000 Meter mächtigen Korallenriffe der Region um Kellerwand und Hohe Warte, die zudem nah bei den Tiefseekalken rund um den Wolayer See liegen. Diese Kalkriffe sind mit mehr als 400 Millionen Jahren um ein Vielfaches älter als die eigentlichen mesozoischen Alpen selbst. Sie sind in äquatornahen Gebieten im flachen und warmen Meer entstanden; weil der Meeresboden über Jahrmillionen langsam absank, konnten die Riffe gleichmäßig zu enormer Mächtigkeit anwachsen.

Herbstlicher Bergwald aus Lärchen und Fichten auf der trockenen Südseite des Karnischen Hauptkamms. Der Karnische Höhenweg, auch »Friedensweg« genannt, gehört in seiner Vielfalt zu den schönsten Weitwanderwegen Europas.

JULISCHE ALPEN

Die Julischen Alpen, manchmal auch einfach Julier genannt, sind ein Teil der Südlichen Kalkalpen. Der höchste Gipfel Triglav (2864 Meter) liegt in Slowenien und ist dort das Schmuckstück des gleichnamigen Nationalparks; der größere Teil der Julischen Alpen allerdings gehört zu Italien. Die Julier waren und sind die Grenze zwischen slowenischem und friaulischem Sprachgebiet. Da sie über mehrere Jahrhunderte ein Teil des Habsburgerreichs waren, gibt es seither eine kleine deutschsprachige Minderheit, sodass in der Region mehr oder weniger vier Sprachen gesprochen werden und viele Orte mehrere Namen haben. Der Name des Gebirges insgesamt bezieht sich auf Gaius Julius Caesar, der im Gebiet von Friaul und Westkrain das Municipium Forum Iulii errichtete. Der höchste Gipfel im italienischen Teil ist der 2754 Meter hohe Montasch, ein beeindruckender Kalkgipfel.

Die Julischen Alpen sind über weite Strecken ausgesprochen ruhig. Wer Einsamkeit sucht und grandiose Natur, ohne sie mit Tausenden anderen teilen zu müssen, ist in diesem Teil der Alpen richtig (links). Großes Bild: Der Lago Superiore di Fusine mit Blick auf den Gipfel des Mangart, des mit 2677 Metern vierthöchsten Bergs der Julischen Alpen. Hier bildet der Berg die Grenze zu Slowenien.

JULISCHE VORALPEN

Die Julischen Voralpen gelten noch als »echte« Alpen, der Monte Canin ragt immerhin bis 2587 Meter auf. Seit 1996 ist der wildeste und unberührteste Teil des Gebiets in einem regionalen Naturpark zusammengefasst. Dessen Besonderheit ist die Lage, denn hier treffen drei verschiedene biogeografische Gebiete mit mediterranem, balkanischem und alpinem Charakter aufeinander. Dies führt zu einer außergewöhnlichen Artenvielfalt und ist nicht nur in geologischer und landschaftlicher, sondern auch historisch-kultureller Hinsicht interessant. Zahlreiche Wanderwege überziehen die Berge des Naturschutzgebiets: Im Sommer kann man die Faszination der Berge und die bunten Blüten in vollen Zügen genießen, während es im Winter Spaß macht, mit Schneeschuhen oder Skiern an den Füßen die verschneiten Wege zu begehen und Spuren von Wildtieren im Schnee zu entdecken.

Großes Bild: Eine Gruppe Gämsen späht aufmerksam in die Felswildnis am 2587 Meter hohen Monte Canin. Die Julischen Voralpen sind einsam und wild, fern allen touristischen Rummels. Gelegentlich bekommt man Wildschweine zu sehen (ganz links), das Steinhuhn (links) dagegen entdeckt man nur mit viel Glück. Es bewohnt sonnige, grasbewachsene Schutthalden nahe der Baumgrenze und ist das Wappentier des Naturparks.

Begnadete Kletterkünstler

Steiles, felsiges Gelände in den Hochalpen ist ihr angestammtes Revier. Dafür hat die Natur Gämsen mit einem robusten Herzen und speziellen spreizbaren Hufen ausgestattet, die ihnen Sprung- und Trittsicherheit gewähren. Gamswild oder Gämsen sind begnadete Kletterkünstler, die sich meist in Höhen zwischen 1500 und 2500 Meter bewegen. Nur im Winter kann man sie auf Futtersuche auch im tiefer gelegenen Wald sehen. Die Tiere ernähren sich von jungen Trieben, Kräutern, Blättern und Gräsern, im Winter auch von Moos und Flechten. Gamskitze können schon kurz nach der Geburt der Mutter über schwieriges Gelände folgen. Beide Geschlechter tragen bis zu 25 Zentimeter lange Hörner. Gefährdet ist ihr Bestand nicht nur durch Wölfe, Bären und Luchse, sondern auch durch Steinschlag, Lawinen und natürlich die Bejagung durch den Menschen.

ÖSTERREICH

Österreich hat mehr als doppelt so viel Alpenfläche wie die Schweiz, nämlich 54 000 Quadratkilometer; und in keinem Alpenland, auch nicht in der Schweiz, nehmen die Alpen einen so großen Teil der Landesfläche ein wie in Österreich, 65 Prozent gegenüber 60 Prozent in der Schweiz. Außer dem Burgenland sind alle österreichischen Bundesländer mehr oder weniger von den Alpen dominiert – auch wenn es sich nach Osten hin stellenweise eher um ein Mittelgebirge handelt. Der höchste Berg Österreichs allerdings, der Großglockner, ist mit seinen 3798 Metern wahrhaft alpin.

Wer auf dem Rätikon-Höhenweg in Vorarlberg zur richtigen Jahreszeit wandert, kann sich an der blühenden Alpenrose erfreuen. Hier sieht man sie vor der markanten Formation der Drei Türme, der »Dri Türm«, die sich direkt an der Grenze zu Graubünden befinden.

»Wie in einer goldenen Muschel«, so beschrieb im Jahr 610 der irische Mönch Columban die Lage der damals schon alemannischen Siedlung Brigantium. Prinzipiell gilt die Metapher auch für dessen Nachfolgerin, schmiegt sich doch auch das heutige Bregenz malerisch in die Ostbucht des Bodensees, deren in sanften Terrassen bis hinauf zum gut 1000 Meter hohen Pfänder ansteigendes Ufer ein natürliches Halbrund bildet. Aus dem Ort ist eine funkelnde Perle geworden, die mit feinem Savoir-vivre, einem barocken Kern und mehr als spannender Gegenwartskunst Besucher anzieht. Maßgeblich zu ihrem Reiz trägt das Umland bei: See, Rheindelta, Bregenzerwald. Zu den Sehenswürdigkeiten im Zentrum zählen Kunsthaus und Landesmuseum, Galluskirche, Nepomuk- sowie Seekapelle und außerhalb, nahe der Mündung der Bregenzer Ache, das Zisterzienserkloster Mehrerau.

In der Blauen Stunde erhält die Umgebung von Bregenz mit See und Berggipfeln eine besondere Farbnote, während die Stadt selbst in ein Meer aus Straßenlichtern getaucht wird (großes Bild). In modernem Gewand präsentieren sich Kunsthaus, Landestheater und Museum Vorarlberg. Sie stehen dicht an dicht im Bregenzer Zentrum und bilden so eine Kulturmeile (links). Bregenz ist die Hauptstadt des Bundeslandes Vorarlberg.

Kulturhochburg am See

Bregenz ist nicht nur Landes-, sondern auch Kulturhauptstadt Vorarlbergs. Zu den Bregenzer Festspielen mit über 80 Aufführungen im Sommer pilgern Musik- und Opernfreunde zu Tausenden in die Stadt. Besonderer Besuchermagnet ist die große Oper auf der Seebühne, die Weltruf genießt: Freilichtbühne im See, spektakuläre Kulissen und dramatische Sonnenuntergänge im Hintergrund – ein fantastisches Erlebnis! Für die internationale zeitgenössische Kunst bildet das von Stararchitekt Peter Zumthor entworfene Kunsthaus KUB einen großartigen Rahmen. Hinzu kommt eine lebhafte und vielseitige Eventszene – vom Hafenfest an der Seepromenade oder »Bregenz Life« mit drei Tagen und Nächten Openairmusik bis zu »Young Art Generation Performances«. Jede Menge Genussevents komplettieren das Ganze.

Noch vor zwei, drei Generationen war diese von der Bregenzer Ache durchflossene, bis 2600 Meter hohe Gebirgslandschaft im Nordosten Vorarlbergs ziemlich weltabgeschieden. Ihre Stille, Naturbelassenheit und außerordentliche Schönheit hat sie sich bis in die Gegenwart bewahrt. Das dichte Wander- und Radwegenetz, die Skigebiete, aber auch das überaus vielfältige und exquisite Angebot für Feinschmecker, vor allem entlang der »Käsestraße Bregenzerwald«, sorgen für einen stetig anwachsenden Urlauberstrom. In Schwarzenberg, einem der anmutigsten Orte der Region, der noch prächtige Exemplare der typischen, mit Holzschindeln verkleideten Bauernhäuser besitzt, kann man jeden Sommer beim Konzertfestival »Schubertiade« Spitzensolisten und Kammerensembles lauschen. Famos ist auch das Museum für die Malerin Angelika Kauffmann, die hier geboren wurde.

Saftig grüne Wiesen (großes Bild), klare Bergseen und rauschende Wasserfälle (unten) – die beinahe schon klischeehaften Assoziationen mit der Natur der österreichischen Berge finden im Bregenzerwald ebenso ihre Erfüllung wie die Traditionen. Dazu zählen neben der charakteristischen Architektur der Häuser, vorbildlich etwa in Schwarzenberg (ganz links), auch die Hornbläser auf dem 2090 Meter hohen Diedamskopf (links).

GROSSES WALSERTAL

Die Hochtäler westlich des Arlbergs wurden vor etwa 1000 Jahren zunächst von rätoromanischen Bauern und Jägern besiedelt. Eine entscheidende Änderung der Bevölkerungsstruktur brachte um 1400 die Zuwanderung deutscher Walser aus dem schweizerischen Wallis: Sie ließen sich überwiegend in noch unbesiedelten Gebieten nieder, wo sie Wälder rodeten und ihre Weiler bevorzugt an steilen Berghängen errichteten. Ein Zentrum ihrer Siedlungstätigkeit war jener 25 Kilometer lange, vom Lutzbach durchflossene Landstrich, der nördlich von Bludenz das Illtal über Schadonapass bzw. Faschinajoch mit dem Bregenzerwald verbindet. Dieses Große Walsertal sorgte 2000 für Schlagzeilen, als sich die rund 3500 Bewohner seiner insgesamt sechs Gemeinden zu einem Biosphärenpark, Vorarlbergs erstem, inzwischen mehrfach preisgekröntem Naturpark, zusammenschlossen.

Die Natur steht im Großen Walsertal an erster Stelle. Seit 2000 ist es als Biosphärenpark ausgezeichnet. Wanderer genießen die schöne Landschaft, und das wiederum freut die Besitzer der Almen oder »Alpen«, wie sie in dieser Gegend genannt werden.

RÄTIKON

»Funktionale Exklave«, so heißt im Polit-Fachjargon ein Phänomen wie das Kleine Walsertal: Dieser nordöstlichste Zipfel Vorarlbergs hat aufgrund seiner peripheren Lage hinter dem Hochtannbergpass, umkränzt von hohen Gipfeln der Allgäuer Alpen, keine Verkehrsverbindung zu österreichischem Hoheitsgebiet und ist auf dem Straßenweg nur vom bayerischen Oberstdorf aus erreichbar. Bereits 1871 hatten sich deshalb Habsburgermonarchie und Deutsches Reich darauf geeinigt, das Tal, dessen Name von der Besiedlung durch Walser herrührt, in den deutschen Zollverband einzugliedern. Bis zu Österreichs EU-Beitritt 1995 profitierte es deshalb auf vielfältige Weise vom Status als sogenanntes Zollausschlussgebiet. Inzwischen ist für die drei Talorte Riezlern, Hirschegg und Mittelberg sommers wie winters der Tourismus der mit Abstand bedeutendste Wirtschaftszweig.

Im Kleinen Walsertal kann man hoch hinaus. Und die ganz Sportlichen kann auch tiefer Schnee nicht daran hindern. Mit Heuberg-Arena, Kanzelwand und dem Ifen-Skigebiet ist im Winter ständig etwas los. Abseits der Piste kann man jedoch auch seine persönliche Freiheit finden.

Das Rätikon beindruckt vor allem durch seine mächtig aufragenden Felswände und -türme in Kontrast zu den saftig grünen Almmatten. Der Vergleich mit den Dolomiten ist durchaus legitim, auch wenn es im Rätikon etwas ruhiger zugeht. Das Rätikon teilen sich drei Länder: die Schweiz, Österreich und Liechtenstein. Insgesamt gibt es im Rätikon rund 300 benannte Gipfel, alle unter 3000 Meter. Das Rätikon ist auch unter Kletterern sehr berühmt. Aus der ganzen Welt pilgern sie zu den steilen kilometerlangen Felswänden aus plattigem Kalk, die von der Schijenfluh bis zu den Kirchlispitzen reichen. Aber auch für Wanderer ist der Tisch reichlich gedeckt: Die Bergsteiger früherer Jahrhunderte waren Wilderer, Schafhirten und vor allem Schmuggler, die Pfade durch das Rätikon von Nord nach Süd und Süd nach Nord suchten und für ihre Zwecke nutzten. Diese Schmugglerpfade sind heute Bestandteil eines großen Wanderwegnetzes, das eine Vielzahl an Stützpunkten wie beispielsweise die Lindauer Hütte bietet.

Blick vom 2437 Meter hohen Zaluandakopf zum Lünersee, zur Schesaplana, zu den Kirchlispitzen und zur Zimba.

Ein schmales, von den steilen Hängen majestätischer Bergriesen eingefasstes Tal – so präsentiert sich der Montafon genannte Oberlauf der Ill. Der früher sehr abgelegene und arme Landstrich zwischen Verwallgruppe, Silvretta und Rätikon wurde nach 1945 durch den Bau einer Reihe von Wasserkraftwerken aus dem Dornröschenschlaf geküsst. Weil man bei der Technisierung aber sehr naturschonend vorging und zudem die touristische Nutzung der energiewirtschaftlichen Infrastruktur im Auge behielt, ist seither der Fremdenverkehr aufgeblüht. Fünf Skigebiete mit insgesamt 60 Liften sowie 225 Kilometer präparierte Abfahrten machen den Montafon zu einem Wintersport-Eldorado. Und sommers warten in dem 40 Kilometer langen Tal zwischen Bludenz und Bielerhöhe über 1100 Kilometer markierte Wanderwege, dazu jede Menge Radstrecken, Klettersteige und Angelreviere.

Das Montafon präsentiert sich abwechslungsreich und immer wieder schön: Malerisch fangen die Wollgräser das Sonnenlicht ein (links), die Morgenstunde verleiht den Schäfchenwolken über dem Bergsee einen zarten rosafarbenen Anstrich (großes Bild), und zwischen hohen Gipfeln laden elf Tourismusorte – von Schruns bis Gargellen, dem höchstgelegenen Ort des Montafon (1400 Meter) – dazu ein, diesen Landstrich kennenzulernen (unten).

Grau und schroff ziehen sich die Berge der Lechtaler Alpen etwa 70 Kilometer durch Tirol. Der Hauptdolomit sorgt für zerfurchte, von Geröll bedeckte Hänge. Die Berge werden zur Gebirgsgruppe der Nördlichen Kalkalpen gezählt und können mit einem veritablen Dreitausender, nämlich der Parseierspitze, aufwarten. 3036 Meter erhebt sich diese über dem Meeresspiegel. Geübte Kletterer sind eingeladen, sie zu erklimmen. Für Bergwanderer steht eine andere Herausforderung an: Es gilt, den Lechtaler Höhenweg zu erwandern. Gut 100 Kilometer weit zieht er sich über die Bergkämme, angeblich ist er in zehn Tagesetappen zu bewältigen. Im Sommer reichen Bergschuhe, im Winter sollte man an Eispickel und Steigeisen denken. Auch Naturfreunde kommen in den Lechtaler Alpen auf ihre Kosten, denn das Gebirge weist eine reiche Pflanzenwelt auf.

Wandern im Lechtal

Den Steinadlern nahe folgt der Lechtaler Höhenweg dem Hauptkamm der Lechtaler Alpen in Höhenlagen um 2000 Meter: unterteilt in 18 Etappen auf teils schwierigen Klettersteigen, mit 13 Alpenvereinshütten und 7000 Meter Höhenunterschied. Wer sich auf das großartige Landschafts- und hochalpine Klettererlebnis einlassen möchte, braucht neben guter Kondition auch fundierte Klettererfahrung, Trittsicherheit und natürlich die passende Ausrüstung. Weniger anspruchsvoll ist der 2012 eröffnete Lechweg. Er ist für leichtes Weitwandern in sechs bis acht Tagesetappen ausgewiesen und bietet auf den 125 Kilometern zwischen Lechquelle und Füssen im Allgäu Highlights wie die Holzgauer Seilhängebrücke, den Doser-Wasserfall zwischen Elmen und Martinau sowie die einzigartige Vogel und Pflanzenwelt in den paradiesische Lechauen.

Großes Bild: Die Lechtaler Alpen mit ihren majestätisch grauen und mit Gras gezierten Berggipfeln sind eine der größten Gebirgsgruppen der Nördlichen Kalkalpen und präsentieren sich vielgestaltig mit verschiedenartigsten Lebensräumen. Bergwanderer erkunden sie auf dem Lechtaler Höhenweg
Links: Der Blick vom 2388 Meter hohen Falschkogel in den Lechtaler Alpen auf die umliegende Bergwelt ist einfach grandios.

ÖTZTAL

Eisige Gletscher, aber auch sattgrüne Wiesen und unwirtliche Berge, Weinstöcke und Pfirsichbäume, geschützte Naturparks und trubelige Skigebiete – die Ötztaler Alpen hatten es gar nicht nötig, als Tatort eines der ältesten Morde der Menschheitsgeschichte in die Nachrichten zu kommen. Übrigens stürzt sich der höchste Wasserfall Tirols, der Stuibenfall, ebenfalls von einem der Berge hinunter. Das Ötztal besticht durch sein mildes Klima, von den Bergen wird es gut vor kalten Winden und zu viel Regenfällen abgeschirmt. Mit dem Auto zum Gletscher fahren – dieses Wunder macht die Ötztaler Gletscherstraße seit 1972 möglich. Mit bis zu elf Prozent Steigung schlängelt sich die Straße über 13 Kilometer in Serpentinen von Sölden hinauf bis zu den Skigebieten des Rettenbach- und Tiefenbachgletschers beziehungsweise zum höchsten Punkt auf 2830 Meter.

Rechts: Mit 3768 Metern ist die Wildspitze der höchste Berg der Ötztaler Alpen und der zweithöchste Österreichs. Meist von Eis und Schnee bedeckt, ist sie dennoch einer der beliebtesten Gipfel der Region. Ganz rechts: Eine der schönsten Alpenstraßen ist die Ötztaler Gletscherstraße.

ÖTZI

Über 5300 Jahre lag ein rund 40-jähriger bewaffneter Mann unbeachtet unter dem Eis der Ötztaler Alpen im hintersten Winkel des Schnalstals – bis zum 19. September 1991, als Wanderer seine eisige Ruhe störten. Durch Eispickel zerhackt, auf das kleinste Bakterium im Darm studiert und schlussendlich im Bozner Archäologiemuseum tiefgekühlt entblößt präsentiert – das konnte nur in einem Fluch des Mannes vom Hauslabjoch enden: Bisher starben sieben Menschen, die mit ihm, dem Ötzi, zu tun hatten. Unter ihnen sein deutscher Entdecker Helmut Simon und der Wissenschaftler Konrad Spindler. Doch Forscher kennen keine Furcht, weshalb die Eismumie weiterhin unter die Lupe genommen wird. Inzwischen glaubt man zu wissen, dass der Steinzeitmann auf der Flucht war. Pfeile mit Feuersteinspitzen, dazu ein Bogen aus Eschenholz, eine Kupferaxt, Kleider sowie Schuhe aus Bärenhaut, Hirschleder und Ziegenfell, Verletzungen und Tätowierungen sowie der Zustand der Zähne liefern wertvolle Informationen, geben aber auch Anlass zu weiteren Spekulationen.

Ganz links: Fundstelle am Tisenjoch. Links: Reinhold Messner stieg 1991 zum Fundort auf.

GURGLER KAMM

Der Gurgler Kamm in den Ötztaler Alpen trennt Österreich von Italien. Hohe Wilde (3480 Meter) und Hinterer Seelenkogel (3470 Meter) sind die höchsten Gipfel. Das 1977 von der UNESCO zum Naturschutzgebiet ernannte, 1500 Hektar große Areal weist eine besondere Flora und Fauna auf. Mischwald aus Zirbelkiefern, Europäischen Lärchen und Grünerlen sowie Zwergstrauchvegetation mit Rhododendren, Heidelbeeren und Gämsheide wechseln sich mit alpinem Grasland ab. Zur Tierwelt zählen Gämsen und Murmeltiere, Steinwild und Auerhühner. Verschiedene Themenwege klären Wanderer über die erste Besiedlung, über Sagen und Bräuche sowie Flora und Fauna auf. Leider erfüllte das Gebiet die strengen Anforderungen an die Biosphärenzonierung nicht mehr und wurde daher 2012 aus der Liste des globalen Netzwerks von UNESCO-Biosphärenparks genommen.

Im Talschluss des Rotmoostals blickt man auf den Rotmoosferner und den Wasserfallferner – zwei Gletscher, die, wie so viele in den Alpen, schrumpfen. Früher bestand eine Verbindung zwischen ihnen, doch seit 2005 ist sie gekappt.

Auf Höhen von 1950 bis 2100 Metern werden etwa 20 Hektar Zirbenbestand des Obergurgler Landschaftsraums geschützt. Zirbelkiefern – die »Königinnen der Baumgrenzen« – wachsen hier umgeben von Gletschern. Die Bäume sind zum Teil über 300 Jahre alt. Aufgrund dieser Besonderheit wurde das Areal im Jahr 1963 zum Naturdenkmal ernannt. Zur Vermehrung und Erhaltung dieses einzigartigen Baumbestands trägt wesentlich ein Vogel bei: der Tannenhäher. Der zur Familie der Rabenvögel zählende Häher verspeist vorwiegend Nüsse und Samen der Zirbelkiefer. Besucher können auf dem etwa vier Kilometer langen Erlebnisweg durch den Zirbenwald spazieren, Schautafeln vermitteln dabei Interessantes über den Naturraum. Ein lohnender Abstecher führt am Rand der Schlucht der Gurgler Ache das Hochmoor entlang in Richtung Schönwieshütte zum Rotmooswasserfall.

Zirben wie hier in Obergurgl wachsen typischerweise im Hochgebirge. Ihr Holz zeichnet sich durch einen angenehmen Geruch aus. Die Bäume überstehen Minusgrade von bis zu 40 Grad Celsius und können viele Hundert Jahre alt werden.

INNSBRUCK

Innsbrucks landschaftliche Lage begeisterte schon Goethe, der von der Stadt – »herrlich in einem breiten, reichen Tale zwischen hohen Felsen und Gebirgen« – gefangen war. Kaiser Maximilian I. prägte die Geschicke Innsbrucks ganz besonders: Der Habsburger regierte 1486 bis 1519 über das Heilige Römische Reich Deutscher Nation und erkor Innsbruck nicht nur zu seiner Lieblingsstadt, sondern auch zu seiner Hauptresidenz. Sogleich begann er, die Stadt prächtig auszubauen. Eine berühmte Hinterlassenschaft ist das Goldene Dachl: 2657 vergoldete Kupferplatten verzieren Europas wohl berühmtesten Hauserker. Auch die mittelalterliche Altstadt mit der Hofburg, der Hofkirche mit dem Grabmal Maximilians I., dem Dom und dem hoch aufragenden Stadtturm neben dem historischen Rathaus aus dem 14. Jahrhundert laden zu einem Spaziergang und zur Erkundung der Stadt ein.

Innsbrucks Altstadt ist berühmt für das Goldene Dachl (links), für barocke Häuserfassaden und Arkaden. Unten: Der Stadtturm genannte Rathausturm. Ganz unten: Eine Fläche von etwa 5000 Quadratmetern mit über 400 Räumen nimmt die stattliche Innsbrucker Hofburg ein. Großes Bild: Blick über den Inn auf den Dom zu St. Jakob und den Stadtturm, das Karwendelgebirge mit dem Bettelwurf (2726 Meter) im Hintergrund.

»So ein Tag mit Walde-Schnee und Walde-Himmel!«

Redewendung in Tirol für einen sonnig klaren Tag mit wolkenlosem, tiefblauem Himmel

Alfons Walde hat mit Gemälden wie dem »Aufstieg« (um 1927, Tempera auf Karton, 94 × 66 cm, Museum Kitzbühel, Sammlung Alfons Walde) das Bild Tirols als verschneites Bergland geprägt. Mit 60 Gemälden und 100 Grafiken würdigt die Sammlung Walde im Museum Kitzbühel den auch heute noch international bekannten Maler, dessen Bilder stattliche Summen erzielen.

Nur wenige Maler könnten von sich sagen, dass sie das Image einer Alpenregion so geprägt haben wie Alfons Walde. Mit seinen kraftvollen Tiroler Landschaftsbildern und seinen Winterlandschaften mit und ohne Skifahrer modellierte er ein eindrucksvolles Bild von Tirol als Berg- und Wintersportregion. Aufgewachsen ist der 1891 in Oberndorf geborene Maler in Kitzbühel, in einer Zeit, als sich »Tyrol« (damals noch mit y) gerade zu einer aufblühenden Tourismusdestination entfaltete und der Skisport in Kitzbühel seinen Anfang nahm. Das bunte Treiben auf den verschneiten Pisten vor der großartigen Bergkulisse faszinierte Walde so sehr, dass er sich nach seinem Architekturstudium in Wien und seiner Ausbildung zum Maler – wieder zurück in Kitzbühel – erneut dem Genre Tiroler Bergwelt mit ihren Menschen, insbesondere aber auch ihren verschneiten Landschaften verschrieb. Seine bekanntesten Werke wie der »Aufstieg« und »Auracher Kirchl« machten auf den Werbeplakaten in den 1920/30er-Jahren nicht nur Tirol als mondänes österreichisches Wintersportgebiet bekannt, sondern auch Alfons Walde. Der Magie seiner malerisch-expressiven Handschrift wie in »Grubschanze bei Kitzbühel« mit Skispringer und staunendem Publikum am steilen Pistenrand kann man sich kaum entziehen. Menschen malte Walde fast immer in Bewegung. In »Der Schwung« und »Übungshang« rückt sein dynamischer Malstil besonders in den Vordergrund. Waren es einerseits bäuerliche Motive und Menschen wie in »Bergsommer«, »Wirtshaus in Oberndorf« und »Bergweiler«, die er in seinen Landschaftsbildern verewigte, widmete er seinen kräftigen Pinselstrich auch ebenso gern den vornehmen Besuchern, etwa in Bildern wie »Mondäne Wintergäste« und »Zwei Skifahrerinnen«. Als Architekt und Baureferent der Stadt Kitzbühel setzte er sich für ein bunteres Ortsbild ein und plante 1927 die bis heute erhaltenen Stationsgebäude für die Hahnenkammbahn.

KARWENDELGEBIRGE

GROSSER AHORNBODEN

Mit dem Rißtal erwartet den Besucher einer der faszinierendsten Naturräume der Alpen. Über 2000 bis zu 600 Jahre alte knorrige Ahornbäume wachsen verstreut auf dem weiten Talgrund. Der Kontrast zwischen den Almböden, dem lichten Wald und den Bergen, die ringsum das Tal überragen, bildet eine wunderschöne Kulisse. Vor allem im Herbst, wenn sich die Blätter gelb färben, strömen viele Besucher in das kleine Tal, um die einmalige Farbenpracht zu bewundern. Wie dieser Ahornwald entstehen konnte, war lange rätselhaft, da die Schösslinge in dem intensiv beweideten Tal eigentlich keine Möglichkeit zum Wachsen hatten. Heute geht man davon aus, dass vor rund 300 Jahren Viehseuchen oder Krieg dazu geführt haben, dass mehrere Jahre lang keine Tiere in das Tal zum Weiden getrieben wurden und sich der Baumbestand so ungehindert entwickeln konnte.

Der Herbst verwandelt den Großen Ahornboden in ein goldenes Tal; im Hintergrund sieht man das Karwendelgebirge. Das Naturparadies steht seit 1972 unter Schutz, was bedeutet, dass keine Ahornbäume gefällt werden dürfen. Stirbt einer der uralten Bäume, wird ein junger nachgepflanzt.

An schmalen Felsgraten entlangwandern, tief in die Täler und auf die grünen Almwiesen blicken und vielleicht just in dem Moment einen Steinadler kreisen sehen – derartige unvergessliche Augenblicke zaubert das Karwendel. Hoch in den Himmel ragende Steilwände aus grauem, schorfigem Kalkgestein sowie tief eingeschnittene Felsenkessel sind charakteristisch für das Gebirgsmassiv. Vier mächtige Gebirgsketten sind die Hauptbestandteile des Karwendels, das sich – menschengemachte Landesgrenzen missachtend – bis nach Bayern erstreckt. Im Süden blickt die Inntalkette auf Innsbruck. Kletterer können auf dem Innsbrucker Klettersteig die sieben Gipfel der Nordkette erobern. Der Gebirgsstock zwischen Isar und Inn ist mit Seilbahnen, Wanderrouten sowie Klettersteigen touristisch gut erschlossen. Von den umliegenden Orten aus lassen sie sich bequem erreichen.

Reizvolle Wandermöglichkeiten durch großartige Naturlandschaften bietet das Karwendelgebirge, das zu den Nördlichen Kalkalpen gehört (ganz links). Klettersportler kommen am Innsbrucker Klettersteig an der Nordkette des Gebirges voll auf ihre Kosten (links).

Ein Blick auf das Stubaital konnte wohl schon jeder Italienurlauber erhaschen. Die Europabrücke der Brennerautobahn führt bei Schönberg im Stubaital über das Wipptal. Die Lage direkt am Brennerpass war auch der Grund, warum das Tal so früh vom Tourismus entdeckt wurde. Mitte des 19. Jahrhunderts kamen die ersten Bergtouristen ins Tal. 1903 wurde sogar eine Bahn gebaut, allerdings nicht, um Gäste in die Dörfer zu bringen, sondern um abgebautes Eisen zu befördern. Mit der Bahn kann man noch heute bis nach Fulpmes fahren. Das Stubaital stellt sich im Sommer perfekt auf Kletterer, Wanderer und Mountainbiker ein, im Winter wartet am Talende das Gletscherskigebiet, das größte seiner Art in Österreich. Und die Talbewohner können mit einem weiteren Superlativ aufwarten: 2015 wurde beim ersten »Stubaier Kaiserschmarrenfest« der größte Kaiserschmarren der Welt gebacken.

Zwischen dem Wipptal und dem Ötztal erstreckt sich die Berglandschaft der Stubaier Alpen. Schneebedeckte Berge und Gletscher, kristallklare Bergseen und Almhütten wie die Neue Regensburger Hütte bilden die Kulisse (Bildleiste unten). Hier fühlen sich Alpenmurmeltiere und Gämsen wohl (Bildleiste links). Großes Bild: Die Bergkette der Kalkkögel spiegelt sich im schön gelegenen Salfeinssee auf 2000 Meter Höhe.

ROFANGEBIRGE

Berge haben möglicherweise eine Seele. Doch sie können nicht sprechen. Deswegen weiß man nicht, ob sich das Rofangebirge in Tirol wegen seines ungerechten Schicksals grämt. Es hat das Pech, in der Nachbarschaft so berühmter Berge wie dem Karwendel, dem Kaisergebirge und den Kitzbüheler Alpen zu liegen und trotzdem nichts von deren Ruhm abzubekommen. Vielleicht hat sich der Rofan ja auch damit abgefunden, im Schatten der Aufmerksamkeit zu dämmern. Seiner treuen Verehrer kann er sich dennoch sicher sein. Unter ambitionierten Bergwanderern genießt das Rofangebirge einen exzellenten Ruf, weil man hier bis zu zehn Gipfel pro Tag besteigen und nebenbei Edelweiß und Bergbaldrian entdecken kann, die am Wegesrand blühen. Während man auf dem Sagzahn völlige Ruhe genießt, wird man auf der Rofanspitze und der Hochiss nie einsam sein.

Das Rofangebirge liegt quasi dem Karwendel gegenüber, auf der östlichen Seite des Achensees. Eine Seilbahn erschließt die Region und erleichtert den Aufstieg bis zur Erfurter Hütte. Hier ein Rundblick von der Seekarlscharte mit Grubasee hinüber zu den Grubabergen.

WILDER KAISER

Majestätisch erheben sich seine grauen Gipfel über den grünen Laubwäldern. Der Wilde Kaiser trägt seinen monarchischen Titel nicht umsonst. Wie demutsvolle Untertanen sind die Ortschaften Ellmau, Going, Scheffau und Söll zu seinen Füßen versammelt. Der Wilde Kaiser gibt sich zwar unnahbar, lässt sich aber nichtsdestotrotz gut erwandern; seine zerklüfteten Felswände ziehen auch Klettersportler an. Auf der Rundwanderung namens »Kaiserkrone« kann man den gesamten Gebirgszug in fünf Tagen umrunden. Der Klettersteig »Klamml« stellt den Mut der Kletterer auf die Probe. Bei Going stürzt sich der Schleierwasserfall spektakulär in die Tiefe. Der Wilde Kaiser hat zudem etwas für die Freunde von Flora und Fauna zu bieten, denn er ist wertvolles Naturschutzgebiet. 940 Blütenpflanzenarten lassen sich hier erspähen, ebenso wie Hermeline, Steinadler oder Schneehasen.

Die zackigen Gipfel des Wilden Kaisers zeichnen ein imposantes und majestätisches Bergpanorama. Der Wilde Kaiser beeindruckt zudem mit einem vielschichtigen Landschaftsbild aus bizarren Felsformationen, kühlen Wäldern, glasklaren Seen und sanften Almen.

KITZBÜHELER ALPEN

Wilde, schroffe Felswände findet man eher im Ötztal, in den Kitzbüheler Alpen herrscht eine sanftere Landschaft vor. Die Gebirgsgruppe zwischen Wildem Kaiser und Hohen Tauern hat eher den Charakter eines Mittelgebirges. Sie macht einen Großteil der Fläche Tirols aus. Ihr höchster Gipfel ist mit 2558 Meter Höhe über dem Meeresspiegel das Kreuzjoch. Es liegt im Osten der Kitzbüheler Alpen an der Grenze zum Zillertal. Der sanfte Bergcharakter prädestiniert die Kitzbüheler Alpen geradezu zum Feriengebiet. Neun Skigebiete sind im Winter im Angebot. Im Sommer lässt sich die Gebirgsgruppe herrlich erwandern oder mit dem Mountainbike erkunden. Auch für Kinder ist Unterhaltung geboten: Im Kletterpark in St. Johann hangelt man sich vom Baum zu Baum, im »Alpinolino« in Westendorf lässt sich die alpine Naturwelt spielerisch entdecken.

Unten: Der Große Rettenstein ist mit 2366 Meter Höhe einer der markantesten Gipfel in den Kitzbüheler Alpen. Ganz unten: Das Wahrzeichen der Kitzbüheler Alpen ist das Kitzbüheler Horn. Hier wartet eine der schönsten Bergkulissen der Region.

Schicke Boutiquen, ein Kasino und Hotels im oberen Preissegment – Kitzbühel gilt als Treffpunkt der Reichen und Schönen. Durch das Hahnenkamm-Rennen ist die Stadt als Wintersportort weltberühmt. Wenn sich im Januar die Athleten einfinden, versammelt sich auch Prominenz aus Politik, Kultur und Klatschspalten in der Stadt. Doch Kitzbühel ist auch ohne Prominenz eine sehr sehenswerte Stadt. Sie wurde im Lauf ihrer Geschichte weitgehend von Zerstörungen verschont. Im Dreißigjährigen Krieg machten die Schweden kurz vor Kitzbühel halt, im Zweiten Weltkrieg soll sich – so die Legende – der amerikanische Bomberpilot an seinen Winterurlaub in Kitzbühel erinnert und die Bomben lieber auf unbewohntes Gebiet abgeworfen haben. Wer einen Rundgang durch die Altstadt unternimmt, den wird das historische Ortsbild begeistern.

Unten: In Kitzbühels Vorderstadt befinden sich zahlreiche Restaurants, Hotels und schmucke Läden. Ganz unten: Über der Einkaufsstraße ragt der Turm der Katherinenkirche auf; die gesamte Altstadt ist sommers wie winters viel besucht.

»Ist das noch Skifahren oder schon Wahnsinn?«

Bode Miller, amerikanischer Skirennläufer

Der norwegische Skirennfahrer Kjetil Jansrud bei einer Trainingsabfahrt auf der Streif 2015. Der Norweger gewann schließlich die bislang wohl kürzeste Abfahrt der Weltcup-Geschichte beim 75. Hahnenkamm-Rennen: Die Strecke musste wegen starken Nebels halbiert werden.

In allen Ländern und Wintersportgebieten des Alpenraums gibt es legendäre Skipisten und berühmte Skirennen, aber kein Skispektakel ist so berühmt wie das jährliche Hahnenkamm-Rennen in Kitzbühel. Die Streif, auf der das Rennen stattfindet, gilt als die brutalste und gefährlichste Abfahrt der Welt, die selbst die besten Skifahrer das Fürchten lehrt. Schon auf den ersten 150 Metern der 3312 Meter langen Piste beschleunigen die Fahrer bei 50 Prozent Gefälle auf 100 bis 120 km/h und rauschen unbarmherzig in die 85 Prozent steile Mausefalle, die einen 70 bis 80 Meter weiten Sprung auslöst. Stürze sind fast unvermeidlich, an dramatischen Unfällen hat es in den mehr als 80 Jahren des Rennens nicht gefehlt. Dennoch oder gerade deshalb übt das Spektakel in Kitzbühel mit seinen Helden und Tragödien in jedem Jahr eine magische Anziehungskraft auf Skifahrer und Zuschauer aus. Eine weitere Legende ist die Kandahar-Abfahrt in Garmisch-Partenkirchen. Auch diese Strecke zählt mit Spitzengeschwindigkeiten bis 130 km/h zu den anspruchsvollsten Abfahrten im alpinen Skiweltcup der FIS. Ihren Namen erhielt sie als einer der Austragungsorte des Arlberg-Kandahar-Rennens, das der Kandahar Ski Club 1928 mit dem ersten Skiwettbewerb am Arlberg initiiert hatte – die Geburtsstunde der Kandahar-Rennserie, die im jährlichen Wechsel in Mürren in der Schweiz (später in Chamonix) und seit 1954 in Garmisch ausgetragen wurde. Der Name geht zurück auf Frederick Roberts, Earl of Kandahar, der die Pokale für das erste Rennen stiftete. Als Austragungsort des Rennens schied Mürren 1971 aus, der Name Inferno – wie die Briten die Abfahrt damals nannten – blieb jedoch: Als »Mürren Inferno« entwickelte sich hier das größte Amateurrennen des Skisports. Die Inferno-Abfahrt wird für 1850 Teilnehmer als alpines Skirennen ausgetragen, die Inferno-Super-Kombination – bei der nur 500 Fahrer zugelassen sind – besteht aus Langlauf, Riesenslalom und Abfahrt.

Red Bull
telenor
re:member
phenix
HEAD

Der größte Teil der Zillertaler Alpen liegt in Tirol und im benachbarten Südtirol – nur ein kleiner Teil der Gebirgsgruppe reicht bis nach Salzburg. Das Gebirge ist von – mittlerweile schrumpfender – Vergletscherung gekennzeichnet, denn viele Berge erreichen über 2500 Meter Höhe. Mehrere Gletscher liegen entlang des Alpenhauptkamms, beispielsweise der Stillupkees, bekannt durch den gleichnamigen Stausee. Die Erschließung der Zillertaler Alpen begann in der zweiten Hälfte des 19. Jahrhunderts und nahm rasant Fahrt auf. Heute sind sie völlig erschlossen und überaus beliebt. Durch diese Gebirgsgruppe ziehen sich Fernwanderwege wie die Via Alpina, der Traumpfad München-Venedig, alpine Höhenwege wie der Berliner und Pfunderer Höhenweg, der Dreiländerweg sowie der Stabelerweg. Der höchste Zillertaler ist der Hochfeiler mit 3509 Metern.

Bergsteigerdorf Ginzling

Eingebettet in die traumhafte Bergkulisse des Hochgebirgsnaturparks Zillertaler Alpen liegt das 360-Seelen-Dorf Ginzling in 999 Meter Höhe im Zemmengrund. Es ist eines der ersten von heute 30 Bergsteigerdörfern, die auf eine Initiative des Österreichischen Alpenvereins zurückgehen. Bergsteigerdörfer sind regionale Entwicklungskerne im nachhaltigen Alpintourismus für ein bewusstes Naturerlebnis. Voraussetzung ist eine weitgehend unverbrauchte Natur- und Kulturlandschaft, Bewegung aus eigener Kraft und Belebtheit ohne Lärm als Leitmotive. Mit 72 Dreitausendern in der Umgebung und zahlreichen Klettersteigen wie der Nasenwand ist der kleine Ort eng mit der Geschichte des Alpinismus verbunden.

Links: Rund um den Schlegeis-Stausee liegt der Hochgebirgsnaturpark Zillertaler Alpen, der seit 1991 auf 422 Quadratkilometern den hinteren Teil des Zillertals als Schutzgebiet ausweist. Unten: Der Zemmgrund mit dem Zemmbach in der Nähe des Bergsteigerdorfes Ginzling. Vom Fuß der Gletscherwelt des Schwarzenstein-, Horn- und Waxeggkees zieht sich dieses Tal mehr als 20 Kilometer bis vor die Marktgemeinde Mayrhofen hin.

HINTERTUXER GLETSCHER

Hintertux ist ein Ortsteil der Gemeinde Tux am Ende des Tuxer Tals, das vom Zillertal abzweigt. Hier findet sich sogar eine veritable Thermalquelle, in der schon seit dem 16. Jahrhundert gebadet wird. Hauptanziehungspunkt aber ist der Hintertuxer Gletscher. Hier liegen die Pisten des einzigen in Österreich ganzjährig geöffneten Skigebiets. Der Name ist ein Kunstbegriff, unter dem man zwei Gletscher, den Tuxer Ferner und den Riepenkees, zusammengefasst hat. Drei Seilbahnen bringen Skiläufer von Hintertux aus zu den mächtigen Eisgiganten. An der tiefsten Stelle des Gletschers ist das Eis ganze 120 Meter dick. Beeindruckend ist die Hintertuxer Gletscherhöhle, in die vom Spannagelhaus aus zweistündige Führungen angeboten werden. Der Eispalast ist das ganze Jahr über geöffnet; die Seilbahn verkehrt auch bei schlechtem Wetter fast immer.

Ganz links: Ausblick vom Hintertuxer Gletscher. Links: Das Höhlensystem des Hintertuxer Gletschers erstreckt sich über zehn Kilometer unterhalb der jahrtausendealten eisigen Oberfläche, auf der die Skifahrer unterwegs sind. Die Spannagelhöhle ist eines der größten Höhlensysteme der Zentralalpen. Unten: Eiskletterer am Gletscherbruch. Großes Bild: Tuxer Ferner, einer der beiden Hintertuxer Gletscher.

1856 Quadratkilometer misst die letzte großflächige Naturlandschaft der Ostalpen zwischen dem Wildgerlostal im Westen und dem Lungauer Murwinkel im Osten, die Anfang der 1980er nicht zuletzt ihrer einzigartigen Flora und Fauna wegen zum Nationalpark erklärt wurde. In der »Kernzone« berühren Österreichs höchste Gipfel, über 30 Dreitausender, den Himmel – vergletscherte Eisriesen mit schroffen Zacken, gestaffelt bis zum Horizont. Die »Außenzone« wurde vom Menschen mitgestaltet: eine Komposition aus blühenden Almen, saftigen Bergwiesen und dunklen Schutzwäldern. Die Dörfer in den Haupttälern bilden die »Kulturzone«, setzen längst auf sanften Tourismus, bewirtschaften wieder lange verwaiste Almen, haben Wander- und Lehrwege angelegt und, indem sie aus den Seitentälern sämtliche Urlaubsautos verbannten, für paradiesische Stille gesorgt.

Wie entstehen Gletscher?

Über 340 Gletscher gibt es noch im Nationalpark Hohe Tauern, darunter der größte Österreichs, der rund acht Kilometer lange Pasterzengletscher. Aber wie entstehen eigentlich diese gigantischen Eisströme? In den Gipfelregionen der Hochgebirge reichen die Temperaturen im Sommer nicht aus, um das Eis abzuschmelzen; es legen sich also immer neue Schneeschichten über die alten – und das seit vielen Jahrhunderten. Diese werden zunächst zu Eiskörnern, Firn genannt, und anschließend unter dem zunehmenden Druck der darüberliegenden Schichten zu massivem Eis. Das bläulich schimmernde Gletschereis ganz unten kann mehrere Hundert Meter dick werden. Der Druck versetzt aber auch die unteren Schichten des Eises in Bewegung, sodass der Gletscher allmählich abwärts zu fließen beginnt. Dabei schleift er jede Menge Geröll und Felsbrocken mit sich und formt so die Landschaft.

Auf dem Areal der Pasterze, mit über acht Kilometern der größte Gletscher Österreichs, bildete geschmolzenes Gletschereis Seen wie diesen (großes Bild). Der Nationalpark Hohe Tauern wartet zudem mit einer außerordentlichen Artenvielfalt auf und bietet u. a. auch Schmetterlingen wie Kaisermantel (ganz links) und Hochmoor-Bläuling (links) einen gesicherten Lebensraum. Bedeutende alpine Ökosysteme sind hier ungestört erhalten.

GROSSVENEDIGER

Eis- und schneebedeckt liegen die Berge der Venedigergruppe vor dem beherzten Gipfelstürmer. Unzählige Gebirgskämme wie der Panargenkamm oder der Wallhornkamm durchziehen sie, Dreitausender mit klingenden Namen wie Kuhhaut, Rauhkopf oder Kleiner Hexentopf prägen die Gipfelsilhouette. Der höchste Gipfel ist der Großvenediger, 3657 Meter hoch steht er an der Grenze zwischen Osttirol und Salzburger Land. »Weltalte Majestät« nannte ihn einer seiner frühen Ersteiger, Ignaz von Kürsinger. Seine vergletscherte Spitze ist nicht zu übersehen. Er gab der Gebirgsgruppe auch ihren Namen, der sich angeblich von Mineraliensuchern aus der Lagunenstadt, den »Venedigern«, herleitet. Das einzige ständig bewohnte Tal der Venedigergruppe ist das Virgental. Der Großvenediger besteht aus granitartigem Gneis, der in den Alpen meist die Grundlage für die darauf aufgeschobenen Kalkdecken bildet. Hier aber, im Tauernfenster, ist die Unterlage freigelegt, und man kann Hunderte Millionen Jahre in die Erdgeschichte blicken.

Der stark vergletscherte Großvenediger ist mit 3552 Metern der höchste Gipfel der Venedigergruppe und der vierthöchste Berg Österreichs.

GROSSGLOCKNER

Der »Glockner« ist mit 3798 Metern nicht nur Österreichs höchster, sondern auch ein außergewöhnlich schöner Berg. Die Ansicht von seiner nadelscharfen Spitze und der Felskrone der Glocknerwand über dem Eis ist das alpine Wahrzeichen des Landes, ja der Ostalpen schlechthin. Seit seiner Erstbesteigung 1800 spielte er eine wichtige Rolle in der Entwicklung des Alpinismus, zählt er doch zu den Wunschbergen, die man zumindest einmal im Leben bestiegen haben will. Obgleich nicht ganz einfach zu erklimmen, ist die Standardroute von der Adlersruhe über den Rücken des Kleinglockners und die Scharte zum Gipfel auch für Normalbergsteiger machbar. Zumal für Anstiege sowohl von Osttiroler, als auch Salzburger oder Kärntner Seite Hütten zur Verfügung stehen. Bei über 5000 Besteigungen pro Jahr erlebt der Gipfel an Sommertagen regelrechte Massenanstürme. Die nach ihm benannte Hochalpenstraße schraubt sich in 27 Kehren und über 60 Brücken hinweg bis auf 2575 Meter Seehöhe hinauf.

Die gigantische Berglandschaft um den Großglockner bietet zahlreiche Bergtouren, allen voran die drei Bundesländer querende »Glocknerrunde«.

PASTERZE

Die Pasterze ist mit rund acht Kilometer Länge der größte Gletscher Österreichs und der Ostalpen – noch, muss man sagen, denn die Pasterze schmilzt wie viele andere Gletscher rapide. Jedes Jahr verliert sie im Durchschnitt zehn Meter Länge. Allein 2017 hat sie außerdem zwei Meter Dicke eingebüßt. Der flache, im Tal liegende, von der Aussichtshöhe einsehbare Teil des Gletschers könnte in 40 bis 50 Jahren völlig verschwunden sein, schätzen Glaziologen. Erdgeschichtlich gesehen, wäre das aber nichts Neues: Wie Bodenproben ergaben, war das Tal der Pasterze nach dem Ende der Eiszeit Tausende Jahre lang ein mit Gras bedecktes Hochtal, auf dem offenbar auch Tiere weideten. Auch der Name (evtl. von pastor, Hirte) weist darauf hin. Das Wasser der Pasterze speist einen Stausee, der unterhalb des Glocknerhauses liegt. Beim Glocknerhaus startet eine etwa vierstündige Wanderung auf dem sogenannten Gletscherweg.

Von der Kaiser-Franz-Josefs-Höhe, dem berühmtesten Aussichtspunkt Österreichs, geht der Blick über den Pasterzengletscher auf den Johannisberg (der weiße im Hintergrund) und den Großglockner (am linken Bildrand).

KAPRUNER KRAFTWERK

Was dem ehemals bescheidenen Bergbauerndorf Kaprun über Österreichs Grenzen hinaus großen Ruhm beschert, sind die Tauernkraftwerke. Ausgerechnet Reichsmarschall Göring hatte unmittelbar nach dem Anschluss 1938 den Spatenstich vorgenommen. In den Folgejahren rackerten sich Abertausende Zwangsarbeiter aus »Feindländern« auf dem hochalpinen Baulos ab, etliche Hundert starben dabei. Als man die Baustelle nach dem Chaos des Kriegsendes im Jahr 1947 reaktivierte, galten die nunmehr 15 000, vorwiegend aus Mitteln des Marshallplans und Staatsanleihen bezahlten Arbeiter bald als »Helden des Wiederaufbaus«. Und ihr Werk wurde für die noch junge Zweite Republik das, was die Großglockner-Hochalpenstraße für die ausgehende Erste war – ein zentrales Symbol der österreichischen Identität. Seit der Eröffnung 1955 haben an die zehn Millionen Schaulustige das Kraftwerk besichtigt.

Fast unwirklich mutet der Stausee inmitten der grandiosen Bergwelt an: 665 000 Kubikmeter Beton, 107 Meter hoch, 1494 Meter lang, 70 Meter breit – die Moosersperre des Stausees Mooserboden ist eine gewaltige Mauer.

GROSSGLOCKNER-HOCHALPENSTRASSE

Sie gilt als eine der spektakulärsten Panoramarouten des Alpenraums und bildete bei ihrer Eröffnung 1935 die erste nur für den motorisierten Verkehr konzipierte Nord-Süd-Transversale über den Hauptkamm der Hohen Tauern: jene epochale Hochgebirgsstraße, die mittels 27 Kehren 48 Kilometer weit von Heiligenblut bis hinüber ins salzburgische Bruck-Fusch führt. Groß ist die Faszination, die diese kühne, ab 1930 erbaute Alpenstraße auf ihre Benutzer ausübt. Ob der weite Talboden von Ferleiten unterhalb des Hohen Tenns und des Großen Wiesbachhorns oder das Hochmais mit dem von Wasserfällen umkränzten Käfertal – von jeder Kehre tun sich atemberaubende Perspektiven auf. Und reflexartig lösen die Highlights den Griff zum Fotoapparat aus: das Hochtor, das den 2575 Meter hohen Scheitelpunkt der Straße bildet, die Stichstraße auf die Edelweißspitze oder die Kaiser-Franz-Josefs-Höhe, von der aus man den Großglockner und die Pasterze vor sich sieht.

Fünf Jahre dauerte der Bau der legendären Strecke: Seit ihrer Eröffnung 1935 brachte die Großglockner-Hochalpenstraße mehr als 50 Millionen Reisenden das Faszinosum Hochgebirge näher.

KRIMMLER WASSERFÄLLE

Die Gemeinde Krimml, ein beschaulicher Luftkur- und Wintersportort, empfängt Gäste mit einem malerischen Ortskern. 30 Kilometer entfernt, im hinteren Achental, steht, umrahmt von smaragdgrünen Nadelwäldern, mit dem Krimmler Tauernhaus ein über 600 Jahre altes, im Inneren original bemaltes Prachtexemplar einer historischen Säumerunterkunft. Die mehr als 400 000 Besucher, die Krimml jährlich verzeichnet, kommen freilich eines spektakulären Naturdenkmals wegen in den westlichsten Winkel Salzburgs. In drei Stufen über insgesamt 380 Meter stürzt die Krimmler Ache hier, am Fuß des Gerlospasses, in gewaltigen Gischtkaskaden zu Tal. So tief wie kein zweiter Wasserfall auf dem Kontinent, und zwar mit durchschnittlich 20 000 Litern pro Sekunde. Kein Wunder, dass dem Wasserfall schon 1967 das viel begehrte »Europäische Diplom für Naturschutz« verliehen wurde. Auf dem rund vier Kilometer langen »Wasserfallweg« kommt man diesem Naturschauspiel ganz nah.

Die Krimmler Wasserfälle im Nationalpark Hohe Tauern sind mit ihren 380 Meter Fallhöhe die fünfthöchsten der Welt. In drei Fallstufen ergießt sich hier die Krimmler Ache am Talausgang.

Die faszinierende Gegensätzlichkeit der Salzburger Natur offenbart sich bei der Fahrt von der Landeshauptstadt Richtung Süden sehr bald: Im Bereich von Hallein, seinem Zentrum, präsentiert sich der Tennengau, dieser kleine und jüngste der fünf Landesbezirke, recht flach und dicht besiedelt. Bald danach aber verengt sich das Salzachtal. In der alten Händlerstadt Golling stürzt bereits ein großer Wasserfall in die Tiefe. Wenig später hat die Hauptstraße eine erste Hürde, den Pass Lueg, zu nehmen, während sich der Fluss gurgelnd seinen Weg zwischen Tennen- und Hagengebirge durch eine tiefe Schlucht, die Salzachöfen, bahnt. In noch dramatischere Gefilde kommt, wer ostwärts über Scheffau und Abtenau ins Lammertal vordringt. Nicht ohne Grund heißt diese Route zu Füßen der schroffen Zacken von Gosaukamm, Dachstein und Bischofsmütze »Salzburger Dolomitenstraße«.

Fast wie der Grand Canyon in Miniatur sieht er aus, der Tauglbach, wenn er sich durch die gleichnamige Schlucht drängt (unten links und rechts). In Jahrmillionen hat das Wasser hier wie auch in der Taugler Strubklamm (unten Mitte) Gesteinsschichten abgetragen, die heute so wundersame Formen ergeben. Mal sind die Wände rötlich, mal grau und mit Moos bewachsen. Der Wasserfall in Golling stürzt 75 Meter in die Tiefe (links).

EISRIESENWELT

Unmittelbar hinter dem Pass Lueg, der ersten sanften Hürde auf dem Weg durch das Salzachtal Richtung Süden, weist ein Schild den Weg zur Eisriesenwelt. Hinter dem so rätsel- wie zauberhaften Namen verbirgt sich eine echte Sensation: die weltweit größte Eishöhle – ein über 47 Kilometer langes, auf rund 30 000 Quadratmetern mit einer Eisglasur überzogenes unterirdisches Labyrinth. Wer dieses Naturwunder sehen will, der muss zunächst eine kleine Wanderung vom Parkplatz aus unternehmen; dann geht es ein Stück mit der Seilbahn – übrigens Österreichs steilste! – und abermals 15 Minuten zu Fuß weiter. Doch was den Besucher im Berginneren erwartet, lohnt den mühevollen Aufstieg allemal: eine 75-minütige geführte Wanderung durch gigantische, von buntem Magnesiumlicht bestrahlte Felsdome und -hallen, vorbei an glitzernden Eisseen und funkelnden gefrorenen Wasserfällen. Während der Führung kann man die kristallenen Gebilde mithilfe von Grubenlampen näher in Augenschein nehmen. Besucher sollten unbedingt festes Schuhwerk und warme Kleidung tragen, denn selbst in den warmen Sommermonaten herrschen in der Höhle konstant eisige null Grad. Von Anfang Mai bis Ende Oktober ist die Eisriesenwelt geöffnet; mittlerweile kommen täglich bis zu 2500 Gäste auf den Berg.

Unglaublich weit reicht der Blick vom Eingang der Höhle auf die umliegenden Berge (links). Im Inneren wartet eine gigantische Welt aus Eis auf die Besucher. Der Name der Höhle leuchtet ein, sobald man als kleiner Mensch so mächtigen Eisformationen gegenübersteht (großes Bild). Durch spezielle Beleuchtung kommen die gefrorenen Naturkunstwerke noch deutlicher zum Vorschein.

ANKOGELGRUPPE

Im Bereich der Hohen Tauern nimmt die Ankogelgruppe den östlichen Bereich ein. Hier beginnen auch gleich die Niederen Tauern im Anschluss. Der höchste Berg ist die Hochalmspitze oder auch der Hochalmer mit 3360 Metern. Wer Gletscher sucht, wird hier ebenso fündig. Sehr bekannt ist der Großelendkees im nördlichen Bereich und der Hochalmkees im Osten. Relativ klein sind im Westen der Winkelkees sowie im Süden der Trippkees. Die Hochalmspitze ist von der Reißeckgruppe durch die 2673 Meter hohe Mallnitzer Scharte getrennt, was im Norden der Kölnbreinspeicher übernimmt. Ihren Namen erhielt die Ankogelgruppe vom gleichnamigen, 3252 Meter hohen Ankogel. Sein Gipfel war ursprünglich elf Meter höher, brach aber bei einem Bergsturz 1932 ab. Der Ankogel ist zudem alpinhistorisch interessant: Er wurde bereits im Jahr 1762 erstbestiegen und gilt als einer der am frühesten betretenen Gletschergipfel der Ostalpen.

Die Ankogelgruppe ist ein abwechslungsreiches Gebirge mit lieblichen Almen, aber auch wilden Gletschern. Großes Bild: Das Hannoverhaus liegt in 2565 Meter Höhe auf dem Etschlsattel.

Die Radstädter Tauern bilden den westlichen Teil der Niederen Tauern. Im Südwesten grenzen sie an die Hohen Tauern, im Nordwesten an den Pongau und im Osten an die Schladminger Tauern. Der Ort Radstadt im Ennstal ist Namensgeber. Der höchste Gipfel der Radstädter Tauern ist das Weißeck mit einer Höhe von 2711 Metern. Die Radstädter Tauern sind ein bekanntes Skitourengebiet, wobei oft die Gnadenalm auf halber Höhe zwischen den bekannten Tourismusorten Untertauern und Obertauern als Ausgangspunkt für Touren genutzt wird. Die Gnadenalm ist sommers wie winters ein Erlebnis. Auf rund 1300 Meter Höhe erstreckt sich ein 300 Hektar großer Almboden, umringt von einem traumhaften Bergpanorama, und mittendurch fließen die Taurach und der Angerbach. Wanderungen sind von der Gnadenalm aus in alle Himmelsrichtungen möglich. Zahlreiche bewirtschaftete Hütten liegen verstreut auf dem Almgebiet.

Das Weißeck ist mit 2711 Metern der höchste Berg der Radstädter Tauern. Zu ihrem Namen kam die mächtige Felsgestalt durch die sehr helle Färbung ihres Kalksteins.

Das »Herz vom Herzen Europas« nannte Hugo von Hofmannsthal die Hauptstadt des Salzburger Landes. Sie zählt trotz ihrer Kleinheit – und nicht nur dank ihres Genius loci namens Mozart – zu den großen Kunstmetropolen des Kontinents. Hohenfeste, Dom, Kollegienkirche, Residenz, St. Peter und Schloss Mirabell: Das urbane Gesamtkunstwerk an der Salzach zwischen Kapuziner-, Mönchs- und Festungsberg belebt und betört die Sinne mit einem überquellenden Barockambiente und faszinierendem Kulturangebot. Zu verdanken hat die Nachwelt dieses Juwel von einer Stadt wesentlich Erzbischof Wolf Dietrich von Raitenau. Dieser ließ um 1600 ihren halben mittelalterlichen Kern abreißen und die zentralen Freiräume anlegen. In der Folge komplettierten Amtsnachfolger wie Markus Sittikus, Johann Ernst Graf Thun und Hieronymus Colloredo das Architekturensemble.

Wolfgang Amadeus Mozart

In jedem Winkel der Stadt ist Salzburgs berühmtester Sohn heute allgegenwärtig, der 1756 hier geboren wurde. In seinem Geburtshaus in der Getreidegasse und seinem Wohnhaus am Makartplatz erinnern Mozart-Museen an Leben und Werk des musikalischen Wunderkinds. Schon in frühester Kindheit schrieb er eigene Stücke und brachte es bis zu seinem frühen Tod mit 35 Jahren auf insgesamt 626 Musikwerke. Dabei vergrämten die Salzburger Erzbischöfe und Auftraggeber ihrem Musikgenie seinerzeit das Leben dort. Mozart verließ verbittert die Stadt, reiste quer durch Europa und zog 1781 nach Wien, wo seine größten Werke entstanden, u. a. die Opern »Don Giovanni« und »Die Zauberflöte« sowie das unvollendet gebliebene »Requiem«.

Großes Bild: Stolz thront die 1077 erbaute Festung über der barocken Altstadt. Sie ist das Wahrzeichen Salzburgs und zieht alljährlich Millionen Besucher in die Stadt. Ganz links: In Salzburgs berühmtester Einkaufsstraße, der Getreidegasse, hängen eine Vielzahl alter geschmiedeter Reklametafeln. Links: Konzipiert hat den anmutigen barocken Mirabellgarten kein Geringerer als der österreichische Architekt Johann Bernhard Fischer von Erlach.

ST. WOLFGANG

Geradezu eine Pflichtstation für Salzkammergut-Reisende ist wohl St. Wolfgang. Der operettenselige Marktflecken, in dessen Kern das legendäre Hotel »Weißes Rössl« an Ralph Benatzkys nicht minder legendären Bühnenerfolg gleichen Namens erinnert, gilt mit seinen verwinkelten, von geschäftigem Gewusel erfüllten Gassen nicht ohne Grund als Hochburg für Tagestouristen. Doch das Urteil ist nicht ganz gerecht. Erstens war der Ende des 10. Jahrhunderts durch Bischof Wolfgang von Regensburg als Eremitenklause gegründete Ort schon im Spätmittelalter eines der beliebtesten Pilgerziele Europas und entsprechend überlaufen. Zweitens können Besucher mit der Dampfzahnradbahn bequem auf den Gipfel des Schafbergs entfliehen. Und drittens birgt die örtliche Pfarrkirche ein Kunstwerk, das jedes Gedränge vergessen lässt: den Pacher-Altar, ein spätgotisches Meisterstück des Südtiroler Schnitzers Michael Pacher.

Angereichert wird die landschaftliche Harmonie im Salzkammergut durch vielerlei Sehenswürdigkeiten von Menschenhand; auch die Ruderhütten in St. Wolfgang gehören dazu.

MONDSEE

Krassse landschaftliche Kontraste prägen den Mondsee. Dessen Südufer wird von der 1300 Meter hohen, in makelloser Senkrechte abfallenden Drachenwand dominiert. An seinem Nordufer formt die barocke Doppelturmfassade der Kirche von Stift Mondsee die auffallendste Vertikale. Der malerische Erholungsort an der Nordwestspitze, dessen Name sich auf den See übertrug, galt dank des 748 gegründeten Benediktinerklosters über Jahrhunderte als Zentrum der Wissenschaft und Kunst. Als Besuchermagneten fungieren auch das Mondseer Rauchhaus und das Pfahlbaumuseum. In Letzterem sind Relikte aus der örtlichen Frühgeschichte zu sehen – neolithische Werkzeuge aus Knochen und Stein sowie Keramikreste, die Archäologen zusammen mit Tausenden Pfählen aus dem seichten Uferwasser bargen. Und die die Wissenschaft bewogen, die gesamte ostalpine Pfahlbautradition »Mondsee-Kultur« zu taufen.

Die 1176 Meter hohe Drachenwand ragt im Hintergrund des nördlichen Mondsees auf, 700 Meter davon sind reine, nahezu senkrechte Felswand.

ATTERSEE

Das unmittelbare Nebeneinander von steilem Fels und sanften Wiesen charakterisiert auch den Attersee. Mit nahezu 50 Quadratkilometern das größte Gewässer in der Region und dank des regelmäßig wehenden »Rosenwindes« ein Seglerparadies, reicht er im Norden weit in das hügelige Voralpengebiet. Im Süden wird er von den schroffen Wänden des Höllengebirges und des Schafberges eingefasst. In deren Schatten liegt Unterach, bekannt für das imposante Naturdenkmal Burggrabenklamm. Die Orte Nussdorf und Attersee im Nordwesten sind jüngst zu Refugien der Schönen und Reichen avanciert. Merklich nostalgischer zeigt sich die Ostseite mit ihrer kurvigen Uferstraße, den verträumten Gärten und Villen aus der K.-u.-k.-Zeit. Kunstbegeisterte pilgern hier nach Schörfling und Seewalchen, wo ein Museum und ein Themenweg an den vielleicht prominentesten Sommerfrischler, den österreichischen Maler Gustav Klimt, erinnern.

Das beschauliche Badegewässer Attersee wirkt vor der Kulisse schroffer Gebirge immer noch, als hätte es ein Romantiker im frühen 19. Jahrhundert gemalt.

TRAUNSEE

Lacus felix, »glücklicher See«, nannten die Römer dieses mit 191 Metern tiefste aller oberösterreichischen Gewässer. Ihre Begeisterung lässt sich gut nachempfinden: Das steile Ostufer am Fuß des Traunstein blieb bis heute nahezu naturbelassen. Und auch sein Vis-à-vis ist über weite Strecken von Felswänden gesäumt, weshalb sich noch im späten 19. Jahrhundert der Personen- und Warenverkehr zwischen Nord- und Südende des Sees über das Wasser abspielte. Die »Gisela«, die hier seit 1871 wacker die Wellen kreuzt, gilt mittlerweile als einer der ältesten Raddampfer der Welt. Mit seinen Sudwerken seit alters ein zentraler Produktionsort für Salz und seit Generationen zudem eine beliebte Sommerfrische ist die Marktgemeinde Ebensee. Die Nationalsozialisten betrieben in dem Ort an der Traunmündung ein Konzentrationslager. An die über 8500 hier umgekommenen Häftlinge erinnern eine Gedenkstätte und das Museum für Zeitgeschichte.

Lacus felix, »glücklicher See«, nannten schon die Römer den Traunsee, was sicher auch den herrlichen Panoramen geschuldet ist. 191 Meter tief ist er und wird von hohen Bergen umstanden.

DACHSTEINGEBIRGE

Der Hohe Dachstein (2995 Meter) gehört zu den großen Bergen der Nördlichen Kalkalpen. Seine gewaltige Südwand, die über der grünen Ramsau in den Himmel ragt und 1909 erstmals durchstiegen wurde, ist ein alpines Schaustück par excellence. Die Nordabdachung weist eine beachtliche Vergletscherung auf. Über das Eis kamen die ersten Alpinisten, darunter auch ein Herr von fürstlichem Geblüt: Erzherzog Karl, der als Sieger von Aspern über Napoleon im Jahr 1809 in die Geschichte einging. Am Dachstein scheiterte er allerdings. Besser machte es rund 20 Jahre später der Einheimische Peter Gappmayer. Er erreichte über den Westgrat den Gipfel des Fast-Dreitausenders. Typisch für das Dachsteinmassiv sind seine ausgedehnten Karstregionen; noch stärker ausgeprägt ist dieser Landschaftstypus im benachbarten Toten Gebirge: eine steinerne Wüste.

Links: Die Aussicht auf die Gipfel des Dachsteinmassivs ist atemberaubend. Touristisch erschlossen wurde das Gebiet bereits in der ersten Hälfte des 19. Jahrhunderts. Heute reichen die Skigebiete bis unterhalb seines Gipfels. Großes Bild: Im Vorderen Gosausee spiegelt sich der Gipfel des Hohen Dachsteins und bietet eines der schönsten Naturschauspiele im Salzkammergut. Der See lässt sich auf einem 4,5 Kilometer langen Wanderweg umrunden.

ABENTEUER IN EIS UND FELS

Österreich ist eine Wiege des Alpinismus und auch des Kletterns. Gipfelstürmer der Spitzenklasse wie Heinrich Harrer, Peter Habeler und Fritz Morawetz, Edi Koblmüller und Thomas Bubendorfer haben seinen Ruf in alle Welt getragen. Erlernt haben sie ihre schwindelerregenden Künste, ehe sie diese im Himalaja, in den Anden oder Rocky Mountains praktizierten, daheim an den Wänden ihrer Hausberge und dort indirekt einen wahren »Kraxelboom« ausgelöst. Mittlerweile ziehen die Vertikalen aus Fels und Eis zahlreiche Menschen in ihren Bann. Die Suche nach dem ultimativen Naturerlebnis, der Stille und den eigenen Grenzen ist für Gebirgler wie Flachländer, Leistungssportler wie Amateure zur Passion geworden. Als Breitensport hat die Kletterei dank professioneller Trainingsmethoden, moderner Ausrüstung und Seiltechnik heute deutlich an Gefährlichkeit verloren. Zugleich hat sich die touristische Infrastruktur verbreitert: Rund um den Dachstein etwa bietet – wie überall, wo steile Wände und am Ende die grandiose Aussicht vom Gipfel winken – jeder Ort Ausbildungskurse und geführte Touren jeglicher Schwierigkeitsgrade an. Für die ersten Schritte stehen zahlreiche Klettergärten zur Verfügung. Oder man legt Gurte, Helm, Sicherungsschlingen und Karabiner in einer der vielen Kletterhallen an.

Links: Am 24. Juli 1938 bestiegen Heinrich Harrer, Fritz Kasparek, Anderl Heckmair und Ludwig Vorg erstmals die Nordseite des Eiger. Ganz links: Wanderung zum Hallstätter Gletscher um 1900. Seite gegenüber oben: Bergsteiger am Gosaukamm und bei Ramsau am Dachstein. Darunter: Klettern an der Hofpürglhütte. Großes Bild: Die Gamsfeldspitzen im Abendlicht.

HALLSTATT UND HALLSTÄTTER SEE

Der Ort gilt, vergleichbar höchstens mit St. Wolfgang, als die Ikone des Salzkammergut-Tourismus schlechthin. Er zählt kaum mehr als 800 Einwohner, ist aber, wie er sich, im Wesentlichen bloß aus einer Straße und einem Marktplatz bestehend, auf dem extrem schmalen Uferstreifen zwischen Berghang und See hinduckt, derart fotogen, dass chinesische Investoren ihn vor ein paar Jahren in der Provinz Guangdong als Kopie im 1:1-Format nachbauten. Und als eine Art lebendiges Freiluftmuseum inneralpiner Architektur ist er so einzigartig, dass ihn die UNESCO 1997 zusammen mit der Region Dachstein zum Welterbe adelte. Die Rede ist von Hallstatt, jener Gemeinde, auf deren Boden bereits vor über 6000 Jahren Salz geschürft wurde. Das Bergwerk, eines der ältesten der Welt, ist zwar stillgelegt, kann jedoch teils zu Fuß, teils per Grubenbahn und über Holzrutschen besichtigt werden.

Links: Acht Kilometer lang und maximal gut zwei Kilometer breit ist der Hallstätter See und der südlichste unter den großen des Salzkammerguts. Er ist außerdem sehr tief, bis zu 125 Meter, weil über weite Strecken von senkrechten Felswänden eingefasst, und deshalb selbst an Hundstagen ziemlich »frisch«. Unten: Die reizvolle Lage am See und die verschachtelten Häuser der berühmten Salzgrubenstadt Hallstatt.

SCHLADMINGER TAUERN

Die Schladminger Tauern bilden mit den Radstädter, den Rottenmanner, Wölzer und Seckauer Tauern die Niederen Tauern. Sie zählen zu den wasserreichsten Gebieten der Alpen. Ein Großteil der 300 Bergseen und knapp 150 Wasserfälle der Niederen Tauern liegen hier. Der Schladminger Tauern Höhenweg, ein Teilstück des Zentralalpenwegs 2, führt über die wichtigsten Kämme des Gebirges, sollte aber nur von trittsicheren und erfahrenen Bergsteigern begangen werden. Der Charakterberg der Schladminger Tauern ist zweifellos der 2862 Meter hohe Hochgolling, der höchste Gipfel des Gebiets, der hier den Alpenhauptkamm bildet. Der Hochgolling hat die Form einer dreikantigen Pyramide mit drei markanten Graten, die allseits steil abfallen. Am steilsten ist dabei die rund 1000 Meter hohe Nordwand, sie wird auch als »größtes Amphitheater der Alpen« bezeichnet.

Die Schladminger Tauern gehören zu den wasserreichsten Gebieten der Alpen. Überall gluckert und sprudelt es, so wie hier bei der Gollinghütte am Steinriesenbach (unten). Entsprechend grün sind die Hänge und Gipfel (ganz unten).

Das völlige Gegenteil zu den schroffen, himmelstürmenden Gipfeln der Hohen Tauern sind die bis 2400 Meter hohen Mittelgebirgskuppen, von den Einheimischen »Nocken« genannt, die die Region östlich des Liesertales prägen. 1987 wurde diese weitgehend nicht besiedelte Almenlandschaft zum Nationalpark erklärt. Das 187 Quadratkilometer große Schutzgebiet ist durch die Nockalmstraße erschlossen, eine mautpflichtige Panoramastrecke, die von Innerkrems 35 Kilometer weit bis in die Ebene Reichenau zu Füßen der Turracher Höhe führt. Nahe ihrem östlichen Ende findet sich ein Kuriosum aus der Pionierzeit der inneralpinen Balneologie: Österreichs ältestes Kur-, das Karlsbad, besteht nur aus einem urigen Bauernhof plus Stall und Badescheune. Seine »Pools« sind waschechte Holztröge, deren Wasser der Wirt mittels glühender Mineralkiesel aus dem nahen Bachbett erhitzt.

Grüne Wiesen, dichte Wälder, Bergbäche, Seen und Tümpel findet man im Nationalpark Nockberge zuhauf. Heidelbeeren, Rostblättrige Alpenrose und Preiselbeere ebenso (Bildleiste unten). Großes Bild: Der Schwarzsee auf 1800 Meter Höhe.

WÖRTHERSEE

KLAGENFURT

Ihre Wurzeln liegen, glaubt man der Legende, in einer sumpfigen Furt des Flusses Glan. Dort sollen sagenhafte »klaga«, Totenfrauen, ihr Unwesen getrieben haben, ehe Herzog Hermann von Spanheim im ausgehenden 12. Jahrhundert an genau jenem Ort einen Markt gründete. Dank ihrer handelsstrategisch günstigen Lage wuchs die Siedlung alsbald zu einer ansehnlichen Stadt und in der frühen Neuzeit durch die Schenkung an die Stände zur Landesmetropole. Heute zählt Klagenfurt 100 000 Einwohner und strahlt in seiner Bedeutung als Verwaltungszentrum, Wirtschaftsstandort, Universitäts- und Museumsstadt über Kärntens Grenzen weit hinaus. Die Gassen und Plätze der Fußgängerzone atmen mit ihren herausgeputzten Fassaden, Cafés und Boutiquen mediterranes Flair. Zusätzlich erhöht wird der Freizeitfaktor durch die unmittelbare Nähe des Wörthersees.

Großes Bild: Der Neue Platz ist eines der Herzstücke der Klagenfurter Innenstadt. Ganz rechts oben: Das Landhaus, Zentrum der Kärtner Politik, ist mit seiner Renaissancearchitektur schon von außen ein Glanzstück. Ganz rechts unten: In der Hauptpfarrkirche Sankt Egid feiert sich der Barock.

Er ist mit einer Fläche von fast 20 Quadratkilometern Kärntens größter See und blickt, wovon bis heute eine Vielzahl historischer Schlösschen und Villen, Bade- und Bootshäuser zeugt, auf eine gut 150-jährige Geschichte als Fremdenverkehrszentrum zurück. Nach 1945, in der Wirtschaftswunderzeit, wurde der Wörthersee zu »Österreichs Riviera«, einem Treffpunkt des Hoch- und Geldadels, der Großprominenz aus Funk und Fernsehen. Inzwischen tummeln sich im Veldener Casino, beim Blumenkorso, den diversen Misswahlen, gar nicht zu reden vom alljährlichen Golf-GTI-Treffen, anstelle von Jopi Heesters und Udo Jürgens, den Hortens und Flicks bloß noch Hinz und Kunz. Doch die touristische Infrastruktur ist nach wie vor prima, das Wasser blitzsauber und das Partyvolk schick. Und entlang der Ufer finden Erholungsuchende immer noch viele stillere Ecken.

Vor allem am Südufer ziehen sich große Waldflächen am Wörthersee entlang (ganz links). Am Westufer sticht Schloss Velden mit seiner gelben Fassade hervor (links). Ursprünglich ein Adelssitz, diente es jahrzehntelang als Kulisse für Filmproduktionen. Seit 2012 ist es ein Fünf-Sterne-Hotel.

SÜSSE VERLOCKUNG: ÖSTERREICHS MEHLSPEISEN

Ganz egal wie üppig der Hauptgang, eine Nachspeise hat meistens noch Platz. Doch in Österreich hat man die Qual der Wahl. Wer authentische Tiroler Küche probieren will, der sollte den Kaiserschmarren, der sich auf jeder Speisekarte finden lässt, links liegen lassen: Eine wahre Tiroler Spezialität ist er nämlich gar nicht. Dann doch lieber zu »Kiachln« greifen; sie werden aus Hefeteig geformt und in Butterschmalz ausgebacken. Noch etwas Marmelade darauf, und fertig ist der Leckerbissen. Teigwaren dominieren auf vielen Tiroler Speisekarten. Dunkel präsentieren sich etwa die »Moosbeernocken«: Heidelbeeren werden in einen Teig gerührt, dann wird die dunkle Masse in der Pfanne in viel Fett gebacken. Variantenreich zeigen sich auch die Krapfen. Für sie gibt es so viele Rezepte und Zubereitungen, wie es Täler in Tirol gibt. Manchmal unterscheidet sich die Machart sogar von Bauernhof zu Bauernhof. Die Teigtaschen lassen sich mit allem füllen, ob mit Topfen (Quark), Dörrbirnen oder Marmelade. Eine herzhafte Variante sind die mit Graukäse gefüllten Zillertaler Krapfen. Oder wie wäre es mit fruchtigen Marillenknödeln aus Kartoffelteig und mit einer feinen Aprikosenfüllung? Die Wachauer Variante verwendet Topfen statt Kartoffeln. Ein einfacher, aber beliebter Klassiker ist auch der Gugelhupf.

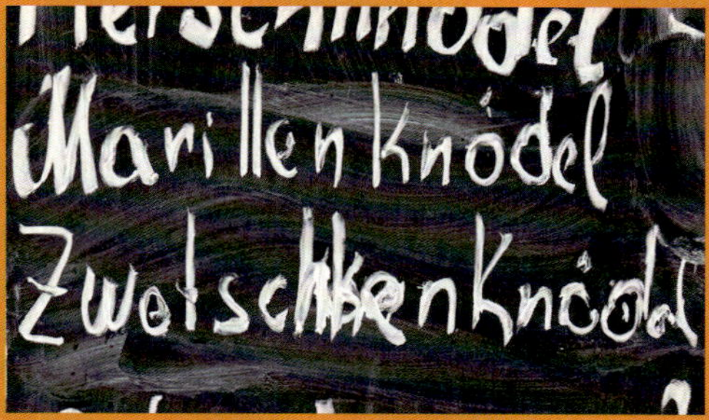

Kaiserschmarren (ganz links: Frauen beim Zubereiten) mit Zimtäpfeln und Fichtenhonig wird gern auf den Almen serviert (unten ganz links). Auch Apfelstrudel (unten Mitte) fehlt auf keiner Speisekarte; manche essen ihn auch gleich als Hauptgericht. Salzburger Nockerln aus dem Café Mozart in Salzburg (unten). Marillenknödel (ganz unten) sind typisch für die Wachau und den Vinschgau.

TOTES GEBIRGE

Es erstreckt sich als Teil der Nördlichen Kalkalpen zwischen dem Alm-, Traun- und Stodertal über eine Fläche von 400 Quadratkilometern: jenes Karrenplateau, das gemeinhin als größte Steinwüste der Ostalpen gilt. Wo sich der Name herleitet, ist leicht erklärt: Seine Kalke und Dolomite sind extrem verkarstet. In den zahlreichen Dolinen, Schächten und Höhlen versickern Regen- und Schmelzwasser im Nu. Entsprechend trocken und vegetationslos ist die Hochfläche. Im Westteil hingegen ist der bei Wanderern und Kletterern beliebte, überwiegend streng naturgeschützte Gebirgsstock von Kiefern-, Lärchen-, Zirbenwäldern und Almwiesen bedeckt. Höchster Gipfel ist der Große Priel (2515 Meter), größte Höhle das 135 Kilometer lange, 1061 Meter tiefe Schönberg-System. An seinen Rändern liegen Bergseen, dazu mit Loser, Hinterstoder, Tauplitz- und Wurzeralm populäre Skigebiete.

Es mag recht karg sein und den Tod im Namen tragen, doch ausgestorben ist das Tote Gebirge bei Weitem nicht. Wanderer, Paraglider und Almbewohner bevölkern das Gebiet, das eine Vielzahl schöner Ecken aufzuweisen hat, wie beispielsweise die Tauplitzalm und den Vorderen Lahngangsee (Bildleiste unten ganz links von oben) oder auch die formschöne Spitzmauer (großes Bild) und den Schafkogelsee (links).

NATIONALPARK KALKALPEN

Kein Element hat diesen Nationalpark so geprägt wie das Wasser. In der Urzeit waren die Berge Lebensraum von Korallen, deren Spuren sich noch heute im Kalkgestein finden. Inzwischen haben sich die einstigen Korallenbänke zu Bergen erhoben und bilden die erste natürliche Barriere für aus Nordwesten herankommende Wolken des Alpenmassivs. Die vielen Regenfälle haben in das leichte Gestein Löcher und Höhlen gefräst, sodass es fast wie ein Käse durchbohrt erscheint. Fällt Regen, füllen sich diese Röhren und bringen Einzigartiges zum Vorschein: Wasserfälle tauchen aus dem Nichts auf, Quellen beginnen zu sprudeln. Was für Wanderer ohne kundigen Führer gefährlich werden kann, hat sich als perfekter Lebensraum für Tiere bewiesen: Der blinde Höhlenlaufkäfer, den es nur in dieser Region gibt, fühlt sich hier ebenso wohl wie der Luchs oder der Weißrückenspecht.

Schöne Wanderziele und Wahrzeichen der Region sind die Schleierfälle (unten links) und die Schlucht der Großen Klause (unten). Seit 2017 ist der etwas über 200 Quadratkilometer große Naturpark Weltnaturerbe der UNESCO.

Nur 16 Kilometer ist das Durchbruchstal nahe dem Ennsknie zwischen Admont und Hieflau lang. Doch was das Wasser dieses österreichweit längsten Binnenflusses hier im Lauf der Jahrmillionen in den Kalkstein gefräst hat, zählt zu Österreichs bizarrsten und sehenswertesten Gebirgsszenerien. Zu beiden Seiten: steile Felswände, oft über 1500 Meter und mehr senkrecht abfallend; im Hinterland: die bis über 2300 Meter hohen Gipfel der Hochtor- und Buchsteingruppe, dazwischen tiefe Schluchten, Gräben, dicht bewaldet, weitgehend unberührt. Kein Wunder, dass man 2002 mehr als 100 Quadratkilometer dieses ökologisch so wertvollen Landstrichs zum Nationalpark erklärte. Und kein Wunder auch, dass sich bei Schönwetter Wanderer, Bergsteiger, Kletterer, Angler und Wildwasserfahrer zuhauf aufmachen in dieses wahrhaftige Outdoor-Paradies.

Unten: Markant in der Form ist der Große Ödstein im Nationalpark Gesäuse. Ganz unten: Von der Ennsbrücke aus hat man einen guten Blick in den Eingang des Nationalparks Gesäuse, der als Hotspot von Endemiten gilt.

LAVANTTALER ALPEN

Im Lavanttal locken über 1000 Kilometer markierte und familienfreundliche Wanderwege auf Koralpe, Saualpe, Weinebene und Klippitztörl. Die Landschaft zählt zu den reizvollsten Tälern des südösterreichischen Raums. Vor allem im Frühling, wenn der Duft Tausender Obstbäume in der Luft liegt, oder im Juni und Juli, wenn die Almrauschblüte die Almen in leuchtende rote Teppiche verwandelt. Aber das beschauliche, weitgehend naturbelassene Tal bietet auch viele interessante Sehenswürdigkeiten wie das Stift St. Paul mit seinen weit über die Grenzen Kärntens bekannten Ausstellungen, das Museum im Lavanthaus oder auch das Schloss Wolfsberg im einzigartigen Tudorstil. Das Wahrzeichen Wolfsbergs zeigt sich nach aufwendigen Renovierungsarbeiten in der jüngsten Vergangenheit in seinem alten Glanz. Die herrschaftlichen Räume stehen der Öffentlichkeit für Veranstaltungen aller Art zur Verfügung. Sehr sehenswert ist auch die Markuskirche in Wolfsberg.

Ohne großes bergsteigerisches Können ist es möglich, die schönen Wandergebiete in den Lavanttaler Alpen zu erkunden.

Die Seckauer Tauern grenzen im Norden und Osten an die Ennstaler Alpen, im Süden an die Lavanttaler Alpen und im Westen an die Rottenmanner und Wölzer Tauern. Die höchsten Gipfel sind das Geierhaupt mit 2417 Metern und der ein Meter niedrigere Hochreichhart. Am bekanntesten ist aber der markante Seckauer Zinken (2397 Meter), denn von seinem Gipfel aus ist die Aussicht auf die Obersteiermark einmalig. Die Sicht reicht über das Murtal hinweg bis zu den Seetaler Alpen.Lohnend ist auch die Höhenwanderung von der Hochalm mit der Wallfahrtskirche Maria Schnee über den Hauptkamm der Seckauer Tauern zum Seckauer Zinken. Namensgeber ist die Marktgemeinde Seckau, die untrennbar verbunden ist mit der Abtei Seckau, die nicht nur das Erscheinungsbild des Ortes, sondern auch das Leben dort mitbestimmt. Die Benediktinerabtei, in der noch immer Mönche leben, ist mit ihrem Gymnasium und ihren Klosterbetrieben ein Treffpunkt der Menschen aus der Region.

Schöne Sommerwiesen umgeben den Ort Seckau. Die Seckauer Tauern werden wenig besucht und sind noch sehr ursprünglich.

ENNSTALER UND EISENERZER ALPEN

Die Ennstaler Alpen liegen südlich der Enns zwischen Liezen und Eisenerz. Ein Teil von ihnen gehört zum Nationalpark Gesäuse. Der höchste Gipfel ist das Hochtor mit 2369 Metern. Die Ennstaler Alpen bestehen aus zwei sehr unterschiedlichen Abschnitten: Der nördliche Teil zählt zu den Nördlichen Kalkalpen, besteht also aus Kalk. Ein hübsches Segment liegt bei dem Ort Admont: die sogenannten Haller Mauern, eine kleine Gebirgskette, deren schroffe Kalkwände den nördlichen Abschluss des Gebirges bilden. Der Südteil der Ennstaler Alpen hingegen, die Eisenerzer Alpen, gehört größtenteils zur Grauwackenzone, die aus grobem Sandstein besteht und hier ihre größte Breite aufweist. Hier finden sich auch zahlreiche Eisenerzvorkommen, vor allem der berühmte Erzberg beim Ort Eisenerz. Der Panoramaweg über den Hauptkamm der Eisenerzer Alpen gilt unter Bergwanderern als Geheimtipp, setzt jedoch große Ausdauer und Trittsicherheit voraus.

Unten: Blick auf den Stoderzinken bei Sonnenaufgang. Ganz unten: In den Ennstaler Alpen sind auch Gämsen heimisch.

Der Hochschwab oder »Schwobn«, wie ihn die Einheimischen liebevoll nennen, ist mit 2277 Meter Höhe der höchste Berg der Hochschwabgruppe – eigentlich ein zerfurchtes Hochplateau, denn sein Gipfel ist eine flache Kuppe aus Fels und Gras. Die mächtige Südwand des Bergs baut sich fast zwei Kilometer breit und 300 Meter hoch über dem Trawiessattel auf. Das unübersichtliche Gelände am Hochschwab brachte und bringt unerfahrene Bergwanderer immer wieder in Schwierigkeiten. 1988 kam es zu einer Tragödie, als eine siebenköpfige Gruppe in 2000 Meter Höhe zwei Tage und Nächte bei Stürmen und eisigen Temperaturen festsaß. Trotz des Einsatzes von rund 150 Mann der Gendarmerie und Bergrettung konnten fünf Wanderer nur noch tot geborgen werden, zwei überlebten schwer verletzt. Wildnis, Weite und die häufig unerwartet steilen Abbrüche vom Hochplateau machen das Hochschwabgebiet zu einem eher anspruchsvollen Berggebiet für Wanderer und Kletterer.

Die Landschaft rund um den Hochschwab zeichnet sich insbesonders durch idyllische Seen aus. Dazu zählt etwa der Lepoldsteiner See bei Eisenerz.

MÜRZSTEGER ALPEN

Die Mürzsteger Alpen sind eine Gebirgsgruppe der Ostalpen, die in der Steiermark mit kleinen Anteilen in Niederösterreich liegt. Der höchste Berg ist die Hohe Veitsch mit 1981 Metern im Zentrum der Gruppe, deren ausgedehntestes Massiv jedoch die Schneealpe im Nordwesten nahe der Rax ist. Auf der Schneealpe liegt das Schutzgebiet Naßköhr Moor, der größte Moorkomplex der östlichen Kalkalpen. Eine Besonderheit im Gebiet sind die Steinböcke, die hier wieder erfolgreich angesiedelt wurden. Zudem gehören Steinadler, Rotwild, Gämsen, Schwarzwild, Auer- und Birkwild zu den Bewohnern, und hin und wieder ziehen auch Wölfe durch das Gebiet. An die Mürzsteger Alpen grenzen im Norden die Türnitzer Alpen, im Nordosten die Gutensteiner Alpen, im Osten die Rax-Schneeberg-Gruppe, im Südosten das Randgebirge östlich der Mur und im Westen der Hochschwab. Das Gebiet gilt als Wander- und Skitourenparadies und wird von mehreren Weitwanderwegen durchquert.

Auch in den Mürzsteger Alpen leben wieder prächtige Steinböcke. Sie waren bereits zu Beginn des 18. Jahrhunderts in den österreichischen Alpen nahezu ausgerottet.

RAX-SCHNEEBERG

Das markante Bergmassiv aus Wettersteinkalk mit mehreren Gipfeln zwischen 1800 und 2076 Metern hat steile Bergflanken auf drei Seiten und bildet mit der westlich gelegenen Rax – getrennt durch das tiefe Höllental – eine geologische Einheit. Unzählige Wandermöglichkeiten gibt es in der bereits 1955 zum Landschaftsschutzgebiet erklärten Region. Beide Gipfel sind mit Bahnen erschlossen und bieten für Wanderer, Kletterer und Bergsteiger unzählige Möglichkeiten. Der Schneeberg wird auch liebevoll »Kaiser der Wiener Alpen« genannt. Neben seiner beeindruckenden Form ist er bekannt dafür, oft bis in den Frühling schneebedeckt zu sein. Puchberg liegt in einem romantisch verträumten Talkessel am Fuße des Schneebergs. Der Name der Markt- und Kurgemeinde ist urkundlich seit 1260 durch Eberhard von Puchperch belegt. Wegen der herrlichen Landschaft und der guten Luft war Puchberg schon zur Kaiserzeit als Kur- und Ferienort berühmt.

In Puchberg am Schneeberg verbrachten viele wohlhabende Familien über Generationen hinweg ihre Sommertage, ließen prächtige Villen bauen und förderten den Ort.

HOHE WAND

Seit über 100 Jahren erfreut sich die Hohe Wand, dieser mächtige, westlich von Wiener Neustadt gelegene Kalkstock, als Ziel für Tagesausflügler großer Beliebtheit. Rund zwölf Kilometer sind es von seinem nordöstlichen Ende bei Dreistetten bis zum Grünbacher Sattel. Etwa ebenso viele Quadratkilometer misst sein waldiges, seit 1969 zu weiten Teilen als Naturpark ausgewiesenes Hochplateau, das im Südwesten im 1132 Meter hohen Plackles gipfelt. Seit den 1930er-Jahren schon ist die Hohe Wand durch eine Mautstraße erschlossen, die das zuvor bereits dichte Netz aus Spazierwegen (auf der Hochfläche) und Klettersteigen (an deren Rändern) noch dichter werden ließ. Eine Aussichtswarte, ein Alpin- und Heimatmuseum, eine Schauhöhle sowie ein Wildgehege tragen maßgeblich zur Familienfreundlichkeit bei. Und Dutzende Schutzhütten, Gasthöfe sowie Jausenstationen vereiteln das Verdursten oder Verhungern von Besuchern und Einheimischen.

Schon sein Name lässt auf die rauen Steilwände schließen, die ihn dominieren: Der Naturpark Hohe Wand ist ein Paradies für Bergsteiger, die das Gebiet über zahlreiche Klettersteige erkunden.

MYRAFÄLLE

Die Myrafälle sind mit den wunderschönen Wanderwegen und der atemberaubenden Wasserwelt das perfekte Ausflugsziel für Wanderer jeden Alters oder Familien. Im Gemeindegebiet von Muggendorf in den Wiener Alpen stürzt das Wasser auf einer Gesamthöhe von 125 Metern in die Tiefe. Ihren Ursprung haben sie im Myrabach, der im sieben Kilometer entfernten Unterberg – einem Kalksteinmassiv mit vielen Hohlräumen – entspringt. Der angelegte Weg führt auf zahlreichen Stegen und Stiegen über 26 verwinkelte Brücken. Jeden Tag stürzen hier fünf Millionen Liter Wasser über die Felsstufen in die Tiefe, während der Schneeschmelze ist das Naturschauspiel besonders faszinierend. An elf Themenstationen kann man sich über Flora und Fauna der Umgebung informieren und darüber, wie hier einst mit Wasserkraft Energie gewonnen wurde. Für kleinere Kinder gibt es ein Wildgehege, einen großen Spielplatz mit Kletterparadies sowie einen Wasserspielplatz.

Die Myrafälle zeigen eine faszinierende Wasserwelt, in der sich der Myrabach, der im sieben Kilometer entfernten Unterberg entspringt, rauschend seinen Weg durch enge Felsschluchten in die Tiefe bahnt.

Um ein Haar wäre Wiens Grüngürtel auf Betreiben gewissenloser Holzhändler Ende des 19. Jahrhunderts zur Gänze gerodet worden. Doch dank dem damals energischen Widerstand der Bürger präsentieren sich die bewaldeten Täler und Hügelkuppen, die im Westen die Millionenmetropole halbkreisförmig umfassen, überwiegend noch so idyllisch wie zur Zeit des Biedermeier, als die von romantischen Gedanken beseelten Großstädter sie als Naherholungsraum entdeckten. Für Wien-Touristen übrigens ist bis heute zumindest ein kurzer Ausflug in den Wienerwald obligat – in die Hinterbrühl oder das von Schubert besungene Helenental, nach Mayerling, in dessen Jagdschloss Kronprinz Rudolf Selbstmord beging, oder zu den Stiften Heiligenkreuz und Klosterneuburg. Wer mit Muße reist, kann sich in dem großen Gebiet mit Genuss auch etliche Tage verlustieren.

Unten: Sanft wirft die Sonne ihre Strahlen auf die bewaldeten Berge des Wienerwalds. Auf einer Fläche von rund 1250 Quadratkilometern birgt das UNESCO-Biosphärenreservat zahlreiche Naturparks. Links: Sikawild im Naturpark Sparbach im Wienerwald. Großes Bild: Ausblick vom Peilstein, einem 716 Meter hohen Berg im Wienerwald. Seine steil abfallenden Felswände auf der Westseite sind bei Kletterern beliebt.

DEUTSCHLAND

Deutschland hat nur einen kleinen Anteil an den Alpen, doch einige der schönsten deutschen Landschaften sind hier angesiedelt. Und das Bild macht klar, warum das Gebirge auf viele Menschen solch eine Anziehungskraft ausübt: Reste des Morgennebels liegen noch über den Wiesen, aber die Sonne gewinnt an Kraft und wird die Nebelfetzen bald auflösen – für einen strahlenden Herbsttag im bayerischen Voralpenland. Es ist die Kombination aus den wilden Seiten der Natur, aus schroffen Bergen und sanftem Vorgebirge, aus Wald und saftig grünen Wiesen, aus weiten Blicken und Vielfalt im Detail.

Weit geht der Blick von der 791 Meter hohen Aidlinger Höhe über den Riegsee, das Murnauer Moos und das Loisachtal bis hin zum Wetterstein-gebirge mit der Zugspitze, Deutschlands höchstem Berg, erkennbar an seiner schneebedeckten Spitze in der Bildmitte.

ALLGÄUER ALPEN

Die Allgäuer Alpen, die sich etwa zur Hälfte auf bayerischem Gebiet erstrecken, sind ein eher kleiner Teil der Nördlichen Kalkalpen, dafür ist das Landschaftsbild der Bergregion zwischen Iller- und Lechtal sehr vielgestaltig. Schroffe Berggrate und markante Gipfel, nackte Felsen und Schutthänge wechseln mit dichtem Nadelwald und saftigen Wiesen ab, deren Blütenpracht im Frühling ihresgleichen sucht. Almwirtschaften (im Allgäu sagt man »Alp-«) und Berghütten mit den braunen Rindern davor zeichnen ein geradezu idyllisches Bild, das deshalb in der Werbung auch gern als Hintergrund genutzt wird. Höchster Gipfel der Allgäuer Alpen ist auf Tiroler Gebiet (Österreich) der Große Krottenkopf in der Hornbachkette. Einige Gipfel des Zentralen Hauptkamms der Allgäuer Alpen, darunter der 2651 Meter hohe Berg Hohes Licht, markieren die Grenze zwischen Bayern und Tirol.

Links: Im Guggersee spiegeln sich die Gipfel (von links) der Trettachspitze (2595 Meter), der Mädelegabel (2645 Meter) und der Hochfrottspitze (2649 Meter). Die drei markanten Berge des zentralen Allgäuer Hauptkamms überragen den Weiler Einödsbach am Ende des Stillachtals (Seite gegenüber oben und unten). Großes Bild: Faszinierende Lichtstimmung am Älpelesattel mit Blick auf den Großen und Kleinen Wilden.

NAGELFLUHKETTE

Der Naturpark Nagelfluhkette wurde seit 2003 vorbereitet und am 1. Januar 2008 offiziell genehmigt; er war der erste grenzüberschreitende Naturpark zwischen Deutschland und Österreich und umfasst einen Gutteil der Allgäuer Voralpen. Sein Gebiet erstreckt sich von Immenstadt und dem Illertal im Osten über Alpsee und Oberstaufen im Norden bis zum Hirschberg im Westen. Im Süden reicht er bis zur Bregenzer Ache. Den Kernbereich bildet die namensgebende Nagelfluhkette. Der Park umfasst unterschiedlichste Lebensräume, vom Tal der Iller und der Bregenzer Ache bis hinauf in Höhen von 2000 Meter. Das Landschaftsbild des Naturparks ist großteils geprägt von der durch Menschen betriebenen Alpwirtschaft. Sie ist ein unverzichtbarer Teil dieser Natur- und Kulturlandschaft, denn die seit Jahrhunderten bewirtschafteten Alpflächen sind zu Zentren der Artenvielfalt geworden. Auf einzelnen Alpflächen blühen bis zu 290 verschiedene Pflanzenarten.

Die Nagelfluhkette ist ein imposanter Gebirgszug: Fast schnurgerade verläuft sie von Südwesten nach Nordosten (rechts). Der Seelekopf (ganz rechts) steht in der hinteren Nagelfluhkette.

HOHER IFEN

Rund um den Hohen Ifen (2231 Meter) findet sich eine bizarre hochalpine Landschaft, die aufgrund ihrer eigenwilligen Gestalt und ihres Reichtums an Alpenpflanzen unter Schutz gestellt wurde. Von der Bergstation der Ifenbahn führt ein Rundweg zum Hohen Ifen und auf das auf österreichischem Terrain gelegene Gottesackerplateau. Der Wanderweg ist zwölf Kilometer lang und erfordert Trittsicherheit. Da das Gottesackerplateau von Höhlen und Rinnen durchzogen ist, sollte man die Wege tunlichst nicht verlassen. Eine der bekanntesten Höhlen ist das Hölloch im Mahdtal. Ungefährlich und auch für Familien mit kleinen Kindern geeignet ist dagegen der gut ausgebaute Panoramaweg, der in rund einer halben Stunde Gehzeit zum Aussichtspunkt unten dem Bärenköpfle führt. Er beginnt an der Mittelstation auf etwa 1600 Meter Höhe und kann bequem mit der Ifenbahn I erreicht werden. In der Wintersaison bringen die Ifenbahnen I und II ihre Gäste zum familienfreundlichen Skigebiet.

Der Hohe Ifen zählt zu den eigenwilligsten Berggestalten der ganzen Ostalpen. Bei diesem Berg handelt es sich um eine gewaltige Kalkplatte, die schräg auf ihrem Sockel liegt.

BREITACHKLAMM

In der Nähe von Oberstdorf, am Ausgang des Kleinwalsertals bei Tiefenbach, wartet die tiefste Felsschlucht in ganz Mitteleuropa auf Besucher. Fast 100 Meter steigen die Wände steil über dem Tal der Breitach in die Höhe. Der Fluss ergießt sich schäumend in die Schlucht, schlängelt sich durch Gesteinsblöcke und stürzt in Abgründe. Verschiedene Wanderwege beziehen die Klamm mit ein. Der Weg führt über Holzstege. Start ist am Parkplatz in Tiefenbach. Dort und am oberen Ende der Schlucht muss der Eintritt gezahlt werden. Der 1,6 Kilometer lange Weg durch die Schlucht ist auch für Kinder gut zu bewältigen und ein wahrlich beeindruckendes Erlebnis. Doch nicht nur das tobende, rauschende Wasser in der Tiefe vermag zu faszinieren, auch die ungewöhnlichen Baum- und Steinformationen über den Köpfen der Besucher sind bestaunenswert. Während der Schneeschmelze sollte man sich vorab informieren, ob der Weg nicht aus Sicherheitsgründen gesperrt ist.

Die Breitach im Kleinen Walsertal ist über weite Strecken ein gemütlicher Bach, doch in der Klamm, einer wahrlich wildromantischen Schlucht, führt sie reißendes Wasser.

TIERWELT IN DEN ALLGÄUER ALPEN

Die Allgäuer Hochalpen gelten als artenreichstes Gebirge Deutschlands. Seit 1992 ist auf gut 200 Quadratkilometern Fläche ein Naturschutzgebiet ausgewiesen. Wild- und Haustiere leben im Sommer auf den Alpen friedlich nebeneinander. Das Berggras mit seinen schmackhaften Kräutern dient allen als Futter. Beheimatet sind hier Birk- und Schneehühner, Buntspecht und Uhu sowie viele Arten von Schmetterlingen. Auch Gämsen, Steinböcke, Hirsche und Rehe haben hier ihren Lebensraum. Alpenmurmeltiere, die mittlerweile unter Naturschutz stehen, Eichhörnchen, Feldhasen, Schneehasen, Dachse, Füchse, Steinmarder, Siebenschläfer und viele weitere Tierarten sind ebenfalls in den Allgäuer Alpen heimisch. Den majestätischen Steinadler kann man im Hintersteiner Tal auf einer geführten Wanderung und unter fachkundiger Leitung beobachten.

Rothirsch (großes Bild) und Murmeltier (ganz unten) sind typische Bewohner der Alpenregion. Der Steinbock (unten) ist eine Charakterart der Allgäuer Alpen und steht hier unter strengstem Schutz. Da die Tiere nicht gejagt werden, zeigen sie sich Bergwanderern gegenüber ohne große Scheu. Hier besteht eine der größten Steinbockpopulationen Deutschlands; die sogenannte Steinbockroute führt mitten durch ihr Revier.

Der zur Familie der Habichtartigen zählende Steinadler brütet heute in Europa nur mehr im Alpenraum. Der stolze Jäger mit dem dunkelbraunen, goldgelb schimmernden Gefieder lebt zunächst als Einzelgänger, verpaart sich aber mit dem Erreichen der Geschlechtsreife im Alter von sechs Jahren und bleibt mit diesem Partner ein Leben lang zusammen. In ihren bis zu 150 Quadratkilometer großen Revieren bauen die Paare mehrere, oft bis zu zwei Meter große Horste. Die Weibchen sind größer als die Männchen. Sie können eine Flügelspannweite von 2,3 Metern haben und sechs Kilogramm schwer werden. Einmal im Jahr legen sie ein bis zwei Eier und umsorgen ihre Brut gemeinsam mit dem Partner. Adler sind äußerst kräftige und geschickte Jäger, die bevorzugt kleine bis mittelgroße Säugetiere bis zur Größe eines Steinbockkitzes erbeuten.

Brutpaare des Steinadlers findet man in Deutschland nur noch im Alpenraum. Wie zahlreiche andere Raubtiere hat man auch diese stolzen Jäger verfolgt und Ende des 19. Jahrhunderts nahezu ausgerottet. Steinadler jagen am liebsten in Bodennähe und aus einer sicheren Deckung heraus. Dazu nutzen sie Hügel und Berghänge, mit denen sie optisch regelrecht verschmelzen.

TANNHEIMER BERGE

Die Tannheimer Berge sind eine kleine Gebirgsgruppe im äußersten Nordosten der Allgäuer Alpen. Sie gehören teils zu Tirol, teils zu Bayern. Trotz ihrer relativ bescheidenen Höhe von maximal 2238 Metern auf dem höchsten Gipfel, der Kellenspitze, wirken sie besonders von Norden aus, etwa über den Hopfensee hinweg, recht eindrucksvoll. Sie sind sehr beliebte Wander- und Kletterberge. Die Schwierigkeitsgrade sind vielfältig, aber meist überschaubar, und man hat herrliche Aussichten sowohl in die Alpen hinein als auch ins Unterland. Mit rund 1100 Meter Höhe ist das Tannheimer Tal ein echtes Hochtal, das – eine geologische Besonderheit – in zwei Richtungen entwässert: nach Osten über Nesselwängle zum Lech und nach Westen und Norden über die Vils. In alten Zeiten war das Tannheimer Tal ein wichtiges Durchgangstal und eine Alternative zum schwieriger passierbaren Arlberg. Heute ist es unter anderem ein beliebter Startpunkt für Rennradtouren.

Sonnenaufgang am Aggenstein in den Tannheimer Bergen. Der Aggenstein ist ein markanter Gipfel und ein beliebter Wanderberg. Manchmal lassen sich auf seiner Nordseite Gämsen beobachten.

FORGGENSEE

Der Forggensee bei Füssen ist ein Stausee – flächenmäßig der größte Deutschlands –, aber mit einem natürlichen Kern: Nach dem Ende der Eiszeit vor etwa 14 000 Jahren hatte es dort, aufgestaut durch ältere Gesteinsschichten, zunächst einen größeren See gegeben, der bis zu 60 Quadratkilometer groß war. Dann suchte sich das Wasser einen Weg durch den Gesteinsriegel und floss ab, ein Restsee verblieb – und der wurde dann im 20. Jahrhundert durch das Aufstauen des Lechs wieder vergrößert. 1954 wurde das Seebecken zum ersten Mal gefüllt. Einst führte hier die Römerstraße Via Claudia Augusta bis nach Augsburg. Wenn im Winter der See ausgelassen wird, kann man auf dem Seegrund zu diesen Zeugen der römischen Besiedlung spazieren. Benannt wurde der See nach dem ehemaligen, heute überfluteten Weiler Forggen. Dessen Grundmauern auf dem Seeboden sind ebenfalls noch erhalten. Sein gesamter Uferbereich darf übrigens nicht bebaut werden.

Die Seen am Alpenrand sind fast alle Hinterlassenschaften der eiszeitlichen Gletscher. Während der großen Schmelzwasser- und Schuttströme bildeten sich Senken, in denen sich das Wasser sammelte.

FÜSSEN

Bayerns höchstgelegene Stadt blickt auf eine 700-jährige Geschichte zurück. Wo einst auf einem Bergsporn eine Römerfestung stand, wurde im 13. Jahrhundert eine trutzige Zungenburg errichtet. Sie wurde unter den Augsburger Bischöfen von 1490 bis 1503 zum Hohen Schloss von Füssen umgebaut und birgt heute eine Zweigstelle der Bayerischen Staatsgemäldesammlungen und die Städtische Gemäldegalerie. Gezeigt werden spätgotische Kunstwerke vor dem Rahmen der eindrucksvollen Innenräume, wie etwa des Rittersaals mit der aufwendig geschnitzten Kassettendecke aus der Spätgotik. Teile des Inneren sind allerdings von Johann Schmuzer, einem Begründer der sogenannten Wessobrunner Schule, um 1680 barockisiert worden. Einzigartig sind die spätmittelalterlichen Illusionsmalereien an den Schlossfassaden im Innenhof. Vom renovierten und seitdem zugänglichen Uhrturm des Schlosses schweift der Blick über die Altstadt bis zum Forggensee.

Das Hohe Schloss von Füssen liegt direkt am Lech, der die Stadt durchfließt. Schöne Bürgerhäuser und zahlreiche barocke Kirchen bilden den historischen Rahmen der Stadt.

HOHENSCHWANGAU

In unmittelbarer Nachbarschaft von Schloss Neuschwanstein liegt das Schloss Hohenschwangau. Im 12. Jahrhundert wurde es erstmals als Burg Schwanstein erwähnt und diente damals als »Sitz der Edlen von Schwangau«. Im Laufe der folgenden Jahrhunderte hatte die Burg verschiedene Besitzer, darunter auch König Maximilian II. von Bayern (Vater König Ludwigs II., damals noch Kronprinz), der den Reizen der mystischen Landschaft und der besonderen Lage der Burg verfiel. 1832 kaufte er die Ruine und ließ sie in den darauffolgenden Jahren im neugotischen Stil wieder aufbauen. Das Schloss diente ihm und seiner Familie als herrschaftlicher Sommersitz. Der spätere Märchenkönig, Ludwig II., wuchs in diesem Schloss auf und verbrachte hier die Sommermonate bis zu seinem Tod 1886. Seit 1928 ist Schloss Hohenschwangau im Besitz des Wittelsbacher Ausgleichsfonds. Heute sind die königlichen Wohnräume im Rahmen einer Führung zu besichtigen.

Ludwig II., genannt der Märchenkönig, wuchs auf Schloss Hohenschwangau auf. Es liegt direkt gegenüber von Schloss Neuschwanstein, das ab 1869 für den bayerischen König errichtet wurde.

SCHLOSS NEUSCHWANSTEIN

Schloss Neuschwanstein, das König Ludwig II. ab 1869 in malerischer Bergszenerie errichten ließ, zeugt wie kein anderes Bauwerk von seinen Idealen und Sehnsüchten. Hier verwirklichte der Märchenkönig seine Traumwelt. Der Schwan – das Wappentier der Edlen von Schwangau – diente als Leitmotiv der gesamten Ausstattung. Hinter den ehrwürdigen Mauern zeigte sich das Schloss, gemessen an der damaligen Zeit, übrigens äußerst komfortabel und modern. So ließ König Ludwig II. eine Heißluft-Zentralheizung einbauen ebenso wie Toiletten mit automatischer Spülung. Auf allen Etagen gab es fließendes Wasser und sogar eine batteriebetriebene Rufanlage für die Diener. Ein echtes Novum war das Telefon mit einer Direktverbindung nach Hohenschwangau. Heute können die Innenräume des Schlosses besichtigt werden. Beonders beeindruckend ist der doppelstöckige Thronsaal.

Von der berühmten Marienbrücke aus hat man einen atemberaubenden Blick auf das in spektakulärer Landschaft des Alpenvorlands eingebettete Schloss Neuschwanstein. Dahinter liegen Forggen- und Bannwaldsee.

Millionen Touristen können nicht irren: Niemand hat schönere Schlösser gebaut als König Ludwig II. von Bayern. Neuschwanstein ist der Inbegriff eines Märchenschlosses, Herrenchiemsee die eigenständige Version von Versailles, Linderhof ein Musterbeispiel eines Lust- und Jagdschlosses. Ein Teil der Faszination von Ludwig II. rührt daher, dass er als König eine absolute Fehlbesetzung war. Nichts, abgesehen vom Militär, war ihm unangenehmer als das Regieren, nichts lag ihm ferner als Machtausübung. Er kam 1845 als Sohn des späteren bayerischen Königs Maximilian II. zur Welt und bestieg mit 18 Jahren selbst den Thron. Die große Politik interessierte ihn nicht, sie lief an ihm vorbei. Für geisteskrank erklärt und abgesetzt, starb er 1886 auf mysteriöse Weise im Starnberger See.

In Generalsuniform mit Krönungsmantel präsentiert sich der jugendliche »Märchenkönig« auf dem Gemälde von Franz von Piloty (unten). Zwischen Berg und Leoni markiert ein Kreuz im Starnberger See die Stelle, an dem der König tot aufgefunden wurde (ganz unten). Großes Bild: Orientfantasien im Hochgebirge – der Türkische Saal im Königshaus auf dem Schachen.

AMMERGEBIRGE UND AMMERTAL

Als größtes bayerisches Naturschutzgebiet erhebt sich das Ammergebirge mit seinem höchsten Berg, dem Daniel (2340 Meter), an der Grenze von Bayern zu Tirol. Die dünn besiedelte Region beherbergt seltene Pflanzen wie die Baumart Spirke oder das Eisglöckchen. In den alpinen Lagen wird das Bergkiefernhochmoor abgebaut. Es kommt zum Beispiel in Kurbetrieben als den Stoffwechsel anregendes Heilmittel zum Einsatz. Das Gebirge ist Quellgebiet des Flusses Ammer, der auf seinem Weg zum Ammersee eines der schönsten naturbelassenen Flusstäler der Nördlichen Kalkalpen bildet. Bereits Märchenkönig Ludwig II. war ein Verehrer dieser Region und ließ in einem Seitental Schloss Linderhof errichten. Das Ammertal, auch berühmt durch den Hauptort Oberammergau und dessen Passionsspiele, war einst ein wichtiger Verkehrsweg nach Norditalien und Venedig.

Das Ammergebirge, auch Ammergauer Alpen genannt, ist größtenteils von Wald bedeckt (großes Bild), der forstwirtschaftlich genutzt wird. Ab dem Felsdurchbruch bei Saulgrub (ganz links) fließt die Ammer durch eine Wildwasserschlucht. Ein besonderes Naturschauspiel sind die Schleierfälle. Dort rieselt das Wasser seit mehreren Tausend Jahren wie ein Vorhang über die mit Moos bewachsenen Felsen (links).

KLOSTER ETTAL

Vor alpiner Kulisse überhöht eine große Rundkuppel malerisch die prächtige barocke Klosterkirche von Ettal. Im Inneren zieht das grandiose Kuppelfresko von 1746 den Blick nach oben: Eine Szene dort zeigt den heiligen Benedikt, der Kaiser Ludwig dem Bayern ein Marienbildnis übergibt – eine bildnerische Vergegenwärtigung der aus politischen wie wirtschaftlichen Erwägungen erfolgten Gründung der bayerischen Benediktinerabtei im Jahr 1330. Seit dem 15. Jahrhundert wurde das von Ludwig gestiftete Gnadenbild einer italienischen Marienstatue Ziel von Wallfahrten zur »Ettaler Madonna«. Die eigentliche Blüte des Klosters, das auch einen Ritterkonvent beherbergen sollte, begann aber erst im frühen 18. Jahrhundert, unterbrochen von einem verheerenden Brand 1744 und dem Wiederaufbau im Stil des Hochbarocks nach Plänen Enrico Zuccallis und Joseph Schmuzers.

Der Eingang zur Klosterkirche mit ihrer für den Barock typischen geschwungenen Fassade (rechts). An den Hauptraum mit seinem illusionistisch gemalten Kuppelfresko (Seite gegenüber) gliedert sich der Altarraum an. Die Tabernakelnische des Hochaltars krönt das Ettaler Gnadenbild.

SCHLOSS LINDERHOF

Nicht nur von der Mittelalter- und Ritterromantik sowie der mystischen Welt des Orients fühlte sich Ludwig II. angezogen, sondern vor allem auch vom glanzvollen Hofstaat der Bourbonendynastie. In Linderhof – einem landwirtschaftlichen Anwesen bei Ettal, das er von den Jagdausflügen mit seinem Vater Maximilian II. kannte – wünschte er sich deshalb den Nachbau der Schloss- und Gartenanlage von Versailles. Seine Pläne erwiesen sich aber als viel zu groß für das enge Tal, in dem Linderhof liegt, und so konzentrierte sich die Bautätigkeit ab 1869 auf das einstige Försterhäuschen seines Vaters, das sich damals am heutigen Schlossvorplatz befand. Das daraus in langer Bau- und Umbauzeit entstandene Schloss Linderhof ist der einzige größere Schlossbau, den König Ludwig II. vollendet erlebt hat; hinzu kamen kleinere »Fluchtburgen« wie die Venusgrotte und der Maurische Kiosk.

Malerisch liegt Schloss Linderhof am Fuße des Ammergebirges (rechts). Der Maurische Kiosk (Seite gegenüber links) wurde 1867 ursprünglich für die Weltausstellung in Paris geschaffen. In der Blauen Grotte hörte der König seine geliebte Wagnermusik (Seite gegenüber rechts).

OBERAMMERGAU

Weltberühmt ist das Gebirgsdorf durch die Holzschnitzerei und die Passionsspiele, die alle zehn Jahre stattfinden. Sehr pittoresk sind die Lüftlmalereien an den Hausfassaden, besonders prächtig am Pilatushaus, aber auch am Dedlerhaus und am Kölblhaus, die beide in der Ettaler Straße stehen. Das Dedlerhaus ist seit 360 Jahren ein Hotel und benannt nach dem hier geborenen Komponisten Rochus Dedler. Das Nachbarhaus bekam seinen Namen durch den früheren Besitzer Kaspar Kölbl. Eine bedeutende Wintersportdisziplin in und um Oberammergau ist der Langlauf. Höhepunkt der Saison ist das erste Februarwochenende, wenn der König-Ludwig-Lauf stattfindet, der zweitgrößte Volkslanglauf Europas. Der Besuch des Passionstheaters lohnt sich übrigens auch außerhalb der Spielzeiten. In Führungen werden die Besucher über die weitläufige Anlage informiert. Seit der großen Renovierung von 1999 stehen 4720 überdachte Sitzplätze zur Verfügung. Das Haus ist damit auch für Konzerte und Opern ausgelegt.

Oberammergau ist bekannt: Passionsspiele und Schnitzkunst ziehen Besucher an, aber auch die herrliche Umgebung. Ganz unten: Die Lüftlmalerei am Hänsel-und-Gretel-Haus zeigt Motive aus dem bekannten Märchen der Gebrüder Grimm.

Seit 1634 halten sich die Oberammergauer an ihr Gelübde, das sie nach der überwundenen Pest von 1633 leisteten, und bringen ihr »Spiel vom Leiden, Sterben und Auferstehen unseres Herrn Jesus Christus« zur Aufführung. 1634 fand es zum ersten Mal statt – und zwar auf dem Friedhof neben der Kirche, wo die Opfer des schwarzen Tods begraben waren. 1680 erfolgte der Übergang zum Zehnjahresrhythmus. Bis 1820 blieb der Spielort erhalten, erst 1830 wechselte man an den heutigen Ort. Das jetzige Passionsspielhaus mit der Freilichtbühne stammt von 1930 und wurde in den Jahren 1997 bis 1999 grundlegend saniert. Nicht immer sind sich die Oberammergauer einig, was die Passionsspiele betrifft: Die Frage, ob auch verheiratete oder ältere Frauen mitspielen dürfen, musste gar vom Oberlandesgericht geklärt werden. Ergebnis: Sie dürfen. Seit 1987 werden die Passionsspiele von dem gebürtigen Oberammergauer und gelernten Holzbildhauer Christian Stückl geleitet, einem der erfolgreichsten Theaterregisseure Deutschlands.

Sechs Stunden dauert das Spektakel, das im Gegensatz zu historischen Passionsspielen heute Jesus als einen streitbaren Propheten zeigt, der jedem Missbrauch der Religion als Machtmittel den Kampf ansagt.

Christian Stückl

Bereits zum vierten Mal leitet Christian Stückl 2022 die Passionsspiele in Oberammergau. Der erfolgreiche Sohn des Ortes begann dort 1981 mit dem Aufbau einer Theatergruppe. Stationen seiner Karriere führten ihn danach in bekannte Schauspiel- und Opernhäuser in München, Hannover, Frankfurt, Zürich, Wien und Hamburg. Seit 2002 ist er Intendant des Münchner Volkstheaters, und seit 2011 inszeniert er jedes Jahr ein Theaterstück oder eine Oper für das Sommertheater im Passionstheater. Im Jahr 2020 verlieh Oberammergau ihm die Ehrenbürgerschaft für seine Verdienste um die Passionsspiele.

ESTERGEBIRGE

Das Estergebirge ist ein wenig bekannter Gebirgszug zwischen dem Walchensee/Isartal und dem Loisachtal. Es liegt im Schatten des viel berühmteren Wetterstein- und des Ammergebirges. Aber gerade deshalb ist es ein Geheimtipp. Außer dem Wank ganz im Süden bei Garmisch-Partenkirchen ist keiner seiner Gipfel mit einer Bergbahn erschlossen, und man trifft kaum einen Menschen (die beliebten Ausflugsberge Herzogstand und Heimgarten, die manchmal zum Estergebirge gezählt werden, gehören in Wahrheit nicht dazu). Dafür lockt das Estergebirge den Kenner mit seiner eigenartigen herben Schönheit. Von seinen Gipfeln, wie dem Krottenkopf mit 2086 Metern, bieten sich dem Wanderer herrliche Ausblicke. Besonders schön ist auch die Überquerung des Estergebirges vom Isar- in das Loisachtal, eine im Winter bei Skitouren- und Schneeschuhgängern sehr beliebte Tour.

Das Wasser eines Herbstregens stürzt an einem Wasserfall im Estergebirge spektakulär zu Tal. Der Kalkstein bildet hier massive Bänke, die das Wasser nur an Bruchzonen überwinden kann. Das Estergebirge ist eines der größten zusammenhängenden Karstgebiete der bayerischen Alpen.

MURNAUER MOOS

RIEGSEE

Der 1,8 Quadratkilometer große Riegsee ist einer der saubersten und wärmsten Seen in Oberbayern. Ein Bad in ihm ist oft schon im Mai möglich. Von seinem Ufer wie auch von der gleichnamigen Gemeinde (den Dörfern Riegsee, Aidling und Hagen sowie mehreren Weilern) hat man einen wunderbaren Blick auf die Alpenkette mit Ester- und Wettersteingebirge sowie auf die Ammergauer Berge. Rund um den idyllischen See laden verschiedene markierte Wander- und Radwege dazu ein, die Gegend zu erkunden und die wundervolle Aussicht zu genießen. Der See wurde von einem eiszeitlichen Gletscher geformt, der die flache Mulde mit Eis füllte und dann mit Gesteinsschutt bedeckte, sodass das Eis dort länger erhalten blieb als in der Umgebung. Als es schließlich schmolz, bildete es den See. Solche sogenannten Toteislöcher finden sich zuhauf am ehemaligen Eisrand.

Oberbayerisches Idyll: In der klaren Luft nach einem Gewitter treten die Konturen von Estergebirge (links im Bild) und Ammergebirge (Bildmitte) deutlich hervor, See und Feuchtwiesen leuchten in sattem Grün, die untergehende Sonne taucht alles in ein goldenes Licht.

Das Murnauer Moos ist das größte zusammenhängende Alpenrandmoor Mitteleuropas. In diesem Ökosystem findet man mehr als 1000 Pflanzenspezies, von denen 164 auf der Roten Liste stehen, wie die Sibirische Schwertlilie oder das Wanzen-Knabenkraut. Das Moor gilt auch als eines der größten Brutgebiete zahlreicher Tierarten in Europa. Verschiedene Wege laden zum selbstständigen Erkunden ein, lohnend ist aber auch das Naturerlebnis auf einer geführten Wanderung. Auffällig sind die im Süden des Mooses aufragenden bewaldeten Felskuppen, die Köchel. Sie bildeten sich nach der letzten Eiszeit, als der Loisachgletscher abschmolz und der dabei entstandene Zungengletschersee versumpfte und verlandete. Die damaligen Inseln im See blieben nach dem Absinken des Wasserspiegels als Felshügel in der Landschaft zurück.

Die vielfältige Landschaft im Murnauer Moos bietet Streuwiesen, Quelltrichter und alle Moorformen wie Nieder-, Übergangs- und Hochmoor. Die größten Fließgewässer sind die Ramsach und der Lindenbach. Im Hintergrund erhebt sich das schneebedeckte Wettersteingebirge (links)

ZUGSPITZE UND ZUGSPITZPLATT

Höher hinaus geht es in Deutschland nirgendwo: Fast 3000 Meter ragt das mächtige Zugspitzmassiv gen Himmel. Um es herum finden sich atemberaubende Schluchten, imposante Wasserfälle und einige verträumte Bergseen. Mit ihrer markanten, nach Westen steil abfallenden Flanke ist die Zugspitze schon von Weitem erkennbar. Der Gipfel wurde im Jahr 1820 erstmals bestiegen. Heute ist der Berg einer der wichtigsten Touristenmagnete der Region. Zwei Gondelbahnen und eine Zahnradbahn bringen jährlich über 600 000 Menschen auf den Gipfel. Die zahlreichen Wege auf die Zugspitze sind dagegen selten überlaufen, da die Strecke und der Höhenunterschied sehr fordernd sind. Auf der Ostseite breitet sich das Zugspitzplatt aus, eine sanft geneigte Steinwüste, die mit dem Schneeferner einen der letzten Gletscher Deutschlands beherbergt. Er schmilzt allerdings immer mehr ab.

Bad mit Bergblick

Eine Rundtour um den 1000 Meter hoch gelegenen Eibsee eröffnet zu jeder Jahreszeit atemberaubende Ausblicke auf die Zugspitze. Etwa zwei Stunden braucht man, um den grün schimmernden See zu Fuß zu umrunden. Besonders genießen kann man dieses Naturidyll an Werktagen, wenn weniger Spaziergänger unterwegs sind. Zum Abschluss lockt ein erfrischendes Bad im kristallklaren Wasser des Sees, das sogar Trinkwasserqualität hat und im Sommer mit 20 bis 22 Grad weniger kühl ist, als es den Anschein hat. Auch auf dem Wasser kann man mit dem eigenen oder Leihboot, Kanu oder SUP die paradiesische Seelandschaft erkunden. Im Winter bietet sich Schneeschuhwandern an.

Links: Ein goldenes Kreuz krönt seit 1881 den 2962 Meter hohen Ostgipfel der Zugspitze. Die Aussicht von dort auf die umliegende Alpenwelt ist fantastisch. Großes Bild: Das Zugspitzmassiv mit den Waxensteinen (links) und Riffelspitzen (Mitte) spiegelt sich im Eibsee. Über dem Zugspitzgipfel selbst (rechts) stauen sich die Wolken. Der klare und meist tiefgrüne Eibsee gilt als einer der schönsten Bergseen Bayerns.

»Wir verkaufen ein Aussichts- und Panoramaerlebnis.«

Sebastian Kroesen, Architekt der Zugspitzbahn

Die neue Seilbahn auf die Zugspitze ersetzte 2017 die 54 Jahre alte Eibsee-Seilbahn, deren Beförderungskapazität nicht mehr ausreichend war. Die Fahrdauer beträgt zehn Minuten. Wer es nicht eilig hat, kann auch die über 90 Jahre alte Zahnradbahn ab Garmisch-Partenkirchen nehmen, die in circa 75 Minuten aufs Zugspitzplatt fährt. Von dort geht es mit der kurzen Gletscherbahn auf den Gipfel. Eine weitere Möglichkeit ist die Tiroler Zugspitzbahn, die von Ehrwald aus hinauffährt.

Immer höher, steiler, abenteuerlicher – ohne Superlative geht es heute nicht mehr auf die Gipfel der Alpen. Allein die 2017 eröffnete Seilbahn auf die Zugspitze macht mit drei Weltrekorden Furore: weltweit höchste Stahlbaustütze für Pendelbahnen, höchster Höhenunterschied in einer Sektion und mit 3213 Metern längstes freies Spannfeld. Zwei Gondeln à 120 Plätze schaukeln pro Stunde – barrierefrei! – bis zu 580 Menschen auf den knapp 3000 Meter hohen Top of Germany. Noch 500 Meter höher liegt Europas höchstgelegener Bahnhof am Jungfraujoch, der Top of Europe. Dort befördert eine Zahnradbahn seit 1912 zahlungskräftige Besucher zur Aussichtsplattform mit Blick auf den längsten Gletscher der Alpen, den Aletsch. Seit Nikolaus Riggenbach das Unmögliche möglich machte und 1871 Europas erste Eisenbahn mit Dampf und auf 33 Zähnen auf die 1700 Meter hohe Rigi am Vierwaldstättersee schickte – Fachleute hielten ihn dafür für verrückt –, übertrumpfen sich Alpenregionen und Skigebiete mit dem Bau modernster Bergbahnen. Tausende Menschen können so – zum Leidwesen der Naturschützer – stündlich in die Gipfelregionen befördert werden, in Panoramagondeln oder raffiniert konstruierten Skiliften wie dem Porsche-Sessellift Lavadinas-Furcla im Schweizer Skigebiet Flims Laax. Dem Himmel am nächsten kommt die neue Seilbahn zur Bergstation am Kleinen Matterhorn auf 3881 Metern. Bis 2000 Personen stündlich kann die 2018 gebaute Dreiseilumlaufbahn befördern. Zur luxuriösen Designerausstattung zählen Ledersessel plus vier mit 280 000 Swarovski-Steinen bestückten Crystal-Ride-Gondeln. In die Kategorie extravagant gehört auch die Titlis Rotair in der Zentralschweiz, die sich mit ihren um 360 Grad drehbaren Gondeln auf den 3020 Meter hohen Titlis-Gipfel bei Engelberg schraubt. Und Cabriofeeling genießen Schwindelfreie auf dem offenen Oberdeck in der doppelstöckigen CabriO-Pendelbahn aufs Stanserhorn.

Zugs pitze

EIBSEE UND FRILLENSEE

Der Eibsee, auf rund 1000 Meter Höhe direkt unterhalb der Zugspitze gelegen, ist etwas für Kenner. Die allermeisten Touristen fahren an ihm vorbei und sehen ihn dann nur kurz aus der Seilbahn, bei der Fahrt auf den Gipfel. Doch wer sich auf ihn einlässt, den verzaubert er mit immer neuen Farben und Stimmungen. Häufig schimmert der See, der fast komplett von Wald umgeben ist, in satten Grüntönen; doch er kann auch blau oder fast durchsichtig erscheinen. Der Eibsee entstand am Ende der letzten Eiszeit, als der Isar-Loisach-Gletscher abschmolz und eine wassergefüllte Senke zurückließ. Doch seine heutige unregelmäßige Gestalt bekam er erst durch einen gewaltigen Felssturz vor rund 3500 Jahren. Die Gesteinsmassen formten zahlreiche Inseln, Untiefen und Buchten, die zu der geheimnisvollen Atmosphäre des Sees beitragen. Sein klares Wasser lädt zu einem erfrischenden Bad ein.

Der kleine Frillensee (rechts) ist aus hydrologischer Sicht eine Bucht des Eibsees, denn die beiden Gewässer sind unterirdisch miteinander verbunden, und auch zwischen ihren Ufern liegen nur wenige Meter. Schön sind beide Seen.

PARTNACHKLAMM

Die Partnachklamm zählt zu den beeindruckendsten Naturschauspielen im Werdenfelser Land. Über Millionen von Jahren hat sich die Partnach, die vom Schneeferner auf dem Zugspitzplatt gespeist wird, im Reintal tief in den harten Muschelkalk gegraben und eine faszinierende Landschaft geschaffen. An vielen Stellen sind die bis zu 80 Meter hohen Wände der Klamm nur wenige Meter voneinander getrennt. Vom 19. Jahrhundert bis weit in die 1960er-Jahre hinein wurde unter Einsatz von Leib und Leben Holz durch die Klamm getriftet. Schon im Jahr 1912 begann man auch mit der touristischen Nutzung der Schlucht. Der bestehende Triftsteig wurde ausgebaut, und an vielen Stellen hat man Tunnel durch den Fels getrieben, um die Klamm auf voller Länge begehbar zu machen – auch im Winter. Heute besuchen circa 200 000 Menschen pro Jahr die Schlucht, deren Eingang oberhalb des Olympia-Skistadions liegt.

Die Partnachklamm gräbt sich 700 Meter durch das Reintal und ist bereits 1912 zum Naturdenkmal erklärt worden. Die abenteuerlichen Wege sind häufig direkt in den Fels geschlagen oder führen auf Vorsprüngen daran entlang.

HÖLLENTALKLAMM

Im Höllental liegt eine beeindruckende Klamm. Sie wurde vor über 100 Jahren touristisch erschlossen und ist heute mit bis zu 150 Meter tiefen Schluchten, Wasserfällen und verschlungenen Stegen ein unvergleichliches Naturerlebnis. Im Gegensatz zur Partnachklamm ist die vom Hammersbach in den Fels eingeschnittene Höllentalklamm nur im Sommer begehbar. Eine beliebte Route ist, mit der Alpspitzbahn zum Osterfelderkopf hinaufzufahren und über das Höllental nach Grainau abzusteigen. Das auf allen Seiten tosende Wasser in der Klamm ist ein faszinierendes Erlebnis. In umgekehrter Richtung führt einer der schönsten – und etwas schwierigeren – Wege auf die Zugspitze ebenfalls durch die Höllentalklamm. Nach der Klamm gelangt man über den Höllentalanger, den Schlüsselstellen »Leiter« und »Brett« (fest montierte Tritte mit Sicherungsseil in einer senkrechten Wand) und den Höllentalferner hinauf auf den Gipfel.

Die Höllentalklamm ist ein beeindruckendes Naturschauspiel am Fuß des Zugspitzmassivs. Einen spektakulären Tiefblick in die Schlucht hat man vom Stangensteig aus, der die Klamm umgeht und auf einer luftigen Brücke überquert.

SCHACHEN UND REINTAL

Das etwa zwölf Kilometer lange Reintal wird von der Partnach durchflossen und gilt als eines der schönsten Täler der bayerischen Alpen. Es wurde durch eiszeitliche Gletscher gebildet. Bereits im späten Mittelalter diente das breite Tal als Almweide, und auch heute tummeln sich hier im Sommer noch rund 600 Schafe. Der obere Teil ist zudem Naturschutzgebiet. Obwohl selbst ein lohnendes Ziel, ist das Reintal vor allem der Ausgangspunkt für viele hochalpine Touren in das Wettersteingebirge und insbesondere auf die Zugspitze. Hoch über dem Reintal liegen die Meilerhütte und das Schachenhaus, eine prächtige Jagdhütte, die König Ludwig II. in der Bergeinsamkeit bauen ließ. Der Hauptraum im ersten Stock war ausgestattet wie ein orientalisches Teehaus. Dort mussten einheimische Bauern mit Wasserpfeife und Pluderhosen »orientalisches Volk« simulieren, um die Illusion perfekt zu machen.

Das Reintal bei prächtiger Wolkenstimmung. Folgt man dem Tal bis zu seinem Ende, führt der Weg hinauf aufs Zugspitzplatt und weiter zur Zugspitze. Die Gipfel im Bild sind Alpspitze (rechts) und Hochblassen (links daneben).

GARMISCH-PARTENKIRCHEN

Eingerahmt von der großartigen Bergkulisse des Ammer-, Wetterstein- und Estergebirges, zogen die beiden Orte Garmisch und Partenkirchen schon früh Urlauber an, sodass sie auch als Fremdenverkehrsorte nostalgisches Flair vorweisen können. Doch selbst bevor die Urlauber kamen, waren die Ortschaften im Loisachkessel keine armen Bauerndörfer. Partenkirchen hat seine Wurzeln in einer alten Römerstation an der Via Raetia, die von Verona über den Brenner und Seefeld nach Augsburg führte. Im Mittelalter waren alle Kaufleute, die nach Italien wollten, gezwungen, Zoll zu entrichten und ihre Waren von heimischen Fuhrleuten durch das Werdenfelser Land transportieren zu lassen. Mit dem Anschluss an die Eisenbahn kam es um 1900 zu einem Fremdenverkehrsboom. Garmisch und Partenkirchen entwickelten sich zum mondänen Ferienziel, wo u.a. Cosima Wagner, Richard Strauss, Lion Feuchtwanger und Heinrich Mann logierten.

Der Mohrenplatz in Garmisch in der Morgendämmerung. Touristen finden in der Stadt neben vielfältigen Möglichkeiten zum Berg- und Wintersport auch ein umfangreiches Kultur- und Nightlifeangebot vor.

NÖRDLICHE KARWENDELKETTE

Mittenwald geht zurück auf eine im Scharnitzwald gelegene Rodungssiedlung »in media silva« und wurde im Jahr 1096 erstmals urkundlich erwähnt. Neben Oberammergau ist Mittenwald ein Zentrum der Lüftlmalerei. Berühmt wurde der unweit der deutsch-österreichischen Grenze direkt unter der grandios gezackten Bergkette des Karwendelgebirges gelegene Luftkurort jedoch vor allem durch den Geigenbau: Ein Denkmal vor der Pfarrkirche St. Peter und Paul erinnert an Matthias Klotz (1653–1743), den Begründer des Geigenbaus in Mittenwald. Neben dem Tourismus gehört der Geigenbau bis heute zu den wichtigsten Erwerbszweigen der Stadt, deren Ortsbild als eines der schönsten in den bayerischen Alpen gilt. So gibt es hier eine Geigenbauschule und viele selbstständige Geigenbaumeister, die die alte Tradition erfolgreich fortführen. Ein Geigenbaumuseum informiert über die Geschichte und Techniken des Handwerks.

Als Lüftlmalerei bezeichnet man die kunstvollen Fassadenmalereien in Oberbayern. Vorherrschend sind biblische Motive und Szenen der Lokalgeschichte. Besonders schön erhaltene Bilder finden sich in Oberammergau oder wie hier in Mittenwald.

Die nördliche Karwendelkette ist die nördlichste der vier großen, von West nach Ost verlaufenden Gebirgszüge, die das Karwendel bilden. An vielen Stellen erreichen die schroffen Berge Höhen von über 2000 Metern. Die meisten Gipfel sind sehr abgelegen, aber dennoch nicht nur für konditionsstarke Klettersteigspezialisten erreichbar, sondern auch für Bergwanderer mit Kindern. Auf den Touren mit beeindruckenden Panoramen warten urige Hütten und hübsche Dörfer mit gemütlichen Gasthäusern. Entlang der Wanderwege glitzern saubere Seen, die zu einem Sprung ins kühle Nass einladen. Aufgrund der fehlenden touristischen Erschließung, die nur in den Randbereichen erfolgt ist, haben hier sehr viele Tiere und Pflanzen einen Rückzugsraum gefunden. Fast die gesamte Gebirgsgruppe steht unter Naturschutz. Von Mittenwald führt eine Seilbahn auf die Westliche Karwendelspitze in 2244 Meter Höhe.

Seite gegenüber: Herbststimmung am Geroldsee im nördlichen Karwendelvorland. Links: Das Karwendel ist Teil der Nördlichen Kalkalpen, entsprechend dominieren hier die für Kalkfels typischen spitzen, scharf gezackten Gipfel.

»Wenn es den Alpen gut geht, geht es den Menschen in Europa gut.«

Georg Simeoni, Präsident des Alpenvereins Südtirol (AVS)

Die Alpen sind bedroht. Vom Tourismus. Vom Verkehr. Und von wachsenden kommerziellen Interessen. Dagegen wollen die Alpenvereine Deutschland (DAV), Österreich (ÖAV) und Südtirol (AVS) angehen. Sie rufen eindringlich zum Schutz der bedrohten Bergwelt auf und stellen Forderungen an die europäische Politik zur klaren Begrenzung des ausufernden alpinen Raubbaus. Umwelt- und Naturschutz im Alpenraum sind jedoch nur ein Teil der Aufgaben, die die Alpenvereine aller Länder leisten. Sie waren es, die seit den 1860er-Jahren bis heute für den Bergsport die Erschließung von Wegen, den Bau von Schutzhütten und zuverlässiges Kartenmaterial sorgten. Allein der DAV, heute die weltgrößte Bergsteigervereinigung mit mehr als 1,3 Millionen Mitgliedern, betreibt 321 Berg- und Schutzhütten. Der ÖAV mit 601 000 Mitgliedern und 25 000 ehrenamtlichen Helfern zeichnet für 231 Schutzhütten und 26 000 Kilometer Wegenetz verantwortlich. Im Schweizer Alpen-Club SAC sind es 150 000 Mitglieder und 153 Hütten. Organisiert sind die Alpenvereine in rechtlich selbstständigen regionalen und lokalen Sektionen, untereinander sind sie vernetzt und arbeiten vielfach zusammen. Ohne die oft ehrenamtliche Tätigkeit in den Sektionen wäre das heute auf ebenso vielfältige wie riesige Dimensionen angewachsene Leistungsspektrum der Alpenvereine nicht denkbar. Ausbildungs- und Kursangebote beispielsweise im SAC umfassen Sport-, Fels- und Eisklettern, Bergwandern sowie Klettertechniken. Weit über 100 000 Angebote stellt der DAV im Jahr bereit – von der einfachen Wanderung über Klettertouren und Skiwochenenden bis hin zu Hochtouren. Für die Jugend gibt es eigene Sektionen mit speziellen Angeboten. Außerdem betreibt der DAV 220 Kletteranlagen sowie das Alpine Museum in München. Die diversen Webseiten der Alpenvereine bieten jede Menge Informationen, Tipps und Übersichten und laden zu faszinierenden virtuellen Touren durch die Berge ein.

Eine der wichtigsten Aktivitäten der Alpenvereine ist der Bau und Unterhalt von Berghütten, oft in spektakulärer Lage. Die Monte-Rosa-Hütte steht auf 2883 Meter Höhe oberhalb des Gornergletschers in den Walliser Alpen. Im Hintergund erstrahlt die Spitze des Matterhorns in der Morgensonne. Dank Aluminiumfassade, Fotovoltaik, Solarthermie, Schmelzwasseraufbereitung und weiteren Hightech-Finessen ist die von 2008 bis 2009 in Zusammenarbeit mit der ETH Zürich erbaute Hütte zu 90 Prozent autark.

KOCHELSEE

Im Werdenfelser Land, dort, wo die Landschaft ins Gebirge übergeht, liegt der 5,9 Quadratkilometer große Kochelsee, der Badegäste mit sauberem, aber nicht sehr warmem Wasser lockt. Den gerade einmal 4000 Einwohner zählenden Ort am östlichen Seeufer kennen die meisten durch den »Schmied von Kochel« – einen sagenumwobenen Helden des Sendlinger Bauernaufstandes während der Besatzung durch die Habsburger Truppen im Jahr 1705. An einem Hang über dem See präsentiert das Freilichtmuseum Glentleiten Originalbauten aus Oberbayerns vielfältiger Hauslandschaft, die hier aufgebaut und eingerichtet wurden mit dem Ziel, die ländliche Alltagskultur umfassend zu dokumentieren. Der Schwerpunkt liegt dabei auf dem bäuerlich-ländlichen Bereich Oberbayerns, auf dem Gebiet zwischen Lech und Salzach, zwischen Alpenrand und Donau. Die Region ist ein beliebtes Urlaubs- und Ausflugsziel.

Der bis zu 66 Meter tiefe Kochelsee wird von der Loisach durchflossen. Im Norden umrahmen ihn weite Moorflächen, im Süden die Wald- und Felshänge von Jochberg, Herzogstand und Heimgarten. Viele malerische Stellen laden zum Baden ein.

WALCHENSEE

Es ist nicht der schnellste Weg, um zum Walchensee zu kommen, aber der schönste: von Lenggries durch das idyllische Wald- und Wiesental Jachenau. Rund um den Walchensee spürt man meistens einen kräftigen Gebirgswind, weswegen der See, den Kunstkenner auch von Werken des in Urfeld ansässigen Malers Lovis Corinth (1858–1925) kennen, besonders unter Surfern beliebt ist. Wenn sich große Wogen auf dem See bilden – so sagt eine Legende –, hat sich der gigantische »Waller vom Walchensee« bewegt. Ähnlich dem Ungeheuer von Loch Ness hat diesen Fisch aber bis heute noch niemand zu Gesicht bekommen. Dafür holen die Fischer gerne Renken aus dem Wasser, die man in den Wirtshäusern entlang der Uferstraße essen kann – zum Beispiel, um seinen Hunger am Ende einer Bergtour auf den 1731 Meter hohen Herzogstand zu stillen, einen der am meisten frequentierten Hausberge der Münchner.

Mit 16,4 Quadratkilometer Fläche und einer Tiefe von bis zu 192 Metern ist der Walchensee der tiefste und größte Gebirgssee Deutschlands. Umgeben von den schroff aufragenden Kalkgipfeln, bietet er eine faszinierende Szenerie.

HERZOGSTAND

Der mit 1731 Metern mächtigere und schroffere Herzogstand liegt dem Jochberg gegenüber und ist der Hausberg des Walchensees. Mit einer Seilbahn erreicht man bequem die Herzogstandhäuser, von denen es nur noch wenige Höhenmeter bis zum Gipfel sind. Schon der bayerische König Ludwig II. schätzte den unvergleichlichen Ausblick vom Herzogstand, der von München im Norden bis ins Karwendelgebirge im Süden reicht. Heute ist der Herzogstand ein beliebtes Ausflugsziel, das neben vielen Wandermöglichkeiten auch Informationen über Geologie, Flora und Fauna auf mehreren Infotafeln bereithält. Besonders schön ist die etwa eineinhalbstündige Gratwanderung zwischen dem Herzogstand und dem benachbarten Gipfel des Heimgartens. Da der Grat eine Wetterscheide bildet, kann man hier oft erleben, dass auf einer Seite ein klarer Blick ins Tal herrscht, während auf der anderen Seite dichter Nebel hängt.

Früher Morgen oberhalb des Herzogstands: Das Alpenvorland mit dem Kochelsee liegt noch unter dichten Wolken, während im Süden der höher gelegene Walchensee (rechts im Bild) schon klar zu sehen ist.

BENEDIKTENWAND

Die Benediktenwand ist eine der schönsten und markantesten Formationen des Voralpenlands. Als lang gestreckter und sehr felsiger Bergrücken erstreckt sie sich unübersehbar zwischen Loisach- und Isartal. Ihren Namen hat sie von dem nordwestlich gelegenen Kloster Benediktbeuern, für das sie eine grandiose Kulisse abgibt. Die gesamte Formation setzt sich aus einem Dutzend Gipfeln zusammen, deren höchster 1801 Meter hoch ist. 500 Meter unterhalb des Hauptgipfels liegt mit der Tutzinger Hütte (www.dav-tutzinger-huette.de) ein wichtiger Stützpunkt für Wandertouren in der Benediktenwand-Region. Auf den Berg führen mehrere Wanderwege, und auf der steilen Nordseite gibt es auch diverse Klettersteige. Wer Glück hat, kann in den felsigen Regionen eine von nur fünf in Deutschland beheimateten Steinbockkolonien entdecken. Rund 60 bis 70 Tiere zählt die Population an der »Benewand«.

Am Spätnachmittag bricht hinter dem Gipfelkreuz der Benediktenwand noch einmal die Sonne unter einer Gewitterwolke durch. Die biegsamen Latschenkiefern sind dem rauen Bergklima perfekt angepasst – Schnee bleibt auf ihnen kaum liegen.

OBERES ISARTAL

Sie ist eine gebürtige Tirolerin, aber von den 295 Kilometern, die sie bis zur Donau zurücklegt, sind 263 auf bayerischem Gebiet. Die Isar entspringt im österreichischen Teil des Karwendels östlich von Scharnitz. Die Annahme, dass »Isar« ursprünglich »die Reißende« bedeutet habe, wird von der Sprachforschung mittlerweile verworfen. Aber als Beiname passt die Charakterisierung auch heute noch gut zur jungen Isar, die den Karwendel westlich umfließt und die Grenze zwischen Karwendel- und Wettersteingebirge bildet. In Krün startet der familienfreundliche Isar-Natur-Erlebnisweg, der den Fluss als natürlichen Lebensraum für Menschen, Pflanzen und Tiere vorstellt. Hier finden Spaziergänger, Wanderer, Radfahrer und Paddler außergewöhnliche Einblicke in eine einzigartige Wildflusslandschaft. Aufgestaut im Sylvensteinsee, dient die Isar anschließend der Stromerzeugung.

Ganz unten: Spektakulärer Abendhimmel im oberen Isartal. In ihrem obersten Abschnitt ist die Isar noch ein naturnaher Wildfluss, der sich zwischen Kiesbänken und Kalkstufen seinen Weg bahnt (unten).

Die Gipfel des Mangfallgebirges erreichen Höhen bis zu 1884 Meter. Viele der Berge sind beliebte Ausflugsziele und zählen zu den »Münchner Hausbergen«, darunter Rotwand, Wendelstein, Wallberg und Hirschberg. Die Region ist durch Seen, Almwiesen und dunkle Wälder charakterisiert. Die malerische Landschaft wirkt oft, als wäre sie einem Bilderbuch entsprungen. Die Mangfall, ein Nebenfluss des Inn, hat dem Gebiet seinen Namen gegeben. Obwohl das Mangfallgebirge selbst touristisch sehr stark genutzt wird und jedes Wochenende Tausende von Menschen in die Berge zur Erholung strömen, hat sich hier eine große Artenvielfalt bewahrt, die der aufmerksame Wanderer auf seinen Touren entdecken kann. So gedeihen hier immer noch Orchideenarten wie Fliegen-Ragwurz und Frauenschuh. Auch viele Enzianarten sind heimisch, wie etwa der sehr seltene Kreuzenzian.

Unten: Die spektakulär gelegene Tegernseer Hütte unterhalb des Buchsteins ist ein beliebtes Wanderziel. Ganz unten: Blick vom Aiplspitz nach Nordosten über die wild gefalteten Plattenkalkschichten bis zum Wendelstein im Hintergrund.

TEGERNSEE

Schon die ungezählten Ansichtskarten der Sommerfrischler, die hier seit rund 200 Jahren unterwegs sind, belegen, dass der Tegernsee voll und ganz dem Klischeebild von Oberbayern entspricht. Noch heute ballen sich die Menschentrauben auf der Straße, die zwischen dem Ufer und den Massiven der Berge rund um den See führt – vor allem in den Kurorten Tegernsee und Bad Wiessee. Das Zentrum von Tegernsee am Ostufer dominiert das ehemalige Benediktinerkloster, das sich König Max I. von seinem Baumeister Leo von Klenze zur Sommerresidenz umbauen ließ. Hier findet man das unter Kennern der Wirtshauskultur so beliebte Tegernseer Bräustüberl: Die schlichte Bierhalle hebt sich wohltuend von den Jodelkitsch-Interieurs ab, denen man leider allzu oft in hiesigen Gaststuben begegnet. Als Wohnort zu schätzen wussten den Tegernsee einst auch die Schriftsteller Ludwig Thoma und Ludwig Ganghofer.

»Mach nur die Augen auf; alles ist schön!«, schrieb Ludwig Thoma, der in Rottach-Egern am Südende des Tegernsees begraben ist, und angesichts der Attraktivität der Region möchte man ihm unbedingt zustimmen.

SCHLIERSEE

»Ich möcht' gern an' Biersee, so groß wie der Schliersee«, singt der bayrische Volksmund. Der Wunsch des unbekannten Lieddichters wird wohl unerfüllt bleiben. Dafür kommen in der Gegend des im Westen des Tegernsees gelegenen Nachbargewässers Bergwanderer, Skitourengeher, Alpinskifahrer und Mountainbiker auf ihre Kosten. Hier führen die Wege in das von Skiliften erschlossene Spitzinggebiet oder zur Schliersbergalm. Zum Baden eignet sich der Schliersee allerdings nicht. Es fehlt an geeigneten Uferstränden. Zum Ausgleich kann man im Ort Schliersee zwei Volkshelden begegnen: dem in ungezählten Versen besungenen Wildschützen Georg Jennerwein, der seit 1877 auf dem Friedhof der St.-Martins-Kirche begraben ist, und Ski-As Markus Wasmeier, dessen Bauernhof- und Wintersportmuseum im Ortsteil Fischhausen-Neuhaus gleich bei der Bahnstation zu besichtigen ist.

Die Gemeinde Schliersee liegt am Ufer des gleichnamigen Gewässers, gut 50 Kilometer südöstlich von München. Wochenendausflügler aus der Landeshauptstadt sind in der ganzen Gegend ein gewohnter Anblick

SPITZINGSEE

Nur wenige Kilometer südlich des Schliersees erreicht man über den Spitzingsattel das Hochtal des Spitzingsees. Der kleine See liegt inmitten einer traumhaften Landschaft mit dunklen Wäldern, sanften Almwiesen und den Bergen der Voralpen. Klare Luft und Freizeitmöglichkeiten locken Touristen an den See. Im Winter herrscht bei guter Schneelage auf den Pisten von Stümpfling und Taubenstein Hochbetrieb. Trotzdem gibt es immer noch versteckte Wege, auf denen man die Einsamkeit der Natur auf sich wirken lassen kann. Die Natur im wahrsten Sinne des Wortes kann man auf vielen Alpenvereinshütten genießen, die unter dem Motto »So schmecken die Berge« regionale Spezialitäten anbieten und den Wanderer zum Verweilen einladen. Markant ragt im Nordwesten des Sees die Pyramide der Brecherspitz (1685 Meter) auf. Im Winter geht eine beliebte Skitour vom Westgipfel hinunter nach Schliersee.

Der kürzeste Anstieg auf die Brecherspitz beginnt auf dem Spitzingsattel. Vom dort aus sind es bei flotter Gangart rund eineinhalb Stunden bis zum Gipfel. Die andere Variante ab Josefstal ist länger, dafür lockt hier eine Einkehr in die Firstalmen.

WENDELSTEIN

Der schönste Aussichtsgipfel des Mangfallgebirges ist der Wendelstein, in dessen Kirchlein man sich sogar das Jawort geben kann: dass man dem Himmel dabei näherkommt als anderswo, kann ja bestimmt nicht schaden. Eine Zahnradbahn fährt in weniger als einer halben Stunde auf die Bergstation des Wendelsteins, und schon genießt man ein grandioses Panorama über die Alpen mit Großglockner und Großvenediger, Zillertaler Alpen, Karwendel und Wetterstein. An klaren Tagen reicht die Sicht bis nach München und zum Bayerischen Wald. Manche halten den Wendelstein gar für »den« oberbayerischen Berg schlechthin – auch wenn sein Gipfel fast so schlimm verbaut wurde wie jener der Zugspitze. Aber für Bergsteiger ist ja ohnehin der Weg das Ziel – und der Gipfel in diesem Fall eben nur eine Dreingabe. Interessant sind die vier Lehrpfade des Geo-Parks Wendelstein, die auch weniger geübte Wanderer gut meistern.

Am Wendelstein besteht ein kleinteiliges Nebeneinander aus steilen Felsen und sanften Wiesenhängen. Hier finden Gämsen frische Gräser und zahlreiche Schmetterlinge ihre Lieblingsblüten. Links im Bild ist die Wendelsteinkirche zu sehen.

CHIEMGAUER ALPEN

Der Chiemgau ist geprägt vor allem durch seine Seen und Moore. Typisch ist die Landschaft rund um die Seenplatte von Seeon und Eggstätt und natürlich auch das »Bayerische Meer« – der Chiemsee. Er bildet das Herz der Region. An seinem Ostufer liegt Chieming, das der Region den Namen gab. Der Mensch hat über Jahrtausende diese urzeitliche Landschaft zu einer einmaligen Kulturlandschaft geformt. Die Klöster in Seeon und auf der Fraueninsel sowie die großen, aus Stein gebauten bäuerlichen Anwesen, im Volksmund »Itakerhöfe« genannt, sind Zeugnis für die reichhaltige Kultur der Region. Auch König Ludwig II. war von der Schönheit der Landschaft so beeindruckt, dass er »sein Versailles« auf einer Insel im Chiemsee errichten wollte. Heute ist der Chiemgau eine bodenständige, von Landwirtschaft und Tourismus geprägte Region, die für viele Besucher das Idealbild Bayerns darstellt.

Der Hochfelln ist einer der schönsten Aussichtsberge der Chiemgauer Alpen. »Hochgehn und hochfahrn am Hochfelln« lautet der einschlägige Slogan. Oben bieten sich prächtige Blicke, wie hier in die Loferer und Leoganger Steinberge (ganz rechts).

KAMPENWAND

Die Kampenwand ist nicht der höchste Gipfel der Chiemgauer Alpen, aber wohl einer der bekanntesten und markantesten. Mit seinem felsigen Kamm sticht er aus den umliegenden Bergen deutlich hervor. Der Aufstieg von Aschau über die Steinlingalm dauert knapp drei Stunden, je nach Kondition. Es gibt auch die Möglichkeit mit einer der bunten Gondeln zur Sonnenalm zu fahren. Die letzten gut 200 Höhenmeter erfordern auf alle Fälle Trittsicherheit und Schwindelfreiheit. Kurz vor dem Gipfel führt der Weg durch die Kaisersäle – eine kleine Schlucht – und schließlich über eine Eisenbrücke zum höchsten Punkt. Der mühsame Aufstieg auf den Berg (zu Zeiten, als es noch keine Seilbahn gab) führte einst zu dem scherzhaften Schüttelreim: »I gangat gern auf'd Kampenwand, wann i mit meiner Wampen kannt …« (Ich ginge gern auf die Kampenwand, wenn ich's mit meiner Wampe könnte). Bei Gleitschirmfliegern ist der Berg wegen seiner guten Thermik beliebt.

Vom Gipfel der Kampenwand mit seinem zwölf Meter hohen Kreuz, dem größten in den bayerischen Alpen, bietet sich ein eindrucksvoller Ausblick über den Chiemsee, den Chiemgau, das Mangfallgebirge und die Berchtesgadener Alpen.

Im Sommer sollte man sich in Gstadt und vor allem in Prien, wo der Hafen Dimensionen angenommen hat, die man von Nord- und Ostseestädten kennt, nicht vom Trubel abschrecken lassen: Dieser riesige See mit seiner Fläche von über 80 Quadratkilometern, dessen Wasserqualität sich in den letzten Jahren durch eine neue Ringkanalisation erheblich verbesserte, bietet Platz für jeden. Fast alle kleinen Gemeinden rund um den Chiemsee haben Badestrände und vermieten Tret-, Motor- sowie Segelboote zu fairen Preisen. Eher zur bewundernden Betrachtung eignen sich die Boote, die vor Seebruck liegen, einem der größten bayerischen Jachthäfen. Dann gibt es noch die Option, sich in luftiger Höhe in einem Heißluftballon treiben zu lassen. Besonders schön: der Blick von oben auch auf die kleinen Nachbargewässer des Chiemsees – die Eggstätt-Hemhofer Seenplatte.

Frisch aus dem See

Narrisch guad sind sie, die Chiemgauer Schmankerln. Vor allem wenn die Chiemsee-Renke vom See frisch auf den Teller »hüpft«. Ob geräuchert, gedünstet, gebraten, gebacken oder gegrillt, die Renke gehört zum Chiemsee wie König Ludwig II. zu Bayern. Die Renke, anderswo auch unter dem Namen Felchen oder Maräne bekannt, ist von den gut 30 Fischarten hier der Brotfisch der 16 Berufsfischer. Sie ist sehr schmackhaft und vielfältig zuzubereiten und steht daher auf jeder Speisekarte. Weitere Chiemgauer Genüsse sind Steckerlfisch, Schweinsbraten in Dunkelbiersoße, Boarische Biersuppn, Almkäse, Zwetschgendatschi, Walnusskrapferl und als perfektes Mitbringsel: handgemachtes Marzipan von der Fraueninsel.

Für die einen ist es der oberbayerische Chiemsee, für die anderen das bayerische Meer. Daher heißt der Hauptanlegeplatz für Schiffe auch Übersee. Wenn sich dann noch spätnachmittägliche Gewitterwolken über dem See zusammenbrauen, tendiert der Beobachter eher zur These mit dem Meer (links). Am Ostufer des Chiemsees liegt Gstadt, von hier hat man einen tollen Blick auf die Fraueninsel (großes Bild).

GROSSER UND KLEINER BARMSTEIN

Die beiden rund 850 Meter hohen Felszacken an der deutsch-österreichischen Grenze – der Große und der Kleine Barmstein – sind das Wahrzeichen der österreichischen Stadt Hallein. Von deutscher Seite aus gesehen, liegen sie oberhalb von Marktschellenberg, treten jedoch wesentlich weniger markant hervor. In ihren Stollen wurde früher Bier gelagert, die Nationalsozialisten nutzten die unterirdischen Gänge dann zur Waffenproduktion. Die ersten Klettersteige wurden schon 1885 angelegt. Heute gibt es eine Vielzahl von Routen, daher gelten die Barmsteine als Paradies für Kletterer. Sie können aber auch über drahtseilgesicherte Steige bezwungen werden. Für Nichtkletterer empfiehlt sich eine tolle Rundtour, die im Norden von Hallein aus startet. Trittsicherheit, Schwindelfreiheit und gutes Schuhwerk sind für die Tour aber unerlässlich. In der Nähe ist auch die Ruine Thürndl sehenswert, der Rest einer mittelalterlichen Burg.

Der Große und der Kleine Barmstein gehören zu den merkwürdigsten Erscheinungen der Bayerischen Alpen – zwei Teile einer senkrecht gestellten Kalkplatte. Links im Tal fließt die Salzach durch Hallein im Salzburger Land.

SCHELLENBERGER EISHÖHLE

Im sagenumwobenen Untersberg bei Marktschellenberg liegt eine verborgene Feenwelt: Hier befindet sich die einzige erschlossene Eishöhle Deutschlands. Im Schein altmodischer Karbidlampen können Besucher auf einer 45-minütigen Tour glitzernde Tropfsteine, gefrorene Wasserfälle, geheimnisvolle Eisgrotten und zu verschiedenfarbigen Schichten gepresste »Jahresbänder« bestaunen. Führungen finden von Pfingsten bis Ende Oktober täglich zwischen 10 und 16 Uhr statt. Allerdings ist es nicht leicht, zur Höhle zu gelangen. Entweder nimmt man einen etwa dreistündigen Fußmarsch vom Besucherparkplatz nördlich von Marktschellenberg auf sich, oder man fährt von St. Leonhard in Österreich mit der Untersbergbahn auf das Geiereck, von dem aus man die Eishöhle in etwa eineinhalb Stunden erreicht. In der nahe gelegenen Toni-Lenz-Hütte kann übernachtet werden (www.eishoehle.net).

Der Eingang zur Schellenberger Eishöhle liegt in 1570 Meter Höhe. Aus Sicherheitsgründen kann die Höhle nur im Rahmen von Führungen erkundet werden. Diese finden stündlich statt und dauern etwa 45 Minuten.

RAMSAUER ACHE UND ZAUBERWALD

Im 19. Jahrhundert strömten viele Maler aus München in das Ramsauer Tal, um dessen einmalige Schönheit auf ihre Leinwände zu bannen. Im Westen, zwischen Hochkalter und Reiteralpe gelegen, wartet die Gegend mit vielen herausragenden Naturschönheiten auf. Der romantische Zauberwald zwischen der Ramsau und dem Hintersee entstand hingegen schon viel früher, und zwar durch einen Bergsturz, durch den der Hintersee aufgestaut wurde. Doch zwischen den wild übereinandergestürzten Felsblöcken schlängelten sich ungebärdige Wildbächlein hindurch, Bäume suchten nach Grund zum Wurzeln und wuchsen teils zu bizarren Formen heran. Schließlich wurde ein Wanderweg angelegt und mit zahlreichen Schautafeln versehen, die über die Entstehung des Zauberwalds informieren. Der Ort Ramsau wird wegen der vielen Tourenmöglichkeiten auch als das erste »Bergsteigerdorf« Deutschlands bezeichnet.

Der malerische Zauberwald, durch den die Ramsauer Ache fließt, zählt zu den schönsten Geotopen Bayerns – offiziell ausgewiesen durch das Bayerische Landesamt für Umwelt. Ein Naturlehrpfad führt durch die urwüchsige Landschaft.

HINTERSEE

Das Berchtesgadener Land ist eine Landschaft wie aus dem Bilderbuch: schroffe Berge mit kühler, klarer Luft, liebliche Täler mit einsamen Waldgebieten und stille Seen. Zu den beliebtesten Zielen zählt der idyllische Hintersee. Der kleine See entstand am Fuß des Hochkalters durch einen gewaltigen Bergsturz: Ungefähr vor 3500 Jahren brachen mehrere Millionen Kubikmeter Gestein aus dem Hochkaltermassiv ab und stürzten in das Tal der Ramsauer Ache, wo sie das Wasser aufstauten. Der Hintersee mit seinem klaren smaragdgrünen Wasser ist zu allen Jahreszeiten beliebt; im Sommer zieht der Zauberwald am Ostufer viele Besucher in seinen Bann, im Winter kommen Wintersportler zum Eislaufen und Eisstockschießen hierher. Besonders romantisch ist der See am frühen Morgen, wenn noch leichter Bodennebel über dem Wasser liegt und sich der Hochkalter und das Blaueiskar mit dem Blaueisgletscher im See spiegeln.

Man kann den Hintersee auf dem Prinzregent Luitpold Weg in etwa einer Stunde umrunden. Wer in Ramsau übernachtet, wird doppelt belohnt: In klaren Nächten ist der Sternenhimmel über dem Hintersee einfach überwältigend.

BERCHTESGADEN

NATIONALPARK BERCHTESGADEN

1978 wurde der Park als erster und einziger hochalpiner Nationalpark in Deutschland mit dem Ziel gegründet, einen Rückzugsraum für die Natur zu schaffen. Das Herzstück des Parks ist der Königssee mit den umliegenden Bergen. Obwohl der Park von über 230 Kilometern Wanderwegen erschlossen wird, ist das gesamte Gebiet bis auf die touristischen Hotspots am Königssee und am Jenner eher einsam. So kann man hier ungestört Adler, Rotwild, Gämsen, Steinböcke und Murmeltiere beobachten. Auch viele Insekten, Reptilien und Amphibien leben im Nationalpark. Aber nicht nur Flora und Fauna machen die Besonderheit des Nationalparks aus, sondern vor allem die vielen interessanten geologischen Phänomene wie der Funtensee, das Wimbachtal oder der Blaueisgletscher. Um den Aufenthalt zu planen, sollte man seinen Besuch im Nationalparkzentrum in Schönau am Königssee beginnen.

Breit zieht sich das Wimbachgries zwischen Watzmann und Hochkalter hinunter nach Ramsau – ein gewaltiger Schuttstrom aus Kalkgeröll, nur spärlich bewaldet, weil Lawinen und Hochwässer ihn immer wieder umlagern.

Vor überwältigender Bergkulisse duckt sich Berchtesgaden in einen Talkessel. Am zentralen Marktplatz fallen besonders das Hirschenhaus mit wunderbarer Lüftlmalerei an der Fassade und der Marktbrunnen aus dem Jahr 1558 auf. Das königliche Schloss am Nordrand der Innenstadt war einst ein Augustinerkloster und wurde von 1810 bis 1918 von den Wittelsbachern als Sommerresidenz genutzt. In der spätgotischen Franziskanerkirche sind besonders die Reliefs an der Emporenbrüstung, die Gewölbe und die Marienkapelle sehenswert. Das Nationalpark-Haus in einem Klostergebäude, das auch heute noch von Franziskanern genutzt wird, informiert über den Nationalpark Berchtesgaden und bietet Karten, Broschüren und Informationsmaterial sowie zahlreiche Souvenirs. Im immer noch betriebenen Salzbergwerk Berchtesgaden schließlich kann man sich auf die Spurensuche nach dem Weißen Gold begeben.

Seite gegenüber: Berchtesgaden mit dem königlichen Schloss und der Pfarrkirche St. Andreas vor dem eindrucksvollen Watzmannmassiv. Links: Der Marktbrunnen mit dem markanten Löwen in der Mitte vor dem Rundturm des Hirschenhauses.

MURMELTIERE

Murmeltiere machen gern Männchen, oder sie hoppeln auf allen vieren recht schwerfällig dahin. Die Vorderbeine sind kürzer als die Hinterbeine, der Gang ist leicht torkelnd. Sie leben als reine Pflanzenfresser, die sich von Wurzeln und Kräutern ernähren. Häufig sieht man Murmeltiere in unmittelbarer Nähe zu den Kuhherden der Almen, denn sie profitieren von den wegen der Beweidung stets frisch nachwachsenden Trieben. Um eine Existenzgrundlage zu haben, brauchen die großen Nagetiere tiefgründigen Boden, in dem sie buddeln und ihre Bauten anlegen können. Die Hauptröhre endet in einigen Meter Tiefe in einem geräumigen Kessel. Der Bau liegt meist unter einem Felsbrocken und wird von einem Familienverband bewohnt. Vor Winterbeginn tragen sie Unmengen an Gras in ihre Bauten: als Schlafpolster und Trockenfutter zugleich. Von Oktober bis April halten sie Winterschlaf. Zwei Wochen nach dem Erwachen paaren sich die erwachsenen Tiere. Kurz darauf wirft dann das Murmeltierweibchen meist zwischen drei bis fünf Junge.

Das Murmeltier ist nach dem Biber das größte Nagetier der Alpen – und sieht man die Zähne, ahnt man, dass auch Murmeltiere kräftig zubeißen können.

Langschläfer in den Alpen

Sieben Monate im Jahr verbringen Murmeltiere in ihrem unterirdischen, gemütlich mit Gras ausgepolsterten Bau im tiefen Winterschlaf. Möglich macht das ihr angepasstes Stoffwechselsystem, das im Tiefschlaf den Herzschlag von 200 auf 20 Schläge und die Atmung auf zwei Züge pro Minute senkt. Der Energieverbrauch fährt runter auf zehn Prozent, und damit reichen die Fettreserven, die sich die putzigen Nager in den Monaten davor auf saftigen Almwiesen angefressen haben. Ihr kräftiger Pfiff, mit dem Murmeltiere ihre Artgenossen in der Gruppe vor fliegenden Fressfeinden warnen, ist weithin zu hören. In ihrem ausgedehnten Gangsystem in Höhenlagen von 1500 bis 3000 Meter kommen Murmeltiere auch mit extremen alpinen Bedingungen zurecht.

In den Alpen leben wieder große Rudel der eindrucksvollen Tiere. Steinböcke waren Mitte des 19. Jahrhunderts in Bayern gänzlich verschwunden, wurden aber erfolgreich erneut angesiedelt. Alpensteinböcke wechseln jahreszeitlich kaum in tiefere Lagen. Im Winter suchen sie Südhänge nahe der Baumgrenze auf. Die Steingeiß ist nur wenige Tage im Jahr brünstig, sie wird dann von einem starken Bock aufgesucht. Anfang Juni kommt dann ein Kitz zur Welt. Alpensteinböcke sind geschickte Kletterer, die sogar in Felskaminen von einer Wand zur anderen springen können. Im Schnee hingegen zeigen sie sich unbeholfen und suchen lieber das nackte Gestein auf. Im Sommer tragen die Steinböcke ein raues, überwiegend fahlgraues Fell, wobei die Färbung bei den Geißen etwas mehr ins Rötlichgelbe spielt. Tagsüber ruhen Steinböcke gern wiederkäuend unter geschützten Felsüberhängen, nachmittags ziehen sie grasend talwärts, erreichen zur Dämmerung die Weidegründe und grasen dann friedlich die Nacht hindurch.

Die Hörner mit den verdickten Wülsten des männlichen Alpensteinbocks können, die Biegung mitgemessen, einen Meter lang werden. Die höchstens 35 Zentimeter langen Hörner der Steingeiß ähneln kleinen Sicheln.

KÖNIGSSEE

Der Königssee ist einer der schönsten Seen der Bayerischen Alpen. Mit seinem tiefen, smaragdgrünen Wasser liegt er wie in einem Fjord eingebettet zwischen den Bergen von Watzmann und Jenner. An der Nordseite befindet sich Schönau, der Hauptort des Sees. Auf dem Gewässer sind nur Elektroboote erlaubt, sodass über dem See eine unvergleichliche Stille liegt, die den Besucher die Hektik des Alltags vergessen lässt. Boote bringen die Gäste das ganze Jahr nach St. Bartholomä mit seiner eindrucksvollen Wallfahrtskapelle und zum Obersee, der, von einem Moränenwall getrennt, knapp einen Kilometer südlich des Königssees liegt und über einen Wildbach mit ihm verbunden ist. Bedingt durch die Tiefe des Königssees von über 190 Metern friert er im Winter in der Regel nicht zu – das letzte Mal war der Königssee 2006 vollständig zugefroren; ganze 29 Tage lang konnte man damals zu Fuß von Schönau nach St. Bartholomä gehen.

Als Berchtesgaden im Jahr 1810 zu Bayern kam, wurde St. Bartholomä einer der beliebtesten Aufenthaltsorte der bayerischen Könige (rechts). Am Südende wird der Königssee vom Gebirgsstock des Steinernen Meers umschlossen (Seite gegenüber).

OBERSEE

Der rund einen Kilometer lange Obersee ist quasi die natürliche Fortsetzung des Königssees nach Südosten, nur durch eine kleine Geländestufe und einen wenige Hundert Meter langen Bachlauf von ihm getrennt. Durch die geschütze Lage ist seine Wasseroberfläche meist ganz ruhig und spiegelt die umliegenden Berge wunderbar deutlich. Man erreicht den Obersee vom Südufer des Königssees über einen einfachen Wanderweg, der anschließend am rechten Ufer entlang weiter bis zum Talschluss führt. Und der ist spektakulär: Auf die Verlandungszone des Sees mit der kleinen und flachen, im Sommer bewirtschafteten Fischunkelalm folgt ein halbkreisförmiges, fast senkrechtes Felstheater, die 470 Meter emporragende Röthwand. Aus ihr stürzt spektakulär der Röthbachfall, mit 380 Metern der höchste Wasserfall Deutschlands. Sein Wasser versickert dann im hinteren Teil des Tals und fließt dem Obersee unterirdisch zu.

Zwischen Sagereckwand und Kaunerwand liegt der idyllische Obersee, in dessen Wasser sich das Watzmannmassiv spiegelt. Die steilen Felswände, die den Obersee umgeben, ragen Hunderte Meter hoch auf.

FUNTENSEE

Eine Zeit lang war er eine Berühmtheit im Wetterbericht nach der Tagesschau, weil die meteorologische Station dort oft für Extremwerte gut war. Der Funtensee oberhalb des Königssees gilt mit –40 °C als Kältepol Deutschlands. Im Winter sammelt sich die Kaltluft in der Senke und kann wegen der fehlenden Sonneneinstrahlung nicht mehr entweichen. Diese klimatische Besonderheit führt zu einer doppelten Waldgrenze: Nicht nur nach oben, sondern auch nach unten hört der Waldbewuchs rund 60 Meter oberhalb des Sees auf. Die im Winter konstant im Minusbereich liegenden Temperaturen machen einen Baumbestand unmöglich. Im Sommer ist von dieser meteorologischen Besonderheit allerdings nichts zu spüren. Früher wurde das Gebiet um den Funtensee noch als Alm genutzt, doch dies wurde in den 1960er-Jahren aufgegeben. Das vom DAV betriebene Kärlingerhaus am See bietet Unterkunft für Wanderer und Bergsteiger.

Als Vorposten des Steinernen Meeres erhebt sich das 2225 Meter hohe Schottmalhorn mit seiner markanten Form über dem Funtensee. Links davon erkennt man die Flanken von Grießkogel und Funtenseetauern.

WATZMANN

Der Watzmann ist unbestritten der König der Berchtesgadener Alpen. Mit einer Höhe von 2713 Metern und seiner markanten Form thront der sagenumwobene Gipfel über dem Berchtesgadener Land. Die Überschreitung der drei Hauptgipfel – Hocheck, Mittelspitze und Südspitze – gilt als eine der anspruchsvollsten Bergtouren im bayerischen Alpenraum: Insgesamt 2100 Höhenmeter müssen dazu überwunden werden, und mehrere Stellen verlangen Klettergeschick. Die über dem Königssee aufragende Ostwand, mit 1800 Metern die höchste durchgehende Felswand der Ostalpen, ist der Traum und gleichzeitig auch oft der Albtraum für viele Alpinisten. Eine artenreiche Flora und Fauna zeichnet das Massiv ebenfalls aus, seltene alpine Pflanzen, wie das Wilde Alpenveilchen, die sonst in den Bayerischen Alpen nicht mehr vorkommen, gedeihen hier.

Links: Dem Hauptgipfel gegenüber steht die 2307 Meter hohe »Watzmannfrau« (auch »Kleiner Watzmann« genannt), dazwischen die »Watzmannkinder«. Unten: Ein wunderschöner Wanderweg führt zum Fuß der berüchtigten Ostwand, die knapp 1800 Meter tief bis zum See abfällt. Ihre Durchsteigung ist technisch nicht allzu kompliziert, aber die Länge und die schwierige Orientierung machen die Tour nicht selten zur Tortur.

Die Watzmannsage

Einst herrschte in diesen Landen ein grausamer König, der mit Vorliebe auf wilder Jagd durch die Wälder tobte. Eines Tages kam er zu einem Hirtenhäuschen, vor dem die Hirtin friedlich saß und ihr schlafendes Baby im Arm wiegte. Der Hirtenhund sprang bellend auf, und sofort fielen die Hunde des Königs über ihn her, bissen ihn und das Kind tot und rissen die Frau zu Boden. Der vom Lärm erwachte Hirte kam aus der Hütte und erschlug einen der Hunde des Königs, worauf dieser wütend die ganze Meute und seine Knechte auf das Paar hetzte. Zu Tode zerfetzt, verfluchten sie den König, der aber lachte nur. Doch nun hatte Gottes Langmut ein Ende, ein Brausen erhob sich, die Königshunde stürzten sich auf ihren Herren, auf seine wilde Gattin und die sieben Kinder und bissen alle tot. Ihre Leiber erwuchsen zu den Bergriesen des Watzmannmassivs, und ihr Blut füllte das Becken des Königssees. Die Alm, von der sich die Hunde anschließend stürzten, trägt den Namen Hundstod.

SLOWENIEN

Es braucht nicht viel Platz, um ein richtiges Alpenland zu sein, vorausgesetzt, man wird von einer gütigen Vorsehung an der richtigen Stelle platziert. Was hat dieses kleine Land nicht alles zu bieten: den wuchtigen Fast-Dreitausender namens Triglav (2864 Meter) mit einem veritablen Nationalpark drum herum; zahlreiche weitere markante Kalkberge wie den Mangart (2677 Meter) mit Felswildnis, Bergwiesen und Schluchtwäldern, dazu romantische Bergseen, Wasserfälle – und nicht zuletzt einen der schönsten Alpenflüsse überhaupt, die Soča mit ihren traumhaften Landschaften.

Julische Alpen, Steiner Alpen und Karawanken sind Sloweniens Hochgebirgszüge – grenzübergreifend mit Anteilen auch in Österreich und Italien. Wald bestimmt hier die Landschaft und wächst bis auf 1800 Meter hinauf. Latschen kommen auch noch oberhalb der Baumgrenze vor.

Die Region im oberen Savetal ist eine uralte Kulturlandschaft; mit Ausnahme der Felsgebiete haben hier immer schon Menschen gesiedelt, Ackerbau und Handwerk betrieben und lokale Traditionen gepflegt. In den Tälern ratterten die Sägewerke und Schmiedehämmer, in den Wäldern rauchten die Kohlemeiler, es gab eine reiche Musik- und Erzähltradition mit Mythen und Sagen. Viele der alten Bau- und Wirtschaftsdenkmäler kann man heute besichtigen, etwa die Sägemühle Psnak im Dorf Zgornja Radovna, und in Ratece wird bei besonderen Anlässen noch die traditionelle Tracht getragen. Zugleich ist die Region reich an Naturschätzen, die in der Kernzone des Triglav-Nationalparks streng geschützt sind. Die Anerkennung als Biosphärenreservat würdigt dieses harmonische Miteinander von Mensch und Natur. Wanderer und Bergsteiger finden hier ein wahres Paradies vor.

Eine Vielfalt der Natur offenbart sich im 2003 ausgewiesenen UNESCO-Biosphärenreservat Julische Alpen. Großes Bild: Karstsee im Quellgebiet der Save. Seite gegenüber: Buchenwald im Frühling (oben); Sonnenuntergang am Mangart-Pass (unten). Legendär ist die Blumenpracht, die in den Julischen Alpen gedeiht. Der blaue Alpen-Lein (links) und die rosafarbene Zwerg-Alpenrose (ganz links) blühen im Früh- und Hochsommer.

SOČA-TAL

Die Soča ist einer der schönsten Flüsse nicht nur Sloweniens, sondern der ganzen Alpen. Unter ihrem italienischen Namen Isonzo steht sie allerdings auch für die furchtbaren und sinnlosen Schlachten des Ersten Weltkriegs; im Städtchen Kobarid gibt es dazu ein sehenswertes kleines Museum. Ansonsten ist die Soča aber bei Naturliebhabern beliebt und bei Paddlern geradezu legendär. Nirgendwo sonst findet man einen so schönen und noch weitgehend naturnahen Fluss, der zudem fast alle Schwierigkeitsgrade bietet. Das Wasser der Soča ist extrem klar, weil es von einer Karstquelle gespeist wird, und meist tiefgrün bis türkis. Noch schöner als die Soča selbst ist nur der kleine Bach Lepenjica mit seinen unzähligen Stufen und Wasserfällen und seinem noch etwas türkiseren Wasser. Er fließt der Soča oberhalb der Koritnica-Mündung von links her zu.

Mit ihrer charakteristischen blaugrünen Farbe gilt die Soča als ein besonderes Juwel unter den Flüssen Europas. Ihr Lauf ist von kleineren und größeren Wasserfällen, von Stromschnellen und engen Felsschluchten sowie von zahlreichen Trögen und Kolken geprägt (links). Die schönsten Wasserfälle gibt es im Soča-Nebenfluss Lepenjica (großes Bild und unten). Der Bach ist auch bei Anglern sehr beliebt, die hier Forellen fischen.

EUROPÄISCHE BRAUNBÄREN

Mit seinen Knopfaugen, der breiten Schnauze und den kleinen, runden Ohren sieht er fast aus wie ein Teddy. Doch der Braunbär ist alles andere als ein knuffiges Kuscheltier. Bis zu drei Meter groß können die beeindruckenden Tiere werden, in Slowenien sind es eher zwei Meter. Die Bären wiegen bis zu 250 Kilogramm und sind neben den Eisbären die größten Landraubtiere der Erde. Slowenien hat auf seiner kleinen Fläche wahrscheinlich die größte Braunbärendichte weltweit. Wie viele Bären dort tatsächlich durch die Wälder streifen, ist allerdings schwer zu schätzen und zudem politisch stark umstritten. Die slowenische Regierung behauptete in den Jahren nach dem EU-Beitritt, es seien mehr als 1000, sodass zahlreiche Abschüsse erlaubt wurden. Nach Ansicht der Umweltstiftung EuroNatur allerdings sind es weniger als 500. Die Abschüsse sollten also dringend eingestellt werden.

Der Braunbär ist mit Sicherheit das spektakulärste Wildtier der Alpen. Und nirgendwo sonst gibt es so viele von ihnen wie in den Wäldern Sloweniens. Für Naturfotografen wurden spezielle Verstecke im Wald eingerichtet, von denen aus sie mit etwas Geduld die Bären gefahrlos ablichten können. Als Wanderer muss man dagegen wenig Angst haben, plötzlich einem Bären zu begegnen.

NATIONALPARK TRIGLAV

Drei Köpfe, so sagt es die alte slawische Legende, besitzt der Gott Triglav, der auf dem höchsten Gipfel der Julischen Alpen wohnt. Den ersten Kopf wendet er dem Himmel zu, den zweiten der Erde und den dritten der Unterwelt. Und weil seine drei Köpfe so markant und noch aus 100 Kilometer Entfernung zu sehen sind, nannten die Slowenen diesen Gipfel ehrfürchtig Triglav, »Dreikopf«. So heißt der 2864 Meter hohe Gipfel bis heute. Er ist nicht nur ein imposanter Felskoloss mit einem göttlichen Bewohner, sondern auch eines der Nationalsymbole Sloweniens, das auf dem Landeswappen und der 50-Cent-Münze prangt. Der einzige Nationalpark Sloweniens (der bereits 1924 als Schutzgebiet ausgewiesen wurde) erhielt seinen Namen vom höchsten Berg des Landes, den sich Braunbären, Steinböcke, Auerhühner und Kreuzottern mit Wanderern und Kletterern friedlich teilen.

Abenteuer im Nationalpark

Der Nationalpark Triglav ist nicht nur ein Paradies für Naturfreunde, auch Aktivurlaubern bietet er viele Möglichkeiten – mit dem Kajak durch Stromschnellen und Schluchten auf der smaragdgrünen Soča beispielsweise. In der Gruppe ist Rafting mit dem Schlauchboot ein tolles Erlebnis. Sogar mit einem SUP-Board kann man die Landschaft vom Wasser aus erkunden. Zahlreiche Agenturen am Fluss vermieten Boards und Boote und bieten auch so ausgefallene Wassersportarten wie Bellyak (eine Mischung aus Kajak und Ruderbrett, auf dem man auf dem Bauch liegend und mit den Händen paddelnd die Stromschnellen überwindet), Riverbug (auf einem Einer-Schlauchboot) oder Abenteuer pur beim Hydrospeed für exzellente Schwimmer mit Flossen und Wildwasserschlitten.

Weit geht der Blick vom Mangart-Pass über die Gipfel im Nationalpark mit dem markanten Triglav rechts im Hintergrund (großes Bild). Der Herbst eignet sich gut zum Wandern in den slowenischen Alpen. Bestrebungen, die einzigartige Natur rund um Triglav und Mangart zu schützen, gab es bereits zu Beginn des 20. Jahrhunderts. Heute ist der Triglav-Nationalpark neben den Karsthöhlen das Natur-Aushängeschild des Landes.

KOZJAK-WASSERFALL

Bei Kobarid im südlichen Soča-Tal überwindet der Fluss ein starkes Gefälle, und das leuchtend blaugrüne Wasser tost zwischen riesigen Felsbrocken hindurch. Hier fühlen sich versierte Kajakfahrer wohl – der Abschnitt diente auch schon als Austragungsort für internationale Meisterschaften im Wildwasser-Kajakfahren. Links und rechts des wild schäumenden Flusses wurden Wege errichtet, sodass auch Wanderer dieses großartige Naturschauspiel erleben wie auch die wagemutigen Kajaksportler beobachten können. Ein Wanderweg ab Kobarid führt darüber hinaus einen Nebenfluss der Soča hinauf zum Kozjak-Wasserfall. Der Mali slap (Kleiner Wasserfall) stürzt unter einer alten Steinbrücke acht Meter in die Tiefe. Nach wenigen Minuten erreicht man über Stege und Galerien eine Art Felsendom, in dem sich der Velika slap (Großer Wasserfall) mit 15 Metern Fallhöhe in ein smaragdfarbenes Becken ergießt.

Der Kozjak-Bach entspringt am Fuß des Berges Krnčica (2142 Meter), strömt dann durch mehrere Schluchten und bildet insgesamt sechs Wasserfälle, von denen jedoch nur die beiden unteren für Wanderer erreichbar sind.

BLED UND BLEDER SEE

Am östlichen Rand des Triglav-Nationalparks liegt das Städtchen Bled, das aufgrund seines milden Klimas und der Thermalquellen bereits früh ein beliebter Kurort wurde und illustre Gäste wie etwa Fürst Metternich oder den Sachsenkönig Friedrich August Mitte des 19. Jahrhunderts beherbergte. Doch die größte Sehenswürdigkeit ist nicht der Ort, sondern der wundervolle See (auch Veldeser See genannt, slowenisch Blejsko jezero) mit der kleinen Insel in der Mitte, auf der eine alte Kirche steht. Ein weiteres Wahrzeichen thront hoch über dem See auf einem Felsen: die mittelalterliche Burg, die man über eine Zugbrücke erreicht. Heute beherbergt sie ein Museum. Von der Terrasse des Burgrestaurants aus hat man einen fantastischen Ausblick auf den See und die Julischen Alpen. Rund zweieinhalb Stunden muss man für die schöne Wanderung um den See einplanen. Auf dem Weg hat man einige spektakuläre Panoramablicke.

Rechts: Mitten im Bleder See liegt die Insel mit der berühmten Kirche Mariä Himmelfahrt, zu der man sich mit Plätten, typischen Bleder Booten, rudern lassen kann. Ganz rechts: Die Burg von Bled wurde im 11. Jahrhundert errichtet.

WOCHEINER SEE

Der herrliche Wocheiner See, auch Bohinjer See genannt (slowenisch Bohinjsko jezero), ist der größte See Sloweniens. Er wird im Norden von den mächtigen Gipfeln und Vorbergen des Triglav-Stockes und im Süden von der langen Kette der unteren Wocheiner Berge umschlossen – Bohinj bzw. Wochein heißt das von diesen Gebirgszügen eingerahmte Alpenbecken. Bis zu 45 Meter tief ist der rund fünf Kilometer lange See. Nur Mutige wagen ein Bad, denn die Temperatur liegt auch im Sommer selten über 15 Grad. Aktivurlauber, insbesondere Wassersportler, erkunden den See und die umliegenden Flüsse dafür von Frühjahr bis Herbst per Kajak, Kanu oder beim Rafting. Ein wunderschöner Wanderweg führt rund um den See, und in den Morgen- und Abendstunden kann man hier herrliche Lichtstimmungen erleben. Im Sommer dreht ein kleines Passagierschiff seine Runden auf dem Gewässer.

Die Wanderung um den Wocheiner See dauert rund drei Stunden und bietet traumhafte Ausblicke auf die umliegenden Berge. Ein beliebter Ausflug führt außerdem zum spektakulären Savica-Wasserfall, den man in etwa 30 Minuten erreicht.

TOLMIN-SCHLUCHT

Die Tolmin-Schlucht in ein weiteres Naturjuwel im Soča-Tal. Kurz bevor das Flüsschen Tolminka beim Ort Tolmin in die Soča mündet, passiert es eine enge Schlucht, in der das Wasser allerdings aufgrund des geringen Gefälles meist ruhig dahinströmt. Gespeist wird es aus einer Thermalquelle, deren Temperatur zwischen 19 und 21 Grad beträgt: Grundwasser wird im Boden durch geothermische Energie erwärmt und kommt durch Felsspalten als türkisblaues Wasser an die Oberfläche. Wegen eines Felssturzes ist die Quellhöhle heute unzugänglich. Zwischen 1953 und 1958 wurden die Wege in der Klamm angelegt und somit auch für Touristen erschlossen. Diese Pfade sind zwar meist sehr kurz, aber auch steil und anstrengend und daher nicht für jedermann geeignet. Eine hervorragende Aussicht hat man von der Teufelsbrücke aus. Die Schlucht gehört zum Triglav-Nationalpark, der hier seinen südlichsten Punkt erreicht.

Das Wasser der Tolminka ist kristallklar und meist türkisfarben. Kurz vor dem Ort Tolmin zwängt es sich durch eine enge Klamm, die gegen eine Eintrittsgebühr begangen werden kann. Im Winter ist die Schlucht geschlossen.

KRANJ

Das rund sieben Kilometer lange Logartal in den Steiner Alpen ist im deutschsprachigen Raum kaum bekannt, obwohl es unvergleichlich schöne Natur zu bieten hat. Zu den Highlights zählen die zahlreichen Wasserfälle, darunter der Rinka, mit 105 Meter Fallhöhe einer der höchsten Wasserfälle des Landes. Er wurde im Jahr 1987 aufgrund seiner Einzigartigkeit und Größe zum Naturdenkmal deklariert. Hier entspringt die Savinja, ein Nebenfluss der Save. Der Gebirgsbach fließt erst über mehrere kleine Stufen und Stromschnellen, bis er schließlich an den Klippen der Felswand Orlovo Gnezdo über 90 Meter in die Tiefe stürzt. Unweit des Wasserfalls befindet sich die Frischaufhütte in 1396 Meter Höhe, die in anderthalb Stunden über einen wunderschönen Steig zu erreichen ist. Typisch für das Logartal und das Flusstal Savinja sind die traditionellen hölzernen Getreidespeicher, genannt Kaste oder Lesene kasce.

Die Steiner Alpen mit Blick auf das liebliche Logartal (slowenisch Logarska dolina). Die Gletscher der Eiszeit formten einen grünen, u-förmigen Talboden, den ein Kranz wilder grauer Felsberge umrahmt.

Kranj im Tal der Sava, das die Julischen Alpen von den Karawanken und den Steiner Alpen trennt, ist ein Top-Ausgangspunkt für Wanderer und Bergsteiger. Spektakulär ist die Lage der Altstadt auf einem 30 Meter hohen Felsen zwischen den Flüssen Sava und Kokra. Die als Kulturdenkmal geschützte Altstadt ist von einer fast 900 Meter langen Stadtmauer mit drei Wehrtürmen umgeben. Sehenswert sind insbesondere die Bürgerhäuser, in denen teilweise Galerien und Museen einen Besuch lohnen. Die absolute Besonderheit der Stadt ist der bis zu 40 Meter tiefe, grüne Canyon mitten im Stadtzentrum, den die Kokra hier bildet, kurz bevor sie in die Sava mündet. In der Stadt eröffnet sich ein herrlicher Blick auf die höchsten Gipfel der drei höchsten slowenischen Berggruppen: den Triglav in den Julischen Alpen, den Hochstuhl/Stol in den Karawanken und den Grintovec in den Steiner Alpen.

Links: Das Stadtbild von Kranj wird von den Steiner Alpen überragt. Ganz links: Auf einem Grat bei Jamnik, ein paar Kilometer westlich von Kranj und noch zum Gemeindegebiet gehörig, liegt die Kirche St. Primus und St. Felician.

KARAWANKEN

Die Karawanken sind ein Gebirgsstock der Südlichen Kalkalpen. Die Berggruppe bildet die östliche Fortsetzung der Karnischen Alpen und hat eine Länge von etwa 120 Kilometern. Die nördliche Begrenzung bildet das österreichische Rosental mit der Drau. Im Süden sind die Karawanken vom Tal der Sava begrenzt. In dem einsamen Gebirge laden die sich mitten in einem Naturschutzgebiet befindende Dovzan-Schlucht, die Narzissenwiesen bei Golica und der Gipfel des Berges Hochstuhl zum Wandern ein. Letzterer ist mit einer Höhe von 2238 Metern der höchste Gipfel im Karawanken-Massiv. Von dort reicht der Blick bis in die slowenische Hauptstadt Ljubljana und bis zur österreichischen Stadt Klagenfurt. Über den Hauptkamm der Karawanken führt der 226 Kilometer lange »Panoramaweg Südalpen« von Kärnten über das slowenische Solčava bis nach Wolfsberg in der Steiermark.

Unten: Wundervolle Abendstimmung über den Karawanken. Ganz unten: Vom Gipfel des Hochstuhls hat man einen grandiosen Panoramablick: Aus dem Süden grüßen das Savatal und der Triglav, in Richtung Norden überblickt man ganz Kärnten.

Das habsburgisch geprägte Maribor, Sloweniens zweitgrößte Stadt, wurde im Jahr 2000 zur »Alpenstadt des Jahres« gekürt und war zwölf Jahre später Kulturhauptstadt Europas. Der deutsche Name »Marburg an der Drau« liefert einen Hinweis auf die Lage der Stadt am Ufer des Flusses Drava (Drau). Architektonische Schätze sind der Judenturm mit Synagoge, der alte Flusshafen »Lent« und der Hauptplatz mit dem spätgotischen Rathaus aus dem 16. Jahrhundert. Ein wuchtiger Kirchenbau aus dem ausgehenden 19. Jahrhundert ist die Basilika der Mutter der Barmherzigkeit. Sie wurde im neoromanischen Stil errichtet. Das Eingangsportal wird von zwei gewaltigen Türmen flankiert. Deutlich älter ist die Kathedrale von Maribor, die im Jahr 1248 erbaut wurde. Südwestlich von Maribor erstreckt sich das Bachergebirge (Pohorje), der letzte Ausläufer der Alpen im Südosten.

Unten: Der mächtige Fluss Drava mit der Altstadt von Maribor, die sich an sein Ufer schmiegt. Ganz unten: Die Pestsäule am Hauptplatz ist das Wahrzeichen Maribors (links); im Jahr 1515 wurde das Rathaus errichtet (rechts).

ICH WILL NICHT IN DIE ALPEN …

… weil mir Strand und Meer fehlen!

Zugegeben – kilometerlange Sandstrände sucht man in den Alpen vergeblich, aber die großen Seen wie Chiemsee, Gardasee oder Lago Maggiore sind für einen Badeurlaub bestens ausgestattet, und auch zahlreiche kleine Seen locken zu einem Sprung ins kühle Nass. Und wie wäre es mal zur Abwechslung mit Ferien an kristallklaren Flüssen mit spannenden Wassersportarten wie Canyoning und Wildwasserfahrten?

… weil Bergwandern gefährlich ist!

Da kann man doch abstürzen oder sich zumindest ein Bein brechen? Für Touren in höheren Lagen sind gutes Schuhwerk und Trittsicherheit wichtig – aber man muss ja nicht unbedingt hoch hinaus. Es gibt auch Genusswandern auf leichten, bequemen Wanderwegen ohne Abgründe. Einfache, sichere Bergwege finden sich zuhauf in den Alpen. Achten Sie auf die blauen oder blau-weißen Zeichen der Alpenvereine oder folgen Sie den örtlichen Empfehlungen.

… weil es so viele hohe Berge gibt!

Wenn es regnet, können hohe Berge düster und bedrohlich wirken. Die Alpen sind aber nicht nur steil und hoch. Auf den zweiten Blick entdeckt man dort idyllische Seenlandschaften, eingebettet in liebliches Hügelland. Oder weiträumige Flussauen mit einer reichen Vogel- und Pflanzenwelt. Hochalmen locken mit bunt blühenden Alpenwiesen. Oder man fährt einfach mit der Seilbahn nach oben und genießt den Weitblick über die Gipfel hinweg.

… weil in den Bergen nichts los ist!

Zu viel Natur ist auf die Dauer öde. Oder etwa nicht? Tatsächlich ist es äußerst schwierig, sich angesichts der unzähligen Events und Festivals und dem quicklebendigen Brauchtum im Alpenraum zu langweilen. Nicht nur die Städte bieten eine vielfältige Kultur- und Kunstszene, jede Menge spannende Museen, Schlösser, Burgen, mittelalterliche und ultramoderne Bauten zum Anschauen und Bestaunen.

REGISTER

HOTEL
GOLDGASSE
SALZBURG
SMALL LUXURY HOTELS OF THE WORLD
Your Private Residence
Hotel Goldgasse. Salzburgs erstes SMALL LUXURY HOTEL ist mehr als ein Boutique Hotel, es ist eine persönliche Lifestyle Erfahrung, ein privates Refugium der Extraklasse, mitten in Salzburg, im Herzen der Altstadt.
Hotel Goldgasse. Salzburgs first SMALL LUXURY HOTEL is more than a Boutique Hotel. It is a personal lifestyle experience, a first class private residence, in the middle of Salzburg, in the heart of the old town.
hotelgoldgasse.at
Feine Salzburger Küche
Gasthof Goldgasse. Ein kulinarischer Geheimtipp in der romantischen Goldgasse. Gediegenes Ambiente, herausragende und spannende Küche mit besten heimischen Zutaten und exzellenter Service, machen jeden Besuch unvergesslich.
Gasthof Goldgasse. Culinary insiders' tip in the middle of the historic „Goldgasse". A tasteful ambience, outstanding and exciting cuisine, with best local ingredients – coupled with professionalism, make every visit unforgettable.
gasthofgoldgasse.at
Bild: Luigi Caputo

A = Alamy
C = Corbis
G = Getty Images
L = Laif
M = Mauritius Images

U1 Getty/panaramka; U4 Getty/panaramka; S. 001 G/panaramka; S. 002-003 M/Walter Geiersperger; S. 004-005 M/ClickAlps; S. 006-007 G/Benoitbruchez; S. 008-009 M/Ludwig Mallaun; S. 010-011 M/Michael Rucker; S. 012-013 C/Stefan Arendt; S. 018-019 M/enricocacciafotografie; S. 020 G/Alexander Sorokopud; S. 020 Look/Hans Georg Eiben ; S. 021 M/Stefan Schurr; S. 021 G/Marco Bottigelli; S. 022 M/Alamy; S. 022 M/Alamy RF; S. 023 G/Chase Dekker Wild-Life Images; S. 024-025 G/Peter de Rooij; S. 024-025 G/Raimund Linke; S. 026 Look/K'Nub; S. 027-030 Look/Andreas Strauss; S. 031 G/Hans Georg Eiben; S. 032-033 G/Frank Lukasseck; S. 034 Look/Thomas Stankiewicz ; S. 034 M/Prisma; S. 035 G/Markus Thoenen; S. 035 G/Margarita Almpanezou; S. 036 M/BY; S. 036 G/L. Toshio Kishiyama; S. 036 G/L. Toshio Kishiyama; S. 036-037 G/Westend61; S. 036-037 G/Bareta; S. 039 G/Fabrice Coffrini ; S. 040 M/Prisma; S. 040-041 M/Alamy; S. 040-041 G/Samuel Gachet; S. 041 M/Prisma; S. 042-043 M/Westend61; S. 043 Look/Andreas Strauß ; S. 043 G/Michael Avina; S. 044 M/Prisma; S. 044 M/Alamy; S. 045 M/Prisma; S. 045 M/Daniel Bärtschi ; S. 046-047 G/Tobias Theiler; S. 047 G/Alexander Sorokopud; S. 047 M/Alamy; S. 048 G/Johannes Simon; S. 050 G/shan.shihan; S. 050 Look/Hans Georg Eiben ; S. 051 G/Westend61; S. 051 G/AsianDream; S. 052-053 M/Markus Bolliger ; S. 053 M/Jon Arnold; S. 054-055 M/Rene Mattes; S. 055 M/Rene Mattes; S. 055 M/Anna Quaglia; S. 056 G/Prisma by Dukas; S. 056-057 G/Davide Seddio; S. 056-057 Look/Michael Neumann ; S. 057 M/Daniel Bärtschi; S. 057 M/Udo Bernhart; S. 058 G/Frank Lukasseck; S. 058 G/Simon Strupath ; S. 058 G/Jongpyo Hong ; S. 059 G/Daniel Bärtschi; S. 059 G/Chinnaphong Mungsiri; S. 060 M/Christof Sonderegger ; S. 060 M/Alamy; S. 061 G/Frank Lukasseck; S. 061 M/Alamy; S. 062-063 G/Davide Seddio; S. 063 G/Matthias Conrad; S. 064 G/VogelSP; S. 064 M/imageBROKER; S. 065 G/suteracher; S. 065 M/Dieter Wertz; S. 066 M/Prisma; S. 066 G/Claude-Olivier Marti; S. 067 G/JurgaR; S. 067 M/Chris Craggs; S. 068-069 G/Stefan Huwiler; S. 069 G/Matthew Margot; S. 069 G/Fotosearch; S. 069 M/Alamy; S. 069 G/Michael Szönyi; S. 070 M/Westend61; S. 070 G/assalve; S. 071 M/Günter Gräfenhain; S. 071 M/Chris Craggs; S. 072-073 M/Alamy; S. 073 G/ketkarn sakultap; S. 074-075 G/Jan Rudinsky ; S. 075 M/nature picture library; S. 075 M/nature picture library; S. 076 M/United Archives; S. 076 G/Westend61; S. 077 G/Bloomberg; S. 077 G/Federica Grassi; S. 078-079 G/repistu; S. 080 G/trabantos; S. 080 C/Frank Lukasseck; S. 081 G/trabantos; S. 081 G/Xantana; S. 082 G/Nicola Colombo; S. 082 M/enricocacciafotografie; S. 082 G/Ian Laker Photography; S. 083 G/Nilton Quoirin; S. 083 Look/Andreas Strauß; S. 084 G/Jordanlye; S. 084 Look/Ernst Wrba ; S. 084 Look/TerraVista ; S. 084 M/Ernst Wrba; S. 085 G/Markus Keller; S. 085 G/Elliott Bignell; S. 086 G/Stefan Huwiler; S. 086 M/Stefan Arendt; S. 086-087 G/Prisma by Dukas; S. 087 M/Prisma; S. 087 M/Prisma; S. 088-089 G/Frank Lukasseck; S. 088-089 G/Davide Seddio; S. 089 M/Alamy; S. 090 M/Radius Images; S. 090 G/stefanschurr; S. 091 M/imageBROKER; S. 092 G/Ben Kempeni ; S. 092 G/Bastian Bodyl ; S. 093 G/Xavier von Erlach; S. 093 M/Prisma; S. 094-095 G/blende64; S. 095 G/Heritage Images; S. 095 Look/Thomas Stankiewicz; S. 095 Look/Ingolf Pompe; S. 096 G/Fabrice Coffrini ; S. 098 G/Frank Lukasseck; S. 098-099 M/Alamy; S. 098-099 M/Stefan Hefele; S. 099 M/Christian Beutler ; S. 100-101 M/Heinz Kühbauch; S. 101 G/Scott Barbour; S. 101 G/Davide Mombelli ; S. 101 G/PatrickHutter; S. 101 G/Rolls Press/Popperfoto; S. 102 M/Radius Images; S. 102 G/Andreas Strauss; S. 103 G/Rainer Mirau; S. 103 M/Alamy; S. 104 M/ClickAlps; S. 104 G/Hans Georg Eiben; S. 105 M/Armin Mathis; S. 105 M/Westend61; S. 106-107 M/Daniel Bärtschi; S. 107 M/Rainer Mirau; S. 108-109 M/Alamy; S. 109 M/Michael Dietrich; S. 109 C/PhotoFVG; S. 109 M/moodboard; S. 110-111 G/Mario Colonel; S. 112 M/Alamy; S. 112 G/Fabian Gammenthaler; S. 113 M/BY; S. 113 M/Alamy; S. 114/119 G/Andy Stothert; S. 115-118 Look/Tobias Richter; S. 119 G/Mario Colonel; S. 120 G/BenC; S. 121 G/fotoVoyager; S. 121 M/BY; S. 122 M/Alamy; S. 123 G/Elenarts; S. 123 G/Romain Villa Photographe; S. 125 M/Classic Image; S. 126 M/Vanya Bovajo ; S. 126 Look/age fotostock; S. 127 M/Photononstop; S. 127 G/Xavier Fors; S. 128 M/Alamy; S. 128 M/Alamy; S. 128-129 M/Alamy; S. 129 M/Alamy; S. 130 G/Arnaud Spani; S. 130 G/MicheleVacchiano; S. 131 M/Alamy; S. 131 M/Alamy; S. 131 M/Alamy; S. 131 M/nature picture library; S. 132 G/mmac72; S. 132 G/mmac72; S. 132-133 G/mmac72; S. 133 G/Thomas Pollin; S. 133 M/Photononstop; S. 134-135 G/Franck Guiziou; S. 135 G/KavalenkavaVolha; S. 135 G/benkrut; S. 136-137 G/Franck Guiziou ; S. 137 G/gui00878; S. 137 G/biranbig; S. 137 Look/Andreas Strauß ; S. 138 Look/ClickAlps; S. 138-139 G/Mariedofra; S. 139 G/Xantana; S. 140-141 Look/Andreas Strauß ; S. 141 G/A DEMOTES; S. 141 G/Photo Charlotte Ségurel; S. 141 M/Alamy; S. 142 M/Alamy; S. 142 M/Alamy; S. 142 M/Alamy; S. 142 G/Yann Guichaoua-Photos; S. 143 M/Joana Kruse; S. 143 M/Francois Roux; S. 144-145 G/photographie de paysages; S. 145 M/Alamy; S. 145 M/David & Micha Sheldon; S. 146 M/Bertrand Rieger ; S. 148-149 M/Alamy; S. 149 G/Jean-Pierre Pieuchot; S. 150 G/Jungang Yan; S. 150 G/Hans Georg Eiben; S. 151 M/Alamy; S. 151 G/Nick Brundle Photography; S. 152 G/Philipp Klinger; S. 152 G/Brian Jannsen; S. 152-153 G/Konrad Wothe; S. 153 G/Filippo Maria Bianchi; S. 154 M/World Pictures; S. 154 M/Alamy; S. 154 G/David Clapp; S. 154-155 G/Eric Rousset; S. 154-155 M/robertharding; S. 156 G/Doug Pearson; S. 156 M/age fotostock; S. 157 G/Wei Hao Ho; S. 157 G/Loic Lagarde; S. 158 G/SvetlanaSF; S. 158-159 M/Valery Bareta; S. 158-159 G/Travelstock44 - Juergen Held; S. 159 G/Allan Baxter; S. 159 G/Pascale Gueret; S. 160-161 G/Thanapol Tontinikorn; S. 162 G/Michele D'Amico supersky77; S. 162 M/Alamy; S. 163 M/ClickAlps; S. 163 M/ClickAlps; S. 164-165 M/ClickAlps; S. 165 M/ClickAlps; S. 165 G/P. Jaccod; S. 166 Look/Iris Kürschner ; S. 166 G/MicheleVacchiano; S. 167 G/Sunny Awazuhara- Reed ; S. 167 G/REDA&CO; S. 169 G/Reporters Associes ; S. 170 M/Alamy; S. 170 G/Michele D'Amico supersky77; S. 170-171 M/ClickAlps; S. 171 M/Roberto Facchini; S. 171 M/Roberto Facchini; S. 171 M/robertharding; S. 172-173 G/Sorin Rechitan ; S. 173 G/Christina Krutz; S. 173 G/TroiseCarmineWashi www.flickr.com/photos/25517152@N05/; S. 173 G/Michele D'Amico supersky77; S. 174 M/ClickAlps; S. 174 G/Federica Gentile; S. 175 M/Luca Gino; S. 175 G/Doctor_J; S. 176 G/A. Parodi ; S. 176 M/ClickAlps; S. 177 G/Daniel Schoenen; S. 177 G/monticelllo; S. 178-179 G/Matteo Colombo; S. 179 G/Marco Bottigelli; S. 180 M/ClickAlps; S. 180 G/Mike Warburton Photography; S. 180 G/Adelheid Nothegger; S. 180 G/Alan Tunnicliffe Photography; S. 181 M/ClickAlps; S. 181 G/Nicola Colombo; S. 182-183 M/ClickAlps; S. 183 M/age fotostock; S. 184-185 G/Peter Zelei Images; S. 185 G/Giuliano Bernardi fotobernardi.it; S. 186 M/Erhard Nerger; S. 186 G/Martin Deja; S. 186-187 M/age fotostock; S. 187 M/Martin Braito; S. 188 M/ClickAlps; S. 189 M/ClickAlps; S. 190-191 M/ClickAlps; S. 190-191 G/zodebala; S. 191 M/ClickAlps; S. 191 M/Bernd Römmelt; S. 192 C/Jason Langley; S. 192 M/CuboImages; S. 193 M/Alessio Giovacchini; S. 193 Look/Andreas Strauß; S. 194 G/Helmuth Rier ; S. 194 M/Christian Handl; S. 195 G/Simeone Huber; S. 195 Look/Helmuth Rier ; S. 196 M/Martin Braito; S. 196 M/Christian Handl; S. 197 G/Creativ Studio Heinemann; S. 197 M/Reinhard Hölzl; S. 198 Look/Andreas Strauß; S. 198 Look/Rainer Mirau; S. 199 Look/O. Seehauser ; S. 199 Look/O. Seehauser ; S. 200 G/Hannelore Foerster; S. 202 Look/O. Seehauser ; S. 202-203 Look/Andreas Strauß; S. 202-203 Look/O. Seehauser; S. 203 Look/Helmuth Rier; S. 204 M/Ingo Boelter; S. 204 M/CuboImages; S. 205 G/oriredmouse; S. 205 M/Ingo Boelter; S. 206-207 G/Alberto Simonetti; S. 207 G/Freeartist; S. 208 M/Martin Braito; S. 208 M/Travel Collection; S. 209 M/Klaus Scholz; S. 209 M/age fotostock; S. 210 C/Dr. Wilfried Bahnmüller; S. 211 Look/Helmuth Rier ; S. 211 Look/Helmuth Rier ; S. 211 Look/Helmuth Rier ; S. 212 Look/age fotostock; S. 212-213 Look/Tobias Richter; S. 212-213 Look/Andreas Straufl; S. 213 C/Wolfgang Weinhäupl; S. 215 M/Marco Simonini; S. 216 G/Roberto Moiola ; S. 216-217 C/Peter Adams; S. 217 M/Michael Rucker; S. 218-219 Look/Andreas Strauß; S. 219 Look/Andreas Strauß; S. 220 G/Hans-Peter Merten; S. 220 G/Westend61; S. 221 G/Andreas Strauss; S. 221 M/Thonig; S. 222 M/Martin Braito; S. 222 M/ClickAlps; S. 223 G/PaoloBis; S. 223 Look/Othmar Seehauser ; S. 224-225 G/maydays; S. 225 G/F.F. „ foto per passione"; S. 226 G/Thanapol Tontinikorn; S. 227-230 Look/Jan Greune; S. 231 G/; S. 231 M/Gerhard Zwerger-Schoner; S. 232-233 G/Werner Van Steen; S. 233 C/Italian Military Mission/National Geographic Society; S. 233 C/Prof. Giorgio Abetti/National Geographic Society; S. 234-235 C/Grand Tour Collection; S. 235 M/ANP Photo; S. 236 M/Alamy; S. 236 C/Grand Tour Collection; S. 237 Look/Uli Wiesmeier; S. 237 G/Maremagnum; S. 238 M/Martin Zurek; S. 240 G/Tom Nevesely; S. 240 G/maydays; S. 241 C/Martin Ruegner ; S. 241 M/ClickAlps; S. 242-243 M/ClickAlps; S. 243 M/ClickAlps; S. 244 M/Peter Roland Schreyer; S. 244 M/ClickAlps; S. 245 M/age fotostock; S. 246-247 G/Achim Thomae; S. 247 M/Simone Wunderlich; S. 248-249 G/Bosca78; S. 249 M/Christina Blum; S. 249 M/United Archives; S. 250-251 Look/Andreas Strauß ; S. 252-253 G/Westend61; S. 253 M/Jürgen Ulmer; S. 254-255 G/photoposter; S. 255 M/Martin Siepmann; S. 255 M/Martin Siepmann; S. 255 M/Martin Siepmann; S. 256 M/Martin Siepmann; S. 256-257 M/Jürgen Ulmer; S. 257 G/Michael Reusse; S. 258-259 M/Jürgen Ulmer; S. 259 M/Robert Seitz; S. 259 G/Robert Seitz; S. 259 G/Martin Siepmann; S. 260-261 M/Stefan Hefele; S. 261 G/traumlichtfabrik; S. 262 M/Ludwig Mallaun; S. 262 M/Martin Braito; S. 263 G/Westend61; S. 263 G/Paul Hanny; S. 264 M/Reinhard Hölzl; S. 265 M/Ludwig Mallaun; S. 266-267 Look/Andreas Strauß ; S. 267 M/Martin Siepmann; S. 267 G/benedek; S. 267 G/Henryk Sadura; S. 269 akg-images ©Alfons Walde/VG Bild-Kunst; S. 270 G/Jan Greune ; S. 270-271 G/Florian Werner ; S. 271 M/Johannes Pfatschbacher; S. 272-273 Look/Rainer Mirau; S. 273 M/Timm Humpfer Image Art; S. 273 M/Rainer Mirau; S. 273 Look/Andreas Strauß; S. 273 M/Christof Steirer; S. 274-275 G/Michael Rucker; S. 274-275 G/Andreas Strauss ; S. 276 Look/Rainer Mirau ; S. 276 M/Alamy; S. 277 G/Werner Dieterich; S. 277 Look/Ingolf Pompe ; S. 279 G/Mitchell Gunn; S. 280-281 G/Gerhard Vlcek; S. 281 Look/Helge Bias; S. 282-283 G/Carso80; S. 283 Look/Klaus Fengler; S. 283 Look/Thomas Stankiewicz; S. 283 Look/Günther Bayerl ; S. 284-285 Look/age fotostock; S. 285 C/Silvia Reiche; S. 285 C/Silvia Reiche; S. 286 Look/Aurora Photos; S. 286-287 M/Danita Delimont; S. 287 Look/Aurora Photos; S. 288 M/Novarc; S. 288 G/Arto Hakola; S. 289 M/Jose Fuste Raga; S. 289 M/age fotostock; S. 290 M/blickwinkel; S. 290-291 M/Robert Haasmann; S. 291 M/Dieter Meyrl; S. 291 M/Robert Haasmann; S. 292-293 M/Westend61; S. 293 M/Martin Siepmann; S. 293 M/Westend61; S. 293 M/Westend61; S. 294 Look/Andreas Strauß ; S. 294 M/Westend61; S. 294 M/Westend61; S. 294 M/Westend61; S. 295 G/TEPMOC; S. 296 G/Leemage; S. 296-297 C/Douglas Pearson; S. 297 M/Udo Siebig; S. 297 C/Peter Adams; S. 298 G/Westend61; S. 298 M/Wolfgang Weinhäupl; S. 299-302 G/Martin Murr ; S. 303 G/Dirschl; S. 303 G/Southern Lightscapes-Australia; S. 304-305 G/DieterMeyrl; S. 305 M/Westend61; S. 306 Look/Hermann Erber ; S. 306 G/Hermann Erber ; S. 306-307 G/Franz Pritz; S. 307 G/Keystone-France; S. 307 G/Imagno; S. 308-309 G/Doug Pearson; S. 309 G/Focqus, LLC; S. 310 G/Moritz Wolf; S. 310 M/Mara Brandl; S. 311 M/Reinhard Hölzl; S. 311 M/Reinhard Hölzl; S. 311 G/DieterMeyrl; S. 311 M/Reinhard Hölzl; S. 312 G/grafvision; S. 312-313 Look/Andreas Strauß ; S. 313 G/Hans Georg Eiben; S. 313 G/Henryk Sadura; S. 313 M/United Archives; S. 314 Look/Michael Boyny ; S. 314-315 M/TPP; S. 315 M/Alamy; S. 315 M/Alamy; S. 315 Look/Tom Lamm ; S. 315 M/imageBROKER ; S. 316 Look/Iris Kürschner; S. 316 M/Alamy; S. 316-317 Look/Iris Kürschner ; S. 317 M/Manfred Schmidt; S. 318 M/Ernst Wrba; S. 318 M/Ernst Wrba; S. 319 M/Reinhard Marscha; S. 319 M/Westend61; S. 320 Look/Rainer Mirau ; S. 321 Look/Rainer Mirau ; S. 321 M/Günter Grüner; S. 322 M/Arnold Schaffer; S. 322 M/Alfred & Annaliese Trunk; S. 323 M/Westend61; S. 324 M/imageBROKER ; S. 324 M/Volker Preusser; S. 325 G/subcity; S. 325 M/Volker Preusser; S. 326-327 M/Christian Handl; S. 327 Look/Rainer Mirau ; S. 327 M/Christian Handl; S. 328-329 G/DieterMeyrl; S. 330 M/Katja Kreder; S. 330 Look/Andreas Strauß ; S. 330-331 M/Bernd Römmelt; S. 331 G/Westend61; S. 332 M/Westend61; S. 332 M/Bernd Römmelt; S. 333 M/Alamy; S. 333 M/Alamy; S. 334 G/Christof Steirer; S. 334 M/Robert Seitz; S. 334 G/Fotosearch; S. 335 Look/Helmuth Rier ; S. 336 G/Robert Seitz; S. 336 G/Ingmar Wesemann; S. 337 C/Martin Siepmann; S. 337 Look/Heinz Wohner; S. 338 G/Achim Thomae; S. 339 Laif/Christian Kerber; S. 339 Huber/Bernd Römmelt ; S. 339 A/MARKA; S. 340-341 Look/Rainer Mirau; S. 341 Look/Florian Werner; S. 341 Look/Florian Werner; S. 342 M/Westend61; S. 342 H. & D. Zielske ; S. 343 M/Manfred Bail; S. 343 M/United Archives; S. 343 M/United Archives; S. 344 M/Rudi Sebastian; S. 344 Look/Florian Werner; S. 345 M/Kurt Amthor; S. 346 G/Florian Werner; S. 346 M/Stefan Wolf Photography; S. 347 M/Radius Images; S. 347 M/Masterfile RM; S. 348-349 G/Wilfried Krecichwost; S. 349 G/Silviu Opris; S. 351 Look/Thomas Stankiewicz; S. 352 G/Alfons Hauke; S. 352 G/Westend61; S. 353 M/Akinci; S. 353 M/Bernd Römmelt; S. 354 M/Christian Bäck; S. 354 G/Francesco Vaninetti Photo; S. 355 G/Westend61; S. 355 G/Wilfried Krecichwost; S. 356 M/Fischer; S. 358 G/daitoZen; S. 358 M/Florian Werner; S. 359 M/Sebastian Frölich; S. 359 G/Christoph Wagner; S. 360 M/Sebastian Frölich; S. 360 G/daitoZen; S. 361 Look/Andreas Strauß; S. 361 G/Andreas Strauss; S. 362 M/Bernd Römmelt; S. 362 Look/Andreas Strauss; S. 363 G/Felix Von Vietsch ; S. 363 M/Dr. Wilfried Bahnmüller; S. 364 M/Martin Siepmann; S. 364-365 Look/Florian Werner; S. 365 G/Westend61; S. 366-367 Look/Florian Werner; S. 367 Look/Florian Werner; S. 368 G/Franz Pritz; S. 368 M/Martin Siepmann; S. 369 G/Westend61; S. 369 M/Helmut Meyer zur Capellen; S. 370 Look/Andreas Strauß; S. 370-371 G/Westend61; S. 371 C/Walter Geiersperger; S. 372 Look/age fotostock; S. 372 G/Patrick Frischknecht; S. 372 M/Naturfoto-Online; S. 373 C/Reinhard Hölzl; S. 374 M/Westend61; S. 374 Look/Florian Werner; S. 375 M/Stefan Hefele; S. 375 M/Stefan Sassenrath; S. 376-377 G/Moritz Wolf; S. 377 G/daitoZen; S. 378-379 G/Guy Edwardes; S. 380 G/Inmacor; S. 380 G/Guy Edwardes; S. 380-381 G/Guy Edwardes; S. 381 M/Alamy; S. 381 M/Alamy; S. 382-383 G/Robert Haasmann; S. 383 G/Robert Haasmann; S. 383 Look/Axel Ellerhorst; S. 384 G/Delta Images; S. 384-385 G/Sergio Pitamitz; S. 385 G/Sepp-Friedhuber; S. 385 G/Marco Pozzi Photographer; S. 386-387 G/Mitja Kobal; S. 387 M/Stefan Hefele; S. 388 G/Remedios; S. 388-389 Look/ClickAlps ; S. 389 G/V. Gianella ; S. 389 G/HannaGottschalk; S. 390 G/Leonid Andronov; S. 390 G/Tamas Soki; S. 391 M/robertharding; S. 391 G/piranka; S. 392 G/VojkoBerk; S. 392 M/go-images; S. 393 G/RomanBabakin; S. 393 Look/age fotostock; S. 393 G/Anna Gorin S. 394 poludziber/Shutterstock.com; S. 394 Isabellaphotography/Shutterstock.com; S. 397 Hotel Goldgasse Salzburg; S. 400 Hotel Stein Salzburg

© 2021 Kunth Verlag, München
MAIRDUMONT GmbH & Co. KG, Ostfildern
St.-Cajetan-Straße 41
81669 München
Tel. +49 (0) 89 45 80 20-0
Fax +49 (0) 89 45 80 20-21
www.kunth-verlag.de
info@kunth-verlag.de

Printed in Slowakia

Text: Dr. Gotlind Blechschmidt, Romana Bloch, Dr. Patrick Brauns, Robert Fischer, Gabriele Gaßmann, Wieland Höhne, Katinka Holupirek, Andrea Lammert, Norbert Lewandowski, Martin Rasper, Oliver Renzler, Dr. Johann Schrenk, Eckhard Schuster, Stephan Sepp, Oswald Stimpfl, Dirk Thomsen, Thomas Veser, Heide-Ilka Weber, Walter M. Weiss
Redaktion: Martin Waller • Werkstatt München, Buchproduktion
Gestaltung und Satz: Tim Schulz, Mainz, und Martin Waller, München
Kartographie: © KOMPASS-Karten GmbH, Karl-Kapferer-Straße 5, A-6020 Innsbruck
Verlagsleitung: Grit Müller